EUの社会経済と産業

市川　顕［編著］
関西学院大学産業研究所［発行］

関西学院大学出版会

ＥＵの社会経済と産業

はじめに

本書『ＥＵの社会経済と産業』（関西学院大学産業研究所レクチャーシリーズ）は、二〇一四年度春学期に開講された関西学院大学総合コース（「ＥＵの社会経済と産業」コース番号５２７）における講義をもとに構成されている。関西学院大学は二〇〇五年四月からＥＵインスティテュート関西（ＥＵＩＪ関西）のコンソーシアム校の一つとして積極的な活動を行ってきた。そこでは、ＥＵに関する教育・学術研究の促進、広報活動の推進や情報発信などを通じて、日＝ＥＵ関係の強化に貢献してきた。とくに学生に対する教育の側面においては、ＥＵ研究修了証プログラムの提供をはじめとして、春季休暇中と夏季休暇中に開催されるＥＵ研究のためのＥＵＩＪ合宿、冬季休暇中に開催されるＥＵＩＪ英語プレゼン合宿、各種シンポジウム・セミナー・講演会の開催など、幅広く本学教員のＥＵ研究の成果を学生に対して還元してきた。

本講座については、二〇一三年度に梶浦昭友商学部教授（産業研究所所長・当時）による発案に端を発する。本学におけるＥＵ研究・教育への入口となるべく、学部の垣根を越えて学生が履修できるＥＵ関連の――そして経営学・会計学・産業社会学・経済学・政治学といったマルチディシプリナリーな――講座の必要性が謳われた。この講座により、多くの学部の、とくに一・二年次の学生が、ＥＵに対する関心を高めてもらいたいと考えたからである。

本講座を担当するにあたって、本書執筆陣でもある本学教員は二つの共通了解をもって指導にあたった。第一に、この講座は今後、関西学院大学の学生がEU研究に興味関心をもち、それぞれのディシプリンでEU研究を深めていくための入口となるべく話題提供を行う、というものである。そのため、EUに関する基本的事項の確認のみならず、大学での学習・研究に発展性をもつような今日的課題について、多くの具体例をもとに講義を行うことを目指した。欧州の自動車産業、ブランド戦略、コーポレート・ガバナンス、中小企業政策、ジェンダー政策、ワーク・ライフ・バランス、企業情報公開、規範パワー論、などきわめて今日的なトピックを扱いながらも、これらの問題から透けて見えるEUのあり方、これらの問題から把握できる「ある種独特な政体」であるEUの興味深さを学生に伝えたいと考えたのだ。第二に、ヨーロッパ・EUについて学ぶことで、学生がこれから「日本」を理解するうえでも有益であるように心を砕いた。日本の基本的な社会構造は、法制度をはじめとして、ヨーロッパに学んだものが多い。第二次世界大戦後はアメリカの影響を強く受けた諸制度への変化が著しいが、しかしそれでもヨーロッパ諸国がEUという政体を通じて試行錯誤した経験は、今日の日本を理解するうえで重要であると考えたからである。

既述のとおり、本書は講義録によって編集されており、その意味では真にアカデミックな内容を求める読者に向けて対応できるほどの形式・内容を備えているものではない。しかしながら、教養教育の重要性が指摘される今日、EUという地域統合体に関心をもつ（もつかもしれない）多くの学部の大学生低学年に向けた一つの教育上の挑戦の記録としてご理解いただき、各方面からの忌憚のないご意見・ご指導を賜ることができれば、編者として大きな喜びである。

二〇一四年一一月一〇日

関西学院大学　産業研究所　市川　顕

目　次

第1講

EUとは何か
その概況と統合の歴史

EUとは何か

今日は欧州連合（EU: the European Union）について、その概要をお話したいと思います。これから各先生方がEUについてお話をする際に、皆さんがEUについて何もわかっていないということになると、先生方の話す内容がほとんど呪文のように感じられると思うからです。したがって、皆さんがきちんとEUについての各論の理解ができるように、その前提となるお話をしたいと思います。

今日のお話は、日本国外務省のまとめた資料（外務省 二〇一三）をもとに、皆さんがEUについて知っておくべきことをお話します。また、お話を聞いていて、さらに深い学習がしたい場合のために、羽場久美子編著（二〇一三）『EU（欧州連合）を知るための六三章』明石書店、をテキストとして指定しています。おそらく必ず関連する章があると思いますので、関心があるときには、関連する章をよく読んでみてください。

それでは内容に入っていきたいと思います。まずはＥＵの現在の状況（二〇一四年四月現在）を確認しましょう。ＥＵ加盟国は現在二八カ国です。去年二〇一三年七月にクロアチアが加盟して、二八カ国となりました。ＥＵ加盟二八カ国の面積の総和は四二九万㎢でアメリカ合衆国の約半分、日本の約一〇倍です。また、ＥＵの人口は、五億八一〇万人。これは、アメリカ合衆国の約一・五倍です。日本と比較すると、約四倍の人口ということになります。そして、ＥＵ加盟国のＧＤＰの総和に目を転じてみますと、皆さんにとっては驚くべきことかもわかりませんが、アメリカ合衆国のＧＤＰよりも、欧州連合加盟国ＧＤＰの総和のほうが大きいということがわかります。ＥＵ加盟国のＧＤＰの総和（一六兆六四一一億ドル）は、アメリカ合衆国の一・一倍、日本の三倍です。

おそらく皆さんの中では、アメリカ合衆国や中国が、世界で非常に大きな経済的なアクターだという認識が強いと思いますが、このように見てきますと、ＥＵも負けず劣らず、というよりもむしろ、アメリカ合衆国以上のＧＤＰを持っている、ということは知っておくべきだと思います。ちなみに、このあいだファン・ロンパイという、欧州理事会常任議長（通称ＥＵ大統領）が演説の中で、「私たちのＧＤＰはアメリカ合衆国よりも少し多いのだ。そして、中国とインドを足したよりも大きいのだ。」と発言していました。中国やインドは、我々からすれば非常に巨大な経済アクターというイメージがありますが、統計上では、ＥＵ加盟国のＧＤＰの総和は、それらを足したものよりも大きいということになります。

ＥＵの独自性

さて、ＥＵはこのように世界的に大きなプレゼンスを持った地域統合体であるということになるわけですが、それでは、何が一般的な国際機関と違うのでしょうか。通常、国際機関というと、皆さんは国連（UN: the United Nations）であるとか、世界貿易機関（WTO: World Trade Organization）というものを想像すると思います。そのような国際機関においては、国家は自らが持っている主権を国際機関に移譲しません。何を意味しているかわかりますか？

国家というのは主権を持っています。例えば安全保障、財政政策、金融政策、こういうものは国家に属する政治的・経済的な主権です。一般の国際機関の場合は、このような主権を国家が国際機関に預けることはありません。主権は、あくまでも国家のものです。そして、国際機関というのは、主権国家が協力するアリーナである、つまり場である、ということになります。

では、なぜＥＵがかくも注目されるのでしょうか。ＥＵという枠組みの中で、加盟二八カ国は経済、通貨政策の統合を行っているわけです。つまり、同じ目標に基づいた経済・通貨政策を実施しています。さらには、導入していない国もありますが、ユーロという共通通貨を持っています（二〇一五年からリトアニアがユーロを導入することで、一九カ国体制となります）。これは、通貨を発行するという主権を各加盟国がＥＵというアリーナに移譲しているからこそ可能となることで、このようないくつかの例を見ても、ＥＵがいわゆる普通の国際機関と違うことがわかるでしょう。

次に目を外交および安全保障に関して向けてみましょう。ＥＵは今日、「一つの声」（One Voice）を上げるようになっています。これはとくにリスボン条約以降のＥＵの大きな特徴となっています。例えば最近、駐日欧州連合代表部から私の研究室にリーフレットが送られてきました。そこに何が書いてあったかというと「ＥＵは死刑制度のない世界を求めています」と書かれていたわけです。つまり、死刑のない世界を目指しているのは、ＥＵという主体なわけです。ドイツ、フランス、イギリスといった加盟国ではなく、ＥＵとして自身の規範を世界に向けて提示していることがおわかりになるかと思います。これこそが、ＥＵとしての「一つの声」であるわけです。

ですから、現在のウクライナの情勢であったり、今日まで続いているシリアの内戦といった、ＥＵはそれらの国際紛争などに対して、ＥＵとしての共通の外交・安全保障の姿勢を示しています。このような外交および安全保障というのは、国家主権の核心なわけですが、ＥＵはＥＵとして「一つの声」を上げているわけです。さらに、ＥＵでは警察や内務・司法の協力も進めています。

このようにして考えますと、経済、政治そして法律の各領域にまたがって、各加盟国がＥＵに自国の大事な主権の一部を移している、ということが理解できるでしょう。ＥＵは、あたかもそれが一つの国家のように見えますが、その実、国家なのではなく、国家の主権がプールされているところが、単なる地域協力の枠組みとは決定的に違うところです。

したがって、国際機関としてのＥＵのおもしろさは、主権がＥＵに移っていること、そして共通政策が実施されているということにあります。さらには数的規模を考えると、人口やＧＤＰにおいて、アメリカ合衆国を上回っている、経済的なジャイアントであるということです。

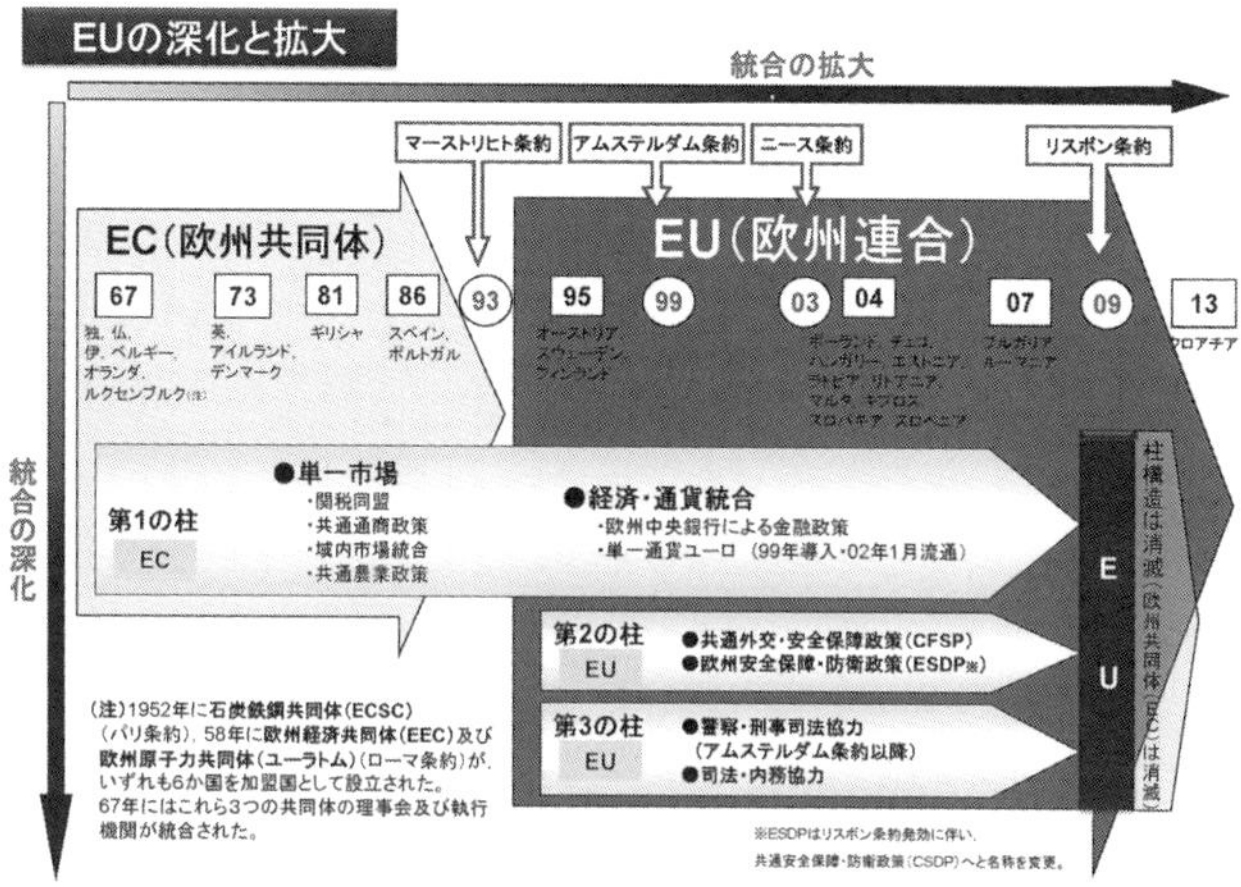

図１　EU の深化と拡大

出典：外務省（2013），p. 2.

ＥＣＳＣからＥＣへ

さて、お話を今日のＥＵの姿に移しましょう。図１を参考にしながら、お話していきたいと思います。

二〇一三年クロアチアが加盟してＥＵ加盟国は二八カ国になりました。しかし、今日のＥＵの姿になるまでには、長い歴史があったわけです。ご存知のとおり、欧州では第一次世界大戦と第二次世界大戦で、自らの国土が焦土と化した経験を持ちます。したがってＥＵ統合の歩みは、本当にマイナスからの出発だったといえます。

その中で、ヨーロッパ諸国はこういうことを考えました。第一次世界大戦と第二次世界大戦、私たちはどうしてこんなに悲惨な戦争をしてしまったのだろうかと。そして彼らは、少なくとも第一次世界大戦と第二次世界大戦ともに、フランスとドイツが戦っていることに気づきます。フランスとドイツという、ヨーロッパの中心にある二大国が戦っている状況では、平和は訪れないだろうと。そこで、ヨーロッパに平和をもたらすためには、この二つの国が仲よくする必要があると考えたのです。

さて、ここからが難しい。人と人であっても、仲よくするのは難しいですね。つまり、人間と人間の仲よし関係であっても、どこで崩壊するかわからないのに、国と国が良好な関係を続けるというのは非常に難しいことです。そこで、国と国が良好な関係を続けるためには、「共通の経済的な利益」で結びつく必要があるだろうと思うに至りました。

では、そのためにはどうしたらいいのでしょうか。それは、フランスとドイツのあいだにある石炭・鉄鋼資源、つまり、最大のエネルギーである石炭、二〇世紀前半の最大の産業である鉄鋼業、この巨大な資源を共同管理しようということで、フランス、ドイツ、イタリア、そしてベネルクスの三国、つまりEU原加盟国六カ国といわれるものですが、それが一九五二年にECSC（欧州石炭鉄鋼共同体）というものをつくります。ただ、欧州石炭鉄鋼共同体というのは、石炭と鉄鋼に関する共同体ですので、それ以外についての協力枠組みではないわけです。そこで、経済全体で協力していこうというきっかけになったのが、EEC（欧州経済共同体）の設立、一九五八年になります。石炭と鉄鋼だけではなくて、もっと幅広く、経済活動全般について共通政策をつくっていこうというわけです。

ヨーロッパというのは、皆さんご存知のとおり、一カ国、一カ国が小さいわけです。フランス、ドイツ、イタリアは「欧州における」大国ですけれども、それでも日本の人口よりも小さい。そういう小さい国々が共通の市場を持ち、国境を越える際の障害、関税とか人の移動の面倒な手続きなどをなくして、ヨーロッパ全体としての競争力をつけていこうと企図されていきます。そのためには、より統合的な機構が必要だということで、一九六七年にＥＣ（欧州共同体）が誕生します。つまり、ＥＥＣ、ＥＣＳＣ、ＥＵＲＡＴＯＭ（欧州原子力共同体）の三つがＥＣに統合されていったのです。このようなプロセスは、統合の度合いが深まる、つまり統合の深化の歴史であるわけです。

深化と拡大

さて、一九七〇年代には、拡大の局面が開始されます。例えば一九七三年には、イギリス、アイルランド、デンマークという国々が加盟してきました。とくに、イギリスが入ってきたのは欧州の統合にとって非常に重要なことです。それから、一九八一年にはギリシャ、一九八六年にはスペイン、ポルトガルが加盟します。とくに一九八六年の二つの加盟国は、かつては権威主義体制だった国々だったわけですが、民主化するとなったときに、当時のＥＣは民主主義がスペイン、ポルトガルに根づいていくことを期待して、経済的につなぎとめたということです。

この一九八六年の三年後、一九八九年には、今日のＥＵをみる際に非常に重要なことが起こります。皆さんご存知のとおり、この年にベルリンの壁が崩壊したわけです。このことが象徴していることは何かといえば、それまでソ連陣営にいた東ヨーロッパの国々が続々と民主主義、市場経済をとるようになったということです。それまでソ連の衛星国とまでいわれた国々、東を向いていた国々が一気に西をみるようになりました。一九八九年のベルリンの壁崩壊をきっかけとして、東に対するＥＣの拡大が現実的なオプションとして浮上してきたわけです。

このような状況の中、ECは一九九三年のマーストリヒト条約で、EU（欧州連合）へと深化を遂げます。ここで名称を変えて、何が変わったのかというと、ECはそれまで、単一市場を目的とした経済のための共同体だったわけですが、一九九三年のマーストリヒト条約で確定された欧州連合のあり方は、EUには大きく分けて三つの役割があるのだということを示したわけです。

経済だけではなくて、外交・安全保障（第二の柱）、さらには司法・内務など（第三の柱）といった、経済、政治・外交そして法律、この三つにおいて共通のものをつくり上げていこうという枠組み、これらこそがEUの根幹を形づくりました。名称が変わったのは、当然、役割が変わったからなわけです。

このようにして、経済のみならず、外交・安全保障や、司法・内務などといった法律の分野まで統合に踏み込んでいくのだという意志を見せた二年後、一九九五年にオーストリア、スウェーデン、フィンランドという、生活水準の高い国々がEUに加盟します。これらのうち、例えば、フィンランドとかオーストリアというのは、東の国々とも、西の国々ともうまくつき合っていた国ですので、それまでEUに入っていなかったわけですが、東側が崩壊したのでEUに入るという決断になったわけです。

そして二〇〇四年には、ポーランド、ハンガリー、チェコをはじめとする東欧諸国、二〇〇七年には、ブルガリア、ルーマニアという南東欧の国々がEUに加盟して、EUは二七カ国となりました。さらに二〇〇九年にはリスボン条約が発効され、一九九三年のマーストリヒト条約以降、EUの特徴となってきた柱状構造は消滅し、EUはより統合の度合いを強めました。そして、二〇一三年にはすでに述べたよ

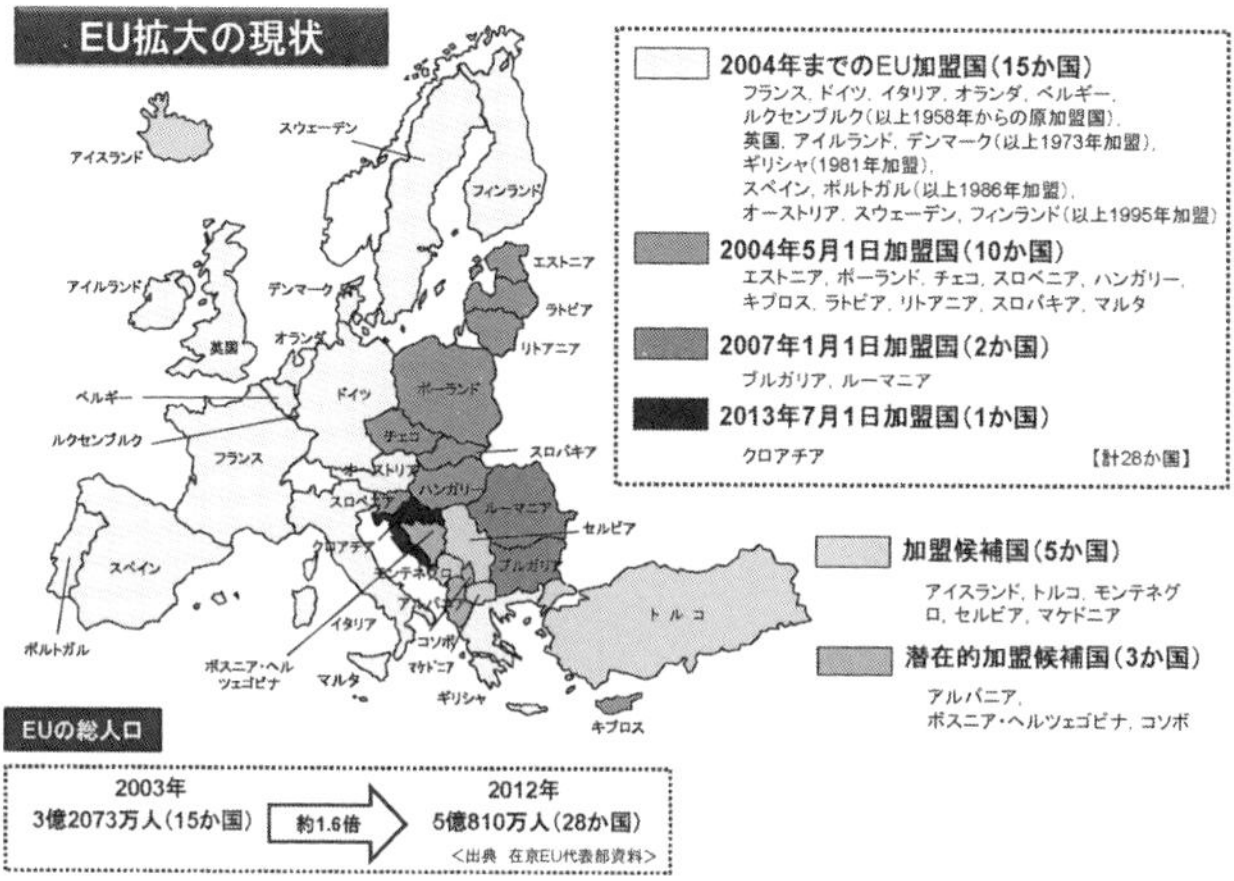

図２　EU 拡大の現状

出典：外務省（2013），p .3.

うに、クロアチアがＥＵに加盟して、ＥＵは現在の二八カ国という姿になったのです（図２参照）。

もう時間なので今日の講義はここで終わりますけれども、本日申し上げたＥＵの仕組みや歴史については、明石書店の『ＥＵを知るための六三章』の各章で詳しい内容が記載されています。学生の皆さんは、とくに第二次世界大戦が終わってからのＥＵの発展の流れが書かれている部分について、ページをめくって見てください。それでは、また来週お会いしたいと思います。

参考文献

外務省（二〇一三）『欧州連合（ＥＵ）』、http://www.mofa.go.jp/mofaj/files/000018667.pdf［二〇一四年九月一日最終アクセス］。

羽場久美子編著（二〇一三）『ＥＵ（欧州連合）を

知るための六三章』明石書店。

第2講

EUとは何か
その拡大と機関

EUの統合――深化と拡大

今日は『EUの社会経済と産業』の二回目の講義です。先週は外務省の資料をもとに、EUとは何か、そして今日の世界におけるEUのプレゼンスの大きさについてお話をしました。先週いらした方はおわかりでしょうが、マーストリヒト条約で、ECはEUへと発展を遂げました。一九五二年以降、ヨーロッパでは経済を中心に地域統合が進んでいたわけですが、マーストリヒト条約によって（その名がEUになったことで）、経済だけではなくて、外交・安全保障、司法・内務・警察などといった分野においても協力が進んできたわけです。

そして、二〇〇九年、リスボン条約という最も新しいEUの条約が発効することによって、この三つの柱、つまり、経済、外交・安全保障、司法・内務などというものがすべてEUの中に含まれるようになりました。つまり、EUはより統合度を深めていったわけです。リスボン条約以降のEUをみる視点で重要なものの一つは、加盟国の権限を前提としつつも、最大限EUとしての共通の立場をとり「一つの声」で発言するようになったことです。EUの中にはドイツもあれば、フランスもあり、イギリスもあります。東を見ればポーランドという域内大国、西をみればスペインという域内大国もあるわけです。それぞれの国が、それぞれの利害を抱えているにもかかわらず、EUという「一つの声」を外交の場で上げることが多くなったのは、二〇〇九年のリスボン条約以降ということです。

このようにして、欧州統合は、最初は石炭、鉄鋼から始まって、経済一般、そして外交・安全保障、司法・内務・警察・刑事に至るまで、その統合の範囲を広げてきました。これを我々は統合の「深化」と呼んでいます。また、これも先週お話ししましたが、今日のEUの原形はECSCですが、その原加盟国は六カ国（ベネルクスの三国とイタリア、フランス、ドイツ）しかなかったわけです。それが今日、二八カ国にまで成長しています。つまり、年を追うごとに欧州の地域統合はヨーロッパの大部分の国を包摂するようになってきています。このことを私たちはEUの「拡大」と呼びます。つまり、欧州の地域統合EUは、第二次世界大戦後、「深化と拡大」を通じて、今日のEUの姿になってきたということになるわけです。

今、拡大といいました。EUは原加盟国が六カ国であった、つまり、もともとはドイツ、フランス、イタリアと、ここにあるベネルクス、つまりベルギー、オランダ、ルクセンブルク、これらの国々で始まったわけです。それが、徐々に加盟国数が増えたということです。そして、EUを研究していると常に聞かれるのは、ＥＵはどこまで大きくなるのかという議論です。ＥＵは、いったいどこまで大きくなる可能性があるのかということです。

その問題に対して答えるのは非常に難しいです。なぜかというと、非常にポリティカルであって、そのときどきの政治情勢、国際情勢によるからですけれども、今日、ＥＵ加盟候補国になっている国は、ここに挙げられているように、アイスランド、トルコ、そして旧ユーゴスラビア諸国のモンテネグロ、セルビア、マケドニア、それらが加盟候補国となっています。二〇一四年六月にはアルバニアも加盟候補国となりましたから、現在六カ国が加盟候補国です。

ＥＵ加盟手続き

では、ＥＵに加盟するためにはどのような手続きが必要となるのでしょうか。図1を見ながら説明していきたいと思います。

まず、ＥＵに加盟したい国は加盟申請を行います。すると、ＥＵの官僚機関である欧州委員会がそれに対する意見書を出します。この意見書をもとに、ＥＵ理事会で、加盟交渉開始の決定が行われます。次に、ここからかなりテクニカルな行政的な手続きが開始されます。35「章」の交渉、というのがそれです。35「章」の交渉というのは何かというと、加盟候補国はこれまでＥＵが積み上げてきた法律や政策、規則、規制といった、ＥＵの法体系、ロー・システムをすべて国内に受け入れることを意味します。同じルールで動かなければ、共同体として動く意味がないからです。したがって、35「章」というのは、各政策分野

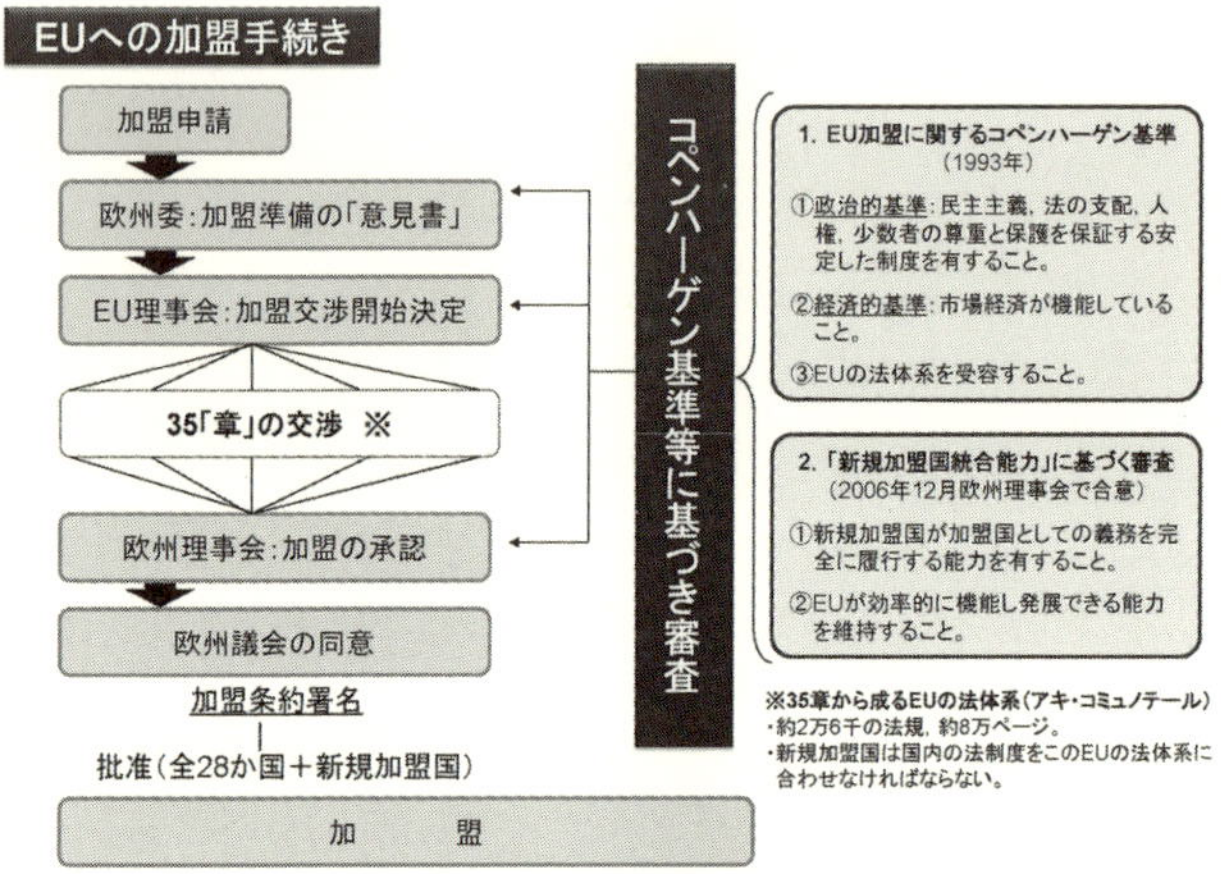

図 1　EU への加盟手続き

出典：外務省（2013），p. 4.

ごとに35に分かれた「章」であり、それぞれの「章」の内容を加盟申請国はすべて自分の国内法に受け入れていかなければならないことになります。図１にあるように、それは「アキ・コミュノテール」と呼ばれ、約二万六〇〇〇の法規、ページにして約八万ページというボリュームがあります。そして、加盟候補国にとって、この作業が最も大変であるわけです。

なぜでしょうか。ＥＵを構成する諸国は一般的に、ヨーロッパの周辺諸国から見れば、豊かです。例えば、モンテネグロとかマケドニアから見れば、ＥＵ加盟諸国は豊かなわけです。法律とか政策とか規則、規制というのは、その国の経済社会の発展段階に応じたものであることが多いわけですから、加盟候補国がそれを受け入れるのは（右から左に文字を書き写すだけならまだしも）現実的には非常にハードルが高くなります。そして、欧州委員会は、加盟候補国がＥＵの「アキ・コミュノテール」をきちんと国内法に受容しているかどうかを逐一チェックすることになります。

そして、35「章」のほぼすべてが終わったら（つまり全部が終わらないといけないわけではなくて、ある一部に関しては「終わる見込みができました」というところで加盟できる場合もあるのですが）、欧州理事会、つまりＥＵ加盟国の首脳が集まる場で加盟を承認する手続きが待っています。その後、欧州議会、つまり主要ＥＵ機関の中で、唯一欧州市民が直接選ぶ欧州議会議員によって構成される機関が、それに同意をするプロセスを経ます。そして、加盟国と新規加盟国によって当該加盟条約が批准されれば、その加盟候補国は晴れてＥＵ加盟国になるというわけです。

さて、以上がＥＵ加盟のための手続きですが、ひとつ皆さんが記憶しておくべきことがあります。それは、「コペンハーゲン基準」というものです。これはいったい何かというと、ＥＵに加盟するためには、少なくとも三つの条件を満たさなければならないという基準です。一つずつ確認していきましょう。

一つ目は、政治的基準です。政治的側面としては、ＥＵに加盟するためには絶対的な条件があります。それは、民主主義、法の支配、人権、少数者の尊重と保護を保障するということです。二つ目の基準は、経済的基準です。経済的にはどうでなければいけないか。これは、豊かでなければならないというのではなく、市場経済がきちんと機能していることが条件となります。そして、三つ目がＥＵ法体系を受け入れること。先ほどいった35「章」をきちんと国内法に受容することになります。

ですから、ＥＵ近隣諸国の非ＥＵ加盟国がＥＵに加盟したいということになった場合、この三つの基

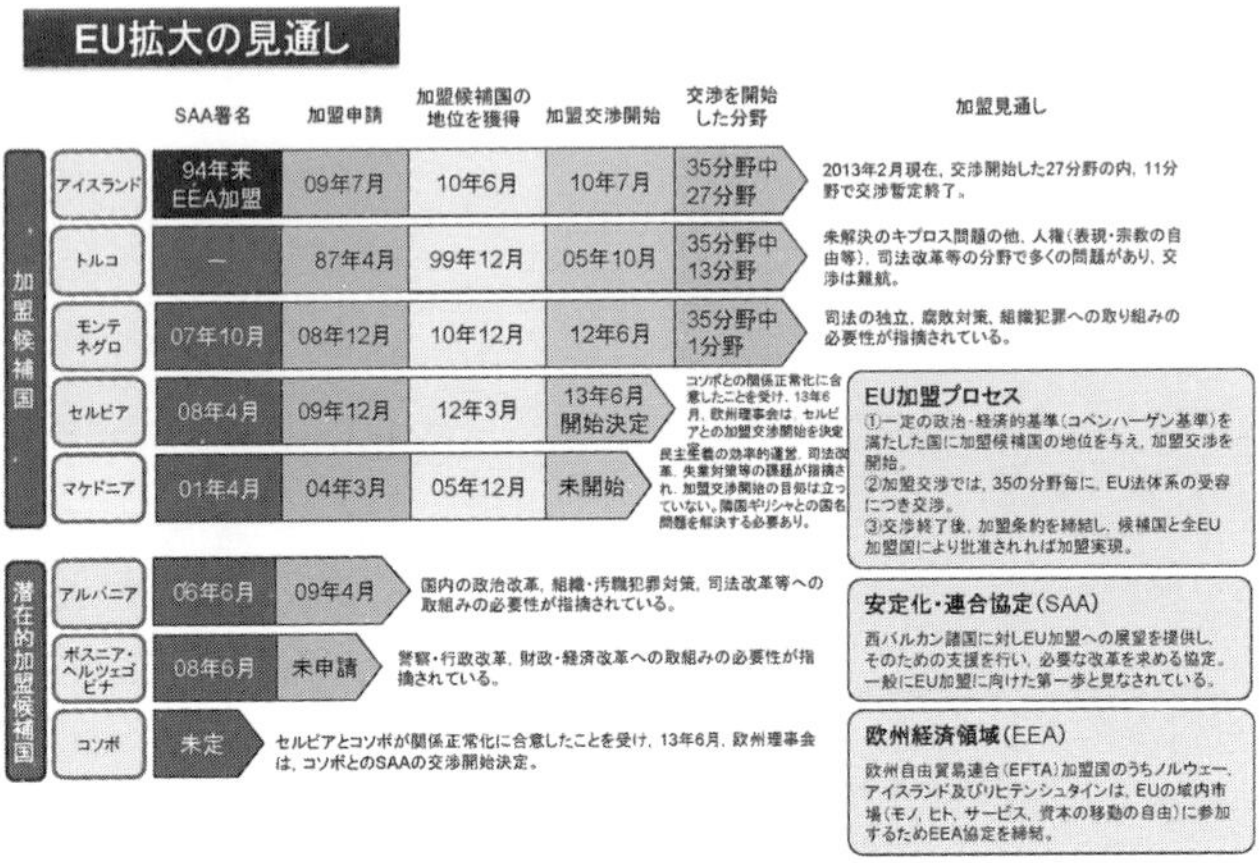

図 2　EU 拡大の見通し

出典：外務省（2013），p. 5.

準をクリアする必要があるわけです。

先ほど、いくつかのＥＵ加盟候補国があると申し上げましたけれども、一番加盟プロセスが進んでいるアイスランドは、35「章」の交渉に突入していまして、35分野のうち27分野で交渉が始まっています。トルコはさまざまな問題を抱えているので加盟の見通しは立ちにくいですが、加盟交渉を開始し、35「章」のうち14「章」で交渉が始まっています。その他の国については、図2を参照してください。

ＥＵの主要機関

さて、次に重要なお話をしていきたいと思います。それは少なくとも皆さんがこれから五人の先生が講義する際に知っておくべきＥＵの機関についてです。ＥＵには、皆さんが覚えておくべき機関が少なくとも四つあります。この四つを、そしてその関係を理解していないと、おそらく、どの先生が話すこともわからないと思いますので、今日は、少なくともこれらをしっかりと頭の中にたたき込んでください。

私がこのお話をするのは、ＥＵというのが普通の国とはちょっと違うからです。皆さんの多くが日本人だと仮定すると、私たちは小学生のときから日本の社会はどういう仕組みになっているかを社会科の授業で勉強してきたと思います。そのときには必ず三権分立のお話が出てきて、日本は国権の最高機関である国会があるけれども、国会がすべての権力を握っているわけではなく、国会と内閣と裁判所の三つの機関によって権力が分かち合っている、と習ったと思います。この三つがそれぞれ独自の権利を持っていて、それぞれが牽制し合うシステムとなっているわけです。そして、法律をつくりたいときは、議員立法もしくは内閣による法案が国会に提出されて、ここで立法を行うというシステムになっているわけです。そして、決定された法に基づいて政治を行うのが内閣であり、法に基づいて司法権を行使するのが裁判所であります。これが、皆さんが小学校六年生で勉強してきた日本における三権分立の内容でしょう。これが、一つの主権国家の内部にある意思決定のあり方であるとすると、ＥＵの中の機関のバランスは、これとは少し違います。

ＥＵには、まず名称が非常に似た二つの機関があります。一つは、欧州理事会と呼ばれるもので、もう一つは、ＥＵ理事会と呼ばれるものです。ＥＵ理事会というのは、皆さんが読む新聞では閣僚理事会とも呼ばれますので、閣僚理事会と聞いたらＥＵ理事会のことだと思ってください。

では、まず欧州理事会について説明してまいりたいと思います。欧州理事会というのは、政治的方向性を決める場です。例えば昨今、ギリシャが財政的に破たんしました。ＥＵが財政出動をして彼らを救うべきか、救わないでいるべきか、これには大きな政治的方向を決める話し合いが必要です。そのようなＥＵ統合の政治的方向性を決定するための機関として欧州理事会があります。欧州理事会は加盟二八カ国の首脳が集まって、年に二回開催されます。大きな政治的決断を下すので、欧州理事会には加盟各国の首脳が集まってくるわけです。

ところが、政治というのは大きな方向性だけでは動かないわけで、当然、プラクティカルなステップが必要になります。つまり、実務として、どんな共通政策が必要か、どんな詳細ルールが必要か、はたまたどんな法律が必要かといった実務が必要になります。その実務をつかさどるのが、欧州委員会、ＥＵ理事会、欧州議会という三つの機関です。細かく見ていきましょう。

まず欧州委員会について見ていきます。欧州委員会はＥＵの官僚機関です。皆さんが想像するとすれば、日本国の霞が関を想像してください。霞が関にはいろいろな省庁があります。財務省、外務省、総務省もあります。まさに行政をつかさどる一群の組織、これが欧州委員会です。したがって、欧州委員会は官僚組織です。そして、最も重要な点は、ヨーロッパの頭脳ともいえる官僚組織である欧州委員会は、ＥＵが法律や政策、規則、規制をつくるときの独占的発議権を持っているということです。したがって、ＥＵが何かのアクションを起こすときは、先ほど説明した欧州理事会が大きな政治的方向性を決めたら、欧州委員会が「わかりました。そういう方向性であれば、こういう法律が必要になってきます」ということで案をつくるわけです。

そうすると、欧州委員会がつくった法案について、それを決定する機関が必要になります。その一つがＥＵ理事会です。今、「その一つ」といったのは、ヨーロッパでは欧州委員会がつくった案を決定する機関が二つあるからです。つまり、日本であれば、法案は国会という一機関で決定できるわけですが、ヨーロッパでは二つの機関が共同して決定することになります。よって、一つ目の機関が、今お話したＥＵ理事会です。

ＥＵ理事会は、それぞれの政策分野によって分かれています。例えば、環境に関する法案であれば、ＥＵ理事会の中の環境閣僚理事会が登場します。ここに集まってきているのは各加盟国の環境大臣です。二八カ国の加盟国の環境大臣は環境閣僚理事会に出席し、欧州委員会が環境問題に関する法案を上げてきたら、ＥＵ理事会の中の環境理事会がイエスかノーを決定するということです。

ここで注意してもらいたいのは、各国の閣僚が参加する場であるということです。つまりここでは、加盟国間のナショナルな利益がぶつかり合う可能性がある場所だということです。そして各国の閣僚が、この案でいいのかどうか、修正したいか、したくないか、あるいはリジェクトするかといったことを決定します。もう一度いいますが、この場は意思決定機関のうちの一つですけれども、非常にナショナルな場だということです。

ＥＵ理事会と欧州議会

もう一つ意思決定において重要な機関があります。それは、欧州議会です。これは市民から直接選ばれた欧州議会議員によって構成されています。つまり、私たちが想像する日本の国会にきわめて近いわけです。

よく見てみると、欧州理事会は各国首脳が参加しますから、ナショナルな利益がぶつかり合う場になり得ます。ＥＵ理事会も、各国の担当大臣が出てきますからナショナルな利益がぶつかり合う場所になるかもしれません。そして、欧州委員会は、欧州の官僚機関です。そう考えると、民主主義を標榜するＥＵのどこにも、民主的な機関がないではないかということになります。そこでＥＵでは、欧州委員会が発議した政策や法律を決定するのは、ＥＵ理事会だけではなくて、欧州議会もその審議に加わるように制度的な工夫をしています。

欧州議会というのは、きちんと比例はしていませんが、各国の人口比に応じて、合計七五一の議席を各国に配分しています。選挙そのものは各国のルールに従って行われます。しかし、この文脈で重要なことは、少なくとも割り当てられた欧州議会の議席数を各国が埋めて、民主的に欧州議会議員を選び、欧州議会が構成されるということです。

この欧州議会はＥＵ理事会と共同して法律を決定していきます。つまり、欧州委員会はこの両方の機関に対して政策や法律の案を出し、そして、ＥＵ理事会と欧州議会が双方ともに納得するまで、三読会制といいますけれども、二回修正するチャンスがあるということです。お互いに「こう直してほしい」という意見を二回いう機会があるということで、例えばＥＵ理事会がイエスといった法案でも、欧州議会がノーといった場合は、欧州議会は対案を出すことになります。出した対案をＥＵ理事会が受け入れれば、そのまま通りますし、受け入れなければ、今度はＥＵ理事会が再提案をする。ＥＵ理事会および欧州議会には、お互い二回まで法案を修正する権利があって、このようなプロセスを経て、法律がＥＵレベルで決定していくことになります。

さて、ＥＵの機関についてのお話は、とくに一年生の皆さんにとっては、非常に複雑で難しいお話だったかもしれません。しかし、まずＥＵの機関を理解することは、ＥＵを理解する第一歩になりますので、その役割をしっかりと覚えておいてください。

参考文献

外務省（二〇一三）『欧州連合（ＥＵ）』、http://www.mofa.go.jp/mofaj/files/000018667.pdf［二〇一四年九月一日最終アクセス］。

第3講 関西学院大学とEU

関西学院大学とEU

関西学院大学とEUというお話に移ろうと思います。ここで私がお話をしなければいけないのは、EUIJ関西（EU Institute in Japan, Kansai）の活動についてです。

これまでEUについて概観してきましたが、今日、EUの国際社会における役割というのは非常に大きくなっています。世界一九〇余の国の中の二八カ国はEU加盟国であるということのみならず、多くの日本の人々にとってEU加盟国を中心とするヨーロッパは、これまで歴史、文化、芸術、美術といった面で多くの人をひきつけてきたのではないかと思います。

この講義は総合コースですので、さまざまな学部の学生が集まっています。私は文学部で授業を持っていないので、これだけの文学部の学生の前でお話することはなかったのですが、文学部の学生の中には、フランスの文化に惹かれるであるとか、シャネルをつくったココ・シャネルの女性を自由にしようという発想によるブランド化に興味があるとか、ヨーロッパを舞台にしたさまざまなことに関心がある方がいるかもわかりません。ここでいいたいことは、政治、経済のみならず、歴史、文化、芸術といった面でＥＵ加盟国を中心とするヨーロッパに関心をもつ日本人は多いのではないか、ということです。

世界経済におけるＥＵについては、第一回の講義時に説明しましたのでおさらいになりますが、外務省の二〇一四年のデータから少し数字を拾ってみましょう。二〇一二年のＧＤＰを見てみますと、アメリカが世界の二二・五％であるのに対して、ＥＵは世界の二三・一％ですから、アメリカを超えています。日本の三倍弱ということです。それから、世界の「貿易」においてＥＵが占める割合は三一・二％、ＥＵと日本を足すとおよそ三五％ということです。[1]

したがって、創立以来経済界に有為な人材を輩出してきた関西学院大学で教鞭をとる身として、皆さんには（もちろんアメリカ、カナダ、アジアという地域の重要性は大きいわけですが）ＥＵに関するある程度の教養、知見も身につけておいてほしいと願っているわけです。

そこで今日の講義では、一年生も多いと思いますので、皆さんが関西学院大学の目指す「世界市民」になろうと考え、ＥＵそのもの、もしくはＥＵ加盟国に興味を持ち始めたという場合、どういうふうに四年間の勉強をしてほしいと私が思っているかというお話をしたいと思います。一年生の人は入学したてで初めて聞くかもしれませんが、皆さんが海外で勉強したい、海外で活動するプログラムに参加したい、という場合、関西学院大学には国際教育・協力センター（CIEC: Center for International Education and Cooperation）という組織があります。関西学院大学はグローバル人材育成事業を行っていますので、全学を上げて皆さんの「世界市民」化、皆さんが国際社会へ出ていくことをサポートしています。その中心となっているのがＣＩＥＣということです。

ＣＩＥＣがどのような業務を行っているかというと、例えば、各種海外派遣プログラムを開発しています。ＣＩＥＣの事務所へ行くと、各種プログラムの募集要項やチラシなどを手にとることができます。またフェイスブックで「いいね！」としておけば、各種の情報がリアルタイムで入手できます。もちろんＷｅｂサイト（http://www.kwansei.ac.jp/c_ciec/）もありますので、皆さんのほうから能動的に情報にアクセスすることが可能です。今ここに二〇一四年度春学期の国際教育プログラムの募集要項がありますが、そこにはたくさんの海外派遣のプログラムがあります。そろそろ募集が始まっているプログラムもあると思います。

ＣＩＥＣのプログラムは、語学留学だけではなくて、例えば、国連ボランティアといって、発展途上国へ行って、皆さんがボランティアをするという、勉強をするだけではなくて、実際に活動をするプログラムも含めて、非常に多岐にわたっています。そして、皆さんがいざ留学したいとか、海外へ行きたいという場合は、皆さんがしたいことに対する情報提供もしてくれます。そして、皆さんが留学したいという場合は、登録から選考、そして合格発表というプロセスを経るわけですが、留学前、留学中、皆さんのサポートをこのセンターが支援することになります。ですから、関西学院大学の皆さんが海外で活躍したい、留学したい、海外のプログラムに参加したいというときに、ＣＩＥＣはその中心的な組織となるわけです。また、ＣＩＥＣはキャンパスの国際化にも取り組んでいます。例えばＧ号館の本学の国際学部へ行きますと、多くの外国人留学生がいます。日本人も含めて、ほとんどの学生が英語でしゃべっている様子は壮観です。

本学では、本学で学位取得を目指す外国人留学生が約五〇〇人いるそうです。また、短期で受け入れている外国人留学生も一五〇人以上ということですから、一、〇〇〇人に届くかという数の外国人留学生がこのキャンパスで皆さんと一緒に学んでいることになります。こういう外国人留学生の人たちに対しての講義の提供とかイベントといったこともＣＩＥＣで行っています。

ＣＩＥＣが皆さんに提供することが可能な留学プログラムを、この前調べてみたところ、こんなにありました。国連セミナー、国際ボランティア、インドネシア交流セミナー、トルコ交流セミナーから始まって、一枚のスライドでは書ききれないくらいです。ちなみに私は、トルコ交流セミナーの担当教員を現在つとめています。その中でも、学部の学生にとって、最も挑戦的なものとして留学があります。

ＥＵ－Ｊ関西

関西学院大学は、欧州にも多くの協定校を持っています。イギリス、ドイツ、フランスをはじめとして、ノルウェーやポーランドにも協定校があります。学生の皆さんの中で、ヨーロッパで勉強をすることを目指している人がどれくらいいるかはわかりませんが、もし関西学院大学に在籍しているうちに欧州に留学して勉強したいと思ったら、重要なことは、欧州に行ってから欧州について勉強するのでは当然遅いということです。もしくは、留学しないにしても、皆さんが将来企業につとめてヨーロッパに赴任して、ブリュッセルの事務所で働くとしたときに、ブリュッセルの事務所に赴任してからヨーロッパについて勉強するのでは遅いということです。

そこで、日本にいるあいだにヨーロッパについて勉強しませんか、という提案をしたいと思います。なぜなら、関西学院大学の皆さんには、ＥＵＩＪ関西の修了証プログラムが用意されているからです。ＥＵＩＪ関西は神戸大学、関西学院大学、大阪大学からなる研究・教育のためのネットワークです。この活動のために、欧州委員会そして日本の文部科学省からの資金援助を受けています。そして、ＥＵに関する教育の拠点となることが期待されており、皆さんは関西学院（もしくは神戸大学・大阪大学）でたくさんのＥＵ関連科目を受講することができます。

現在のＥＵＩＪ関西の代表は神戸大学の先生がつとめています。副代表は三人いまして、神戸大学、関西学院大学、大阪大学の先生が一人ずつつとめています。私も顧問ということで末席に名前が載っています。このように、関西学院大学もＥＵＩＪ関西の活動に組み込まれて、積極的な活動を行っています。

ＥＵＩＪ関西の本部事務局は神戸大学にありますが、関西学院大学では、図書館の建物の三階にある産業研究所がＥＵＩＪ関西業務をつかさどっています。皆さんがＥＵＩＪ関西に関することで何か困ったときは、この関西学院分室がお手伝いをすることになります。

では、皆さんに最もかかわりがある、ＥＵＩＪ関西の修了証プログラムについてお話したいと思います。皆さんがＥＵＩＪ関西の修了証プログラムに登録すると、どのようなメリットを享受できるか、ということです。

まず一つ目は、ＥＵに関連する授業が学部生向けとして、神戸大学、関西学院大学、大阪大学で合わせて六〇講座ほど提供されているということです。ですから、自分の受講したい講座は関西学院大学にはないけれども、大阪大学にはあるといった場合は、皆さんがこの修了証プログラムに登録していれば、大阪大学の授業を聴くことができます。さらに、大阪大学へ行ったときには、大阪大学の図書館を利用することもできます。これは非常に大きなメリットです。

二つ目に、皆さんがＥＵＩＪ関西の修了証プログラムで頑張って修了した暁には、最後にＥＵに関する論文を書いていただくことになります。そうすると皆さんはＥＵＩＪ関西が主催するコロキアムという研究発表大会に出場することができます。コロキアムに出ると、ＥＵＩＪ関西もしくは兵庫ＥＵ協会などから賞が受けられることになります。就職活動が厳しい昨今、努力が形になることも大事だろうと思います。

ちなみに、二〇一四年三月のコロキアムでは、本学の国際学部の女子学生が最優秀賞をいただくことができました。一生懸命に頑張った成果があらわれて、私もとても嬉しい思いをしました。

また、ＥＵＩＪ関西の修了証プログラムに参加していると、EU Debate Student Club という英語でＥＵの時事問題について議論する企画に参加することができます。神戸大学で行われているものですが、学期中およそ月に一回のペースで開催されています。これは、毎回違うテーマが設定されて、神戸大学の先生がコーディネーターをしてくださって、英語で議論をするという場所です。皆さんの中には、英語に自信がある学生もいれば、そうでない学生もいるかもわかりませんが、やはり英語で自分の考えていることを伝える、そして人の考えていることを聞く、理解するという能力は、就職活動だけではなくて、今後、世界市民として活躍する際には絶対に必要になってくるでしょう。こういう機会をＥＵＩＪ関西は提供しています。

それから、皆さんが日本でＥＵについて一生懸命勉強したら、現地に行って調査研究をしたい、と思うかもしれません。この場合、厳格な審査がありますが、ＥＵＩＪ関西では学部生向けとして年二名、研究旅行助成を行っています。また、ＥＵＩＪ関西では、春休みと夏休みに、ＥＵに関する勉強をする合宿を開いています。二泊三日の非常にハードな合宿ですが、ここでの勉強と最後に行われるディベート大会を通じて、参加した学生はＥＵへの関心を深めていきます。さらに、二〇一三年からは英語プレゼン・ディベート合宿というものを一二月に開催するようになりました。皆さんも今後の大学生活、そして社会人生活、就職活動において、英語でディベートをする、英語でプレゼンをすることの重要性を理解していると思いますけれども、そういう能力の向上をここで図ることが可能となります。ですから、皆さんのアウトプット能力を向上させるために、また、皆さんの英語でのコミュニケーション能力を向上させるために、ＥＵＩＪ関西では、非常に重要な企画をいくつも用意しているのです。

そのほかに、シンポジウムや講演会を開催することも、ＥＵＩＪ関西の活動の柱の一つです。前回の講義でＥＵ機関の話をしましたが、欧州委員会の委員長であるバローゾさんがＥＵＩＪ関西を訪れて講演会をしてくださったこともあります。日本でいえば内閣総理大臣にあたる人ですが、こういうＶＩＰが訪れることもありますし、通称ＥＵ大統領と呼ばれる欧州理事会常任議長ファン・ロンパイさんもＥＵＩＪ関西が招聘し、神戸大学で講演を行いました。さらには、日本にいるＥＵ加盟国大使も講演会にいらしてくれましたし、スロバキアの大統領がいらしてくれたこともありました。学生の皆さんにとって、こういう機会をとらえてお話を聞くのは、非常に重要なことだろうと思います。ＥＵのリーダーたちが何を考えているのか、大きな政治の方向性をどのように定めているのか、日本の学生である皆さんが、じかにそのお話を聞く機会を得ることができるのも、ＥＵＩＪ関西の活動から関西学院大学の学生が引き出すことのできる、重要なメリットです。

「世界市民」に向けて

今日のお話を全体としてまとめます。ここに座っている関西学院大学の学生の皆さんは、これからスクールモットーであるMastery for Serviceの精神を胸に「世界市民」となるわけです。その際に、どうすればよいのでしょうか。少なくともＥＵ関連において皆さんがとりうる道は、以下のようなものではないかと思うわけです。

まず一つは、学部での教育を大切にしましょう。そして次に、ぜひともＥＵＩＪ関西の修了証プログラムに登録して、関心のある講座を履修し、学習を深めてください。そして、ＥＵＩＪ関西が提供するさまざまな機会を効果的に使いましょう。講演会を聞きにいったり、夏と冬のＥＵ勉強合宿に参加したり、神戸大学で英語のディベート・クラブに出席したり、冬の英語プレゼン合宿に参加してみてください。EUIJ関西のプログラムに最大限乗っかってみることをお薦めいたします。

そして、皆さん自身が留学したいという強い志がある場合には、このような国内での努力とともに、本学CIECから常に情報を得ておいてください。何年生のいつ留学したいということが決まっていれば、そのためには英語のスコアがいくつ必要で…、というふうに条件がわかってきます。ですから、CIECが出している情報をもとに、なりたい自分になれるように努力を惜しまずに学習してください。

とくに一年生の皆さん、大学というところは大きいですから、その全体像をつかむことがなかなかできないと思いますけれども、少なくとも国際的に活動していきたいという場合は、いろいろな場所から提供されている国際プログラムを皆さんの中でうまく、有機的に結びつけていくことが大切です。本日のお話で、皆さんが「世界市民」になる一助となることを切に希望します。[2]

【注】

1　外務省（二〇一四）七頁。

2　EUIJ関西の詳細と最新情報は、http://euij-kansai.jp/ 参照のこと。

◎ **参考文献** ◎

外務省（二〇一四）『日EU関係』http://www.mofa.go.jp/mofaj/files/000018668.pdf［二〇一四年九月二五日最終アクセス］。

第4講

EUの産業の特徴

はじめに

EUの産業には、ほかと比較して特徴があるか、もし特徴があるならどのような特徴であるのか、という問いに答えるのは難しいことです。その理由はまず、EUの産業規模が非常に大きいからです。現在、EUの加盟国数は二八カ国であり、欧州経済領域（EEA: European Economic Area）に参加する欧州自由貿易連合（EFTA: European Free Trade Association）のノルウェー、アイスランド、リヒテンシュタイン、そして関税同盟または双務協定によりEU経済とつながっているトルコとスイスを加えると、E

Uの単一市場を中心とするヨーロッパ経済圏と結びついている国の数は三〇カ国を超えています。そういう大規模な経済圏を全般的に俯瞰して、ヨーロッパの産業の特徴を分析することは、非常に難しいわけです。

しかし、一見するとヨーロッパの経済と産業は、日本やアメリカとは大きく異なっているという印象がありますので、このテーマを以下のアプローチによって考察していきたいと思います。

第一に、EUの産業の特徴を考えてみます。EUの産業は他国の産業と比較して、規模的な相違(difference in scale)、多角化の相違(difference in scope)そして特化の相違(difference in specialization)があると考えられます。そこで、さまざまな統計と経済データを分析することで、これらの特徴を考察します。この分析に基づいて、日本またはアメリカの産業と比較し、EUの産業の多様な特徴を考えていきたいと思います。そこで、まず、三つの事例を挙げて説明していきたいと思います。

第一の事例は高級品産業です。ヨーロッパの高級品産業は長い歴史があり、今なおヨーロッパで生産されている高級品は世界高級商品の市場シェアの七〇%を占めています。そこで、EUと高級品産業との関係を説明し、世界的に有名なフランスの鞄メーカーであるルイ・ヴィトンの会社の発展を紹介します。第二の事例は、ヨーロッパの製造産業の代表的に見られる産業クラスターの伝統と発展です。具体例としてイタリアのDistretti Industrialiという産業クラスターを挙げ、イタリアにおける産業クラスター政策、その経済的な効果とEUの産業クラスターに対する政策について説明したいと思います。そして第三にEUにおける先端技術開発の政策を説明します。具体例としては、ヨーロッパの旅客機製造企業のエアバス・インダストリーを挙げます。エアバスの例をみることで、ＥＵの産業政策の可能性と限界の両方がわかるようになるでしょう。そして最後に、ＥＵとヨーロッパの産業発展という視野から論文の主なポイントをまとめていきたいと考えています。

１　ＥＵの産業には特徴があるか

ＥＵの産業にはどういう特徴があるのかを分析する前に、まずは「特徴」の意味は何かを調べてみましょう。小学館の国語例解辞典によると「特徴」の意味は「他と異なって、特に目立つ点」というふうに定義されています。ＥＵの産業はほかの国または地域の産業と比較して、どう異なっていて、どう目立っているか、考えたいわけです。そこでまず、どういう相違があるのか考えましょう。基本的に三つの相違点が考えられます。

第一に、規模の違いです。例えば、ある産業が非常に大きくて、日本に比べて一〇倍ぐらい大きいのであれば、規模的な相違（difference in scale）があるといえるでしょう。第二に、産業の範囲が違う、という多角化の相違（difference in scope）があります。例えば、多角化の相違は、ヨーロッパでは他国にはない産業または産業の分野がある、といったことが挙げられます。第三に、構造的な違いです。つまり、産業の特化の相違（difference in specialization）であり、例えば、ある産業は特別な商品の種類などに集中している、ということを考えるわけです。

では、ＥＵと日本のデータの比較をしてみましょう。三つの経済セクター、すなわち農業、産業セクター、サービスセクターのＧＤＰの割合と、雇用の割合のデータを見ます。すると、ＥＵと日本とは大きな違いはないといえます。

第一セクターである農業の、ＥＵと日本の各ＧＤＰに占める割合は二％以下であり、ＧＤＰの面で最も小さい経済セクターです。全雇用に占める農業の割合も、日本ではわずか三・九％、そしてＥＵでも五・二％で、最も低いものとなっています。

第二セクター、産業セクターのデータを比較すると、ＧＤＰに占めるＥＵと日本の産業はほぼ同様の二五％であり、雇用の割合も二二・七％（ＥＵ）と二六・二％（日本）で大きな格差がないことがわかります。ＥＵも日本も、第三のセクターであるサービスセクターはＧＤＰの七〇％以上を占め、雇用の面でも七〇％前後を占めていて、最も大きなセクターとなっています。このデータから、ＥＵと日本の経済は構造的に顕著な違いがあるということはいえないわけです。（データ：ＯＥＣＤ）

したがって、ＥＵと日本の経済セクターの構造を比較すると、ほぼ同様であるといえるでしょう。アメリカＣＩＡのワールドファクトブックによると、ＥＵと日本の産業セクターは世界で最も規模が大きく、技術的に最も発展しており、優れた品質をもつ製造品をつくる能力を持っている国（地域）です。ＥＵと日本の共通する主要な産業分野は、鉄類と非鉄金属、自動車、自動車部品、化学と製薬品、工作機械、産業機器、電車、造船、電子装置、電気製品、繊維、加工食品などとなっています。

産業構造との関係から、ＥＵと日本の輸入と輸出もほぼ同様となっています。輸入と輸出の商品ランキングをみると、両国（地域）の最も重要な輸入品はエネルギーであり、最も重要な輸出品は自動車、化学製品です。ここから、ＥＵと日本の経済と産業は、規模的な相違点と多角化の相違点がないことがわかります（ＣＩＡファクトブック）。

では、ＥＵの産業の特徴が、特化（specialization）であるかどうか調べましょう。まずは、ＥＵ全体ではなく加盟国ごとに各国の経済の最も重要な分野を調べてみます。するとＥＵ加盟国のあいだには大きな違いがあるということがわかります。雇用ベースをみると、ルクセンブルク、アイルランド、オランダとイギリスでは、七五％～八五％の人々が市場向け・非市場向けのサービス産業で働いています。それらの国の経済をみると、ルクセンブルク、アイルランドとイギリスの経済では、金融サービス産業が非常に大きな割合を占めていることがわかります。オランダの場合は昔から貿易が経済の大きな割合を占めています。例えば、ヨーロッパで最も重要な港はオランダのロッテルダム港です。チェコとスロバキアをはじめ、中東欧諸国では産業セクターで働いている人々の割合が多いです。このことから、これらの諸国は一九九〇年代の経済改革以来、全ヨーロッパのワークベンチ（製造業の生産拠点）となったことがわかります。例えば、中東欧諸国における自動車産業をみると、生産量の九〇％以上が主にその他のＥＵ加盟国に輸出されています。チェコとスロバキア以外の中東欧諸国では、農業の割合も比較的に高いことも指摘すべきでしょう。

旧ＥＵ一五カ国をみると、ドイツとイタリアでは産業セクターで働いている人々の数がかなり多いことが見てとれます。すなわち両国では多くの企業は特殊な商品をつくっているということが証明できます。また、農業が最も大きな割合を占めているのはアイルランド（四・六％）と、イタリア（三・七％）と、フランス（二・九％）です。このデータからとくにフランスとイタリアの農産物が経済に重要な役割を占めていることがわかります（Eurostat 2012）。

ＥＵ加盟国のデータの比較により、各国の経済の中心分野が明らかとなり、ヨーロッパではあらゆる面の労働分配が進んでいるということがわかります。そこで、ヨーロッパの産業にはどのような強い点があるか調べてみます。東京大学の藤本先生によると、アメリカの産業の強い点は、アメリカ市場の規模との関係もあって、流通販売とマーケティングであるとされています。日本の産業の強い点は、工場現場であり、すなわち日本のモノづくりと生産システムです。日本には天然資源が少ないため、材料をできるだけ上手に使い無駄をなくすようにしています。他方、ヨーロッパの産業の強い点は、ブランド力とブランドマネージメントです。自動車メーカーをはじめ、ヨーロッパ企業のあらゆる商品はプレミアムセグメントを狙い、高級商品の市場を占めている割合が非常に高く、それはヨーロッパの企業のブランド力とのかかわりがあるのではないかと思われるわけです。ファッション産業においてはグッチ、プラダ、シャネルであり、自動車産業においてはベンツ、ＢＭＷ、マセラティまたはアルファロメオであり、陶器ではマイセン、グラスではリーデル、時計ではロレックス、タグ・ホイヤー、テレビと音響機器ではバング＆オルフセン、スーツケースではリモワなど、これらのブランドを聞いたことがない人はいないと思います。

以上のことから、ヨーロッパの産業の特徴は特化であるということが見てとれます。それでは、なぜヨーロッパの企業の特徴は特化にあるか、またはどのような伝統に基づいているかについて、見ていきたいと思います。まずは高級品産業を説明し、その後で、ヨーロッパの産業の特徴との深いかかわりがある産業密集地を紹介し説明します。最後に、ヨーロッパ産業の統合に関して、先端技術の航空産業のエアバス・インダストリーの例を挙げ、ヨーロッパにおける産業とＥＵとのかかわりについて説明したいと思います。

2　ヨーロッパの産業の特徴——三つの事例

まず最初に、ヨーロッパにおける高級品産業と、その起源、それと現在のヨーロッパ経済に占める役割について説明します。ここでは、フランスのファッション産業を代表しているトップファッション・グループのＬＶＭＨを例に挙げます。その次にヨーロッパにおける産業クラスターについて説明し、例としてイタリアのDistretti Industriale を挙げたいと思います。最後に四カ国の企業により創立されたヨーロッパの先端技術産業を代表しているエアバス・インダストリーの例を紹介します。

高級品産業——その起源と今のヨーロッパの経済に占める役割

なぜ高級ブランドはヨーロッパの特徴なのでしょうか。まず、農産物の差別化からお話を始めましょう。例えばフランスでは早い段階から自国の農産物を偽物から守るために、偽物が出回らないような政策をとっていました。すなわちフランスは、農産物が生産されている生産地の名前、をまず確保したわけです。代表的な例を挙げると、AOC（Appellation d'origine contrôlée）という商標です。AOCにより、ある農産物がある生産地において生産されていることが証明されています。例えばフランスの多くの地方ではスパークリングワインが生産されていますが、シャンパンという商標を使う権利があるのはシャンパーニュ地方で生産されているものだけです。

この生産地を保護する伝統は一五世紀にまでさかのぼることができます。最初に保護されたのは、あるチーズの種類でした。また、別の例を挙げましょう。フランスのボルドーワインの等級です。ボルドーワインの等級の歴史は一八五五年にさかのぼり、当時ボルドー地方のワインメーカーは一級から五級までのワインのランクをワイントレーダーによりランクづけされていました。その一八五五年からの等級システムは今現在もほぼ変わらずに使われています[1]。

AOCのお話に戻りましょう。AOCの商標は一九〇五年から本格的にスタートし、そのときフランスは、自国のあらゆる農産物の生産地を守るため、生産地の名前を保護するシステムを考え出しました。一九三五年にはINAO（Institut national de l'origine et de la qualité）という国立原産地名称研究所が創立され、一九三七年にAOCの商標が導入されました。一九五〇年からは、あらゆるワイン、チーズなどの農産物に農産物の生産地がつけられるようになったのです。

フランスのAOCの商標は、その他のヨーロッパ諸国の見本となりました。例えば、イタリアには

ＤＯＣ（Denominazione di Origine Controllata）とＤＯＣＧ（Denominazione di Origine Controllata e Grandita）という商標があり、これらもフランスと同じようにイタリアでの生産地を保護しています。ＥＵにはＡＯＣまたはＤＯＣのような商標はありませんが、ＥＵも生産地を知的財産として保護しています。

ドイツでは農産物の生産地を確保するのではなく、ドイツ製品を示すMade in Germanyという商標があります。このMade in Germanyという商標には特別な歴史があります。産業革命以降、イギリスの製造業はヨーロッパで最も発展し、イギリス政府は自国の製品と外国からの安い輸入品とを区別させるため、または偽物が出回らないように、すべての輸入品に生産された国名をつけることを義務づける法律を導入しました。したがって、ドイツで生産されたものには、Made in Germanyとつけなければならなかったわけです。

この法律は、本来、イギリスで生産された高品質な製品を守ろうという目的で導入されたわけですが、結局は、Made in Germanyという商標が世界でも高品質の製品であるということを示す同意語となっていきました。

自動車産業をはじめ、あらゆる機械産業、化学・医学産業、包丁・鍋などの台所用品の生産者は、Made in Germanyを長くマーケティングの道具として利用してきました。しかし、経済のグローバル化によって、世界規模での労働分配が進むようになりました。日本企業と同様に、多くのドイツ企業でも現地生産によって外国の市場に進出しつつあります。このことは、生産地を表すことが困難となることを意味し、したがってＢＭＷ、ダイムラー・ベンツなどのドイツのメーカーはMade in Germanyではなく、

Made by BMW または Made by Daimler-Benz という形をとるようになりました[2]。Made in Germany と同様に、Made in Italy も、ファッションまたはデザインの優れている商品の品質を表す同意語となっています。

次にEUにおける高級品産業について説明しましょう。EUによると、ヨーロッパで生産されている高級品は世界市場の七〇%を占めています。ファッション、バッグ、靴などのアパレル商品、時計、高級車、ヨット、デザイン家具そしてデザイナーブランドの家庭用品など、ヨーロッパには多くの高級品があります。それに加え、ホテル、レジャー、レストランなどのサービス産業も存在しますし、食料品であれば、チーズ、ワイン、シャンパン、ブランデー、ウィスキーなどもあります。

高級品産業の中でも、ヨーロッパのアパレル産業は、大きなウェイトを占めています。EUのアパレル産業では、約八五万の企業が活躍しています。年間売上は、五二五〇億ユーロです。その特徴としては、多くの企業は中小企業であり、とくに従業員の数が一〇人以下の小企業が多いことが挙げられます(European Commission 2013)。

これらの小企業の問題点は、激化する国際競争の中、自社の競争力を守りイノベーションを起こすだけの力をもつことができるか、という点です。ファッションビジネスの特徴は、顧客の好みが常に変わることであり、主に無形資産の産業であることから、知的財産権の保護は企業にとっては非常に重要なポイントとなることです。また、技術もますます進歩するので、優秀な人材を確保するのは非常に困難なことになります。それに加え、小企業がとくに困っている点は、銀行からの融資の問題です。

アパレル産業に従事する小企業は、二〇〇八年以降の世界同時不況により大きな影響を受けました。二〇〇八年から二〇一〇年までに売上高が減少したわけです。しかし、二〇一〇年以降は販売実績が上昇しています。その理由は、中国をはじめ、インド、ブラジル、ロシア、アラブ諸国などの新興国の顧客はブランド意識が高く、安い商品よりデザイン性と品質の高いヨーロッパのアパレル商品を求めているからです。これらの新興国以外にも、先進国のアメリカや日本の市場では、ヨーロッパのアパレル企業にとって成長の可能性があり、魅力的な市場となっています。ヨーロッパ市場が停滞している中で、ヨーロッパのアパレル製品の海外への輸出はますます増えている傾向にあります。

ファッション以外の高級品産業のデータを分析してみましょう。すると、プレミアム自動車、ヨット、時計、高級家具、アパレル、高級食材などのすべての高級品の年間売上は四〇〇〇億ユーロで、EUのGDPに占める割合が三%であることがわかります。三%は少ないと思われるかもしれませんが、この三%という数値はギリシャのEUのGDPに占める割合に相当するので、EUの加盟二八カ国の一カ国のGDPと同じということになります。

高級品産業における雇用を見てみましょう。一〇〇万人ほどが企業によって直接雇用されています。間接的に雇用されている人数についての具体的なデータはありませんが、直接雇用されているよりも遥かに多いと思われます。高級品の貿易をみると、高級品の輸出率は七〇%を超え、全EUの輸出の一〇%の割合を占めています。すなわち、EU域外への輸出率は非常に高く、EUの貿易にとって高級品産業は重要であることがわかります（European Commission 2013)。

このように、高級品産業、とくにアパレル産業は無形資産の産業であるため、知的財産権の保護は企業にとって非常に重要です。知的財産権の保護においては、ＥＵまたはＥＵ裁判所が大きな役割を持っています。知的財産権の保護に関してＥＵ裁判所の判決があります。この判決によって、「高級品の品質は優れた材料だけに決められているわけではなく、顧客に与える高級感とその特別感という無形価値は高級品の品質を決める要因である」とされました。そして、「高級品は生産地の特性を反映しているので、ヨーロッパの文化、伝統、価値観、イノベーション能力、創造性、そしてヨーロッパの職人芸と優秀さを国の大使のように代表している」としています。そのうえで、「高級品の創造性、特有なデザインと品質は顧客の商品を購入する動機となっている」という説明で、ヨーロッパの高級商品メーカーの知的財産権を保護しないといけないとされたのです。

より具体的にＥＵの高級品産業について説明をしますと、以下の三つの点が挙げられます。第一に、国際規模でＥＵの高級品産業の知的財産権が保護されるように、貿易交渉では知的財産権を守らない国に対して圧力を与えることです。第二に、自由貿易協定または二国間の貿易協定によりヨーロッパの高級品産業がより簡単に外国の市場に輸出できるように協力をするということです。そして第三に、ＥＵ域内の職業教育の向上を狙うプログラムにより、高級品産業に必要な人材の教育に貢献することです。そして、研究開発プロジェクトによりとくにＩＴ産業と先端技術産業、ファッション産業との協力を拡大し、ファッション産業に関するイノベーションを支えることです。

ルイ・ヴィトン――フランスのファッションブランドのグローバル化

高級品アパレルメーカーの事例として、ルイ・ヴィトンを取り上げます。ルイ・ヴィトンの発展の歴史をみると、まさに私たちの目の前でヨーロッパの歴史が流れるような気がすることでしょう。そして時代の流れの中で、ルイ・ヴィトンがどういう課題に挑戦してきたかということがわかるようになります。とくに注目すべき点は、ファッションメーカーも一九八〇年代に経営を国際化し、一九九〇年代にグローバル化が加速した、ということです。

ルイ・ヴィトンは一九五四年にパリで創立され、トランク専門のメーカーとして生産を始めました。創立者のルイ・ヴィトンははじめから防水、防塵に強く、軽い高品質のトランクをつくることを目指していました。

一八五〇年頃、パリを中心にブルジョアの生活スタイルが流行し、旅行へ出かけることも習慣となりました。ブルジョアの生活習慣においては、女性は一日に何度も着替えるということもありました。そのため、旅行のときには多くのトランクを必要としたのです。ルイ・ヴィトンはそのフランスの社会と経済の変化をチャンスととらえ、トランクメーカーとして経営を始めたのです。[3] ルイ・ヴィトンのビジネスは急速に発展し、一八五九年には生産工場をパリの郊外に移動・拡大し、従業員二〇名を採用しました。一九世紀末までには従業員の数は一〇〇人を超え、第一次世界大戦が始まる一九一四年までに二二五人を採用するに至ります。商品の開発については、ルイ・ヴィトンはすでに一八八八年から現在も利用されているベージュと茶色の「ダミエ」と呼ばれるチェス盤のデザインを考え出しました。そして一八九六年にルイ・ヴィトンの頭文字のLVを重ね合わせた現在も使われているロゴがデザインされました。「ダミエ」のデザインとLVのロゴを考案した理由は、ルイ・ヴィトンの偽物の商品をつくりにくくし、知的財産権を保護するためでした。すでに第一次世界大戦までに商品のポートフォリオが大きく拡大し、ロンドン、ニューヨーク、ボンベイ、ブエノスアイレスなどの大都市では販売店が開かれました。第一次世界大戦後、ルイ・ヴィトンの息子、ジョルジュ・ヴィトンが次の経営者となり、女性用のハンドバッグなどの新商品を生産するようになりました。そのときにデザインされた商品は、現在も販売されています。

第二次世界大戦後の時期は、ルイ・ヴィトンにとっては厳しい時代でした。大型トランクの販売が大きく下落し、その他の高級商品の売上も落ち込んで、ルイ・ヴィトンの販売店はパリとニースの二店舗に激減しました。工場で働いていた数も六〇人となりました。一九五〇から一九六〇年代になると、フランスとヨーロッパの人々の購買力の増加により、ルイ・ヴィトンの経営も再び回復し始めます。しかし、ルイ・ヴィトンに大きな転機をもたらしたのは一九七七年に社長となったアンリ・ラサミエ氏でした。三代目の社長、ガストン・ルイ・ヴィトンの娘と結婚した彼は、ルイ・ヴィトンの経営を大幅に拡大し、国際戦略を実施したのです。彼は商品ポートフォリオの拡大だけではなく、東京、大阪、ソウルなどのアジアの大都市を中心に新店舗を展開し、また、アメリカカップのヨットレースなどのスポーツスポンサーとしても活躍し、ルイ・ヴィトンに対するブランド意識を高めました。一九八四年に、ルイ・ヴィトンは株式上場を果たします。一九八六年にはシャンパンのヴーヴ・クリコと、香水メーカーのジバンシーを買収し、化粧品メーカーのゲランと資本提携を結びます。さらに、敵対的な買収を防ぐため、シャンパンとブランデーのメーカーのモエ・ヘネシーと合併します。すなわち、ルイ・ヴィトンはアパレル以外にアルコール類、化粧品、香水などの分野に多様化したのです。買収合併により拡大する目的は、敵対的な買収を防ぐためであったにもかかわらず、一九八九年にルイ・ヴィトンはフランスの投資家のベルナール・アルノー氏により買収されることになります。ベルナール・アルノー氏は本来は不動産の会社を経営していましたが、一九八四年にクリスチャンディオール社を所有していたフィナンシエ・アガシュという企業を買収します。一九八八年にはギネス社とともに持株会社を創立し、それにより二四％のＬＶＭＨの株を手に入れました。ヴィトン家とモエ家の反対にもかかわらず、ベルナール・アルノー氏は一九八九年までに持っていた株式の割合を四三％にまで増やし、それにより三五％の投票権を手に入れ、同年ＬＶＭＨの取締役会の会長として指名されました。

ベルナール・アルノー氏の支配によりルイ・ヴィトンはグローバルな高級ブランド・コンツェルンになりました。彼によりルイ・ヴィトンの経営は大きく変化しました。まず、ルイ・ヴィトンは鞄だけではなく、靴、洋服、時計、アクセサリーなどの商品を販売するようになりました。商品のポートフォリオの大幅な拡大とともに、商品の戦略も変化しました。一九九七年からは、アメリカの若いファッションデザイナーのマーク・ジェイコブスがルイ・ヴィトンの専属デザイナーとなります。マーク・ジェイコブスは洋服はもちろん、鞄も限定商品をつくり、季節ごとに新商品を出しました。そのうえ、外部のデザイナーにも依頼し、ゲストデザイナーとしてさまざまな限定商品とファッションラインをつくり販売するようになります。そのゲストデザイナーの中には日本人デザイナーも含まれています。このような変化によりルイ・ヴィトンは従来の高級鞄メーカーからオートクチュールにシフトし、グローバルなファッションブランドとなりました。LVMHグループはベルナール・アルノー氏の経営戦略により大きく拡大し、グループはアルコール、ファッションとレザーグッズ、香水と化粧品、時計とジュエリー、この五つの専門販売店に分け、六〇以上の高級ブランドがLVMHの傘下にて経営されています。

ヨーロッパの高級ブランドをみると、LVMHと同様に他社も多数のブランドを経営する高級ブランドグループを創立しています。その中でプラダグループ(プラダ、ミュウミュウ、チャーチスなど)、ケーリンググループ(グッチ、イヴ・サンローラン、ボッテガ・ベネタ、プーマなど)、リッチモンドグループ(カルティエ、モンブラン、ジャガー・ルクルトなど)は最も大きい企業であり、LVMHの最も有力な競争相手です。フランスのトップファッション業界をみると、唯一シャネルはブランドグループには参加せず、単独で経営し続けています。LVMHグループは、拡大とともに売上と利益が大きく拡大し、売上は二〇〇二年をベースとして二〇一二年までに一二七億ユーロから二八一億ユーロに倍増し、純利益は五・五億ユーロから三四億ユーロへと六倍以上に上昇しました。従業員の数も五万三〇〇〇人から一〇万六〇〇〇人へと増えました(すべてのデータはLVMHの年次報告書により)。

イタリアの産業密集地

次はヨーロッパにおける産業クラスターについて説明していきます。ヨーロッパの産業の一つの特徴は、産業クラスターです。ヨーロッパにおける産業クラスターには長い歴史があります。すでに中世期の西欧諸国の都市には商人ギルド、または手工業ギルドが集中し、同職の伝統職人を管理していました。ギルドは職場数を限定し、職業教育、労働時間、商品品質などの基準を決定し、ギルドのメンバーの経営を管理していました。ヨーロッパのギルド構造はスイスに現存していますが、ほかの国ではギルドは伝統職人の組合から現代的な職人協会へと発展していきました。

ヨーロッパの最初の産業クラスターは一七・一八世紀までにさかのぼることができます。その当時、貴族のための高級商品を生産する職人は特定の地域に集中していました。そのような地域では、たくさんの陶器、ガラス製品、家具などの伝統品が生産され、次第に産業クラスターとなっていきました。産業革命以降、鉄鋼産業をはじめ繊維、機械産業、化学・光学産業、自動車・バイク産業はあらゆるヨーロッパの地域に密集し、産業クラスターとして発展していきました。このことから、欧州における産業クラスターは従来から存在し、長い歴史があることがわかるわけです。

現代的な産業クラスター政策は一九八〇年代以降に発展しました。当時、ハーバード大学のマイケル・ポーター教授のシリコンバレーのＩＣＴ産業のクラスターの研究、つまり、起業家、公共政策立案者と研究機関とのつながりと協力は、有力な産業を発展させることに大いに役立った、という研究結果は世界中で注目されるようになっていました。ポーター教授の研究に基づいて多くの国または地域は積極的な産業クラスター政策を実施し始めます。ＥＵ諸国または地方もその例外ではありませんでした。例えば、フランスではPôle de compétitivitéという産業クラスターが発展し、ドイツ、オーストリア、イタリア、スイスなどの国または地域は特別な産業を発展させるために産業クラスター政策に力を入れました。それによりオーストリアのACスタイリアというシュタイヤーマルク州の自動車クラスター、スイスのライフサイエンスクラスター、ドイツバイエルン州の環境産業クラスターが発展しました。EUのレベルでも研究フレームワークプログラムFP、オイレカ、それに地域開発基金を利用し産業クラスターが発展していきました。

ヨーロッパで最も注目されていた産業クラスターの一つは、イタリアの"Distretti Industriali"つまりイタリアでの産業特別区です。上述したほかの産業クラスターと同様、イタリアでは多くの「ディストレット」が昔から自然に発展してきました[4]。そして、一九九一年の「小企業技術革新・開発法」により政治的な援助を受けたことで、多くの地域で新しい産業クラスターが創立され、発展したのです。

イタリアのディストレットを分析すると二つのグループに分けることができます。一つは靴、ファッションと衣類、家具、デザイン家庭用品、食料品、アクセサリー、眼鏡などの伝統的なイタリアの商品をつくっているディストレットです。ほとんどのディストレットでは、このような伝統的な商品がつくられています。もう一つは、バイオテクノロジー、化学、ICT、航空部品などの先端技術産業が集中しているディストレットですが、この産業クラスターは少数です。

ディストレットで生産をしている企業をみると、その多くの企業は家族経営の中小企業です。それにもかかわらず、これらの企業の多くは国際的な生産ネットワークをもつ小さな多国籍企業となっています。上述した一九九一年の法律の施行以来ディストレットの数は増加し、ディストレットの経済成長率は、他地域やイタリアの平均経済成長率と比較すると、遥かに高いものであり、新規雇用の拡大にも大きく役立っています。多くの研究でも、ディストレットは地方の都市や大都市から離れている地域での経済発展にも大きく貢献していたため、イタリアのディストレット政策はＥＵ加盟国にも注目されました。[5]

Federazione dei Distretti Italiani というディストレット協会のデータによると、今現在イタリア全国で二〇〇以上のディストレットがあるそうです。当協会に組織されている五〇のディストレットの調査によると、この五〇のディストレットに属する五〇万人以上が採用されている七・五万の企業は、六七〇億ユーロの売上を達成しています。二〇〇一年に行われていた一五六のディストレットを対象とした調査によると、このディストレットはイタリアの六五％の製造業地域を代表し、全国の雇用の二五％を占めています。この調査によると、一九九一年と二〇〇一年のあいだにディストレットにおける雇用は九・一％増加したそうです。もちろん、イタリアのディストレットも二〇〇八年の世界同時不況、そしてヨーロッパのユーロ危機の影響を受けることになりました。しかしイタリアの新聞記事によると、二〇一三年のディストレットからの輸出は、危機以前のレベルを上回り、イタリア経済の回復のエンジンとなっています。輸出の売上が最も高いディストレットは家具、タイル、衣類、自動車部品のディストレットです（データは吉田省三と Federazione dei Distretti Italiani により）。

世界同時経済不況とユーロ危機とは別に、イタリアのディストレットは中国をはじめ東南アジアなどの新興国とのますます激化する競争に直面するようになっています。多くのイタリアの企業はデザイン能力に集中しながら、国際生産ネットワークをつくり上げていくことにより、この新しい競争局面に対応しています。今後のイタリアの経済発展を考えていくと、イタリア的なデザインの魅力を伝えるファッション、家具、衣類、靴、自動車などの独自の商品の伝統を守りながら、先端技術の開発にも力を入れる必要があります。その面ではイタリアの産業クラスター、すなわちディストレットは、再び大きく期待されているのです。

ヨーロッパの先端技術企業の誕生――エアバス・インダストリー

最後の事例としてヨーロッパの先端技術産業を代表するエアバス・インダストリーを挙げます。上記に紹介した高級品産業と産業密集地の例とは異なり、エアバス・インダストリーの例により、ヨーロッパが直面している経済的な課題とヨーロッパの産業とEUとのかかわりを説明したいと思います。

第二次世界大戦後に全ヨーロッパの産業が直面した課題はアメリカとの格差を縮めることでした。この課題はとくに、先端技術産業にとって重要な課題でありました。アメリカとの技術的な格差をなくすだけではなく、冷戦の時代に、ヨーロッパは完全にアメリカの技術に依存しないよう、また、ソ連に対してはヨーロッパの独自の技術を開発する必要性もありました。この独自の技術を開発することが、とくにフランスの大きな目標でした。

第二次世界大戦後、ヨーロッパの産業はアメリカと競争することができませんでした。それはとくに先端技術の分野でそうでした。[6] 先端技術産業の一つである航空分野を見てみましょう。当時のヨーロッパ航空産業は規模が小さく、地理的にもまとまらず、研究開発能力も低いものでした。ヨーロッパ航空産業の生き残りを確保するために、エアバスのプロジェクトは国際的なプロジェクトとしてヨーロッパで開始されることになります。エアバスのプロジェクトはEUまたは当時のEEC（欧州経済共同体）は関係なく、ヨーロッパ諸国の協力により発展したプロジェクトでした。

最初の協力は、イギリスとフランスとのあいだで一九六二年に開始されました。このとき、フランスとイギリスの両政府は超音速の飛行機を開発することに合意したのです。[7]フランスとイギリスの両政府の協力により、この飛行機は「コンコルド」（調和）という名前がつけられました。コンコルドはブリティッシュ・エアクラフト・コーポレーション（BAC）とアエロスパシアルの前任企業であったシュド・アビアシオンにより生産され、一九六九年二月に初飛行を行いました。一九六〇年代に多くの航空会社はコンコルド機に興味を持ち、注文オプションという形でたくさん受注されましたが、一九七〇年代のオイルショックの影響で、結局はコンコルドを生産したフランスとイギリスのエールフランスとブリティッシュ・エアウエイズだけが政府から多くの援助金を受け、コンコルドを購入するという状況になりました。

英仏間のコンコルドのプロジェクトが始まった三年後の一九六五年、ドイツのメッサーシュミット社、ベールコ社、ドニエー社などは一〇〇人以上の乗客が搭乗できる飛行機を開発するために、エアバス協力企業を創立しました。一九六七年にはエアバスA300機を開発する企画に合意し、一九七〇年にはフランスのアエロスパシアルも参加し、フランスでエアバス・インダストリーはGroupement d'intérêt économique（GIE）として創立されました。一九七一年からスペインのCASAという企業、そして一九七九年からブリティッシュエアロスペースも参加し、共同でエアバスA300を生産しました。

A300が登場したのは一九七二年であり、一九八二年まではエアバス・インダストリー社の単一商品でした。一九八二年にＡ３００をベースとしたＡ３１０が開発され、一九八〇年代後半にはより小型のＡ３２０ファミリーのＡ３１８、Ａ３１９、Ａ３２０とＡ３２１の飛行機が相次いで登場し、長きにわたり一〇〇〜二〇〇席の飛行機市場を支配したボーイング７３７機と競争するようになりました。優れた環境性と燃費パーフォーマンスにより、Ａ３２０ファミリーは世界の多くの航空会社から注文が入り、一九九一年に初めてエアバス・インダストリーは経営利益を出すに至ります。すでに一九八〇年からボーイング７４７のジャンボ機と競争できる客席数が五〇〇席ある大型の飛行機の開発企画がありました。しかし、ボーイングのこのセグメントでの独占的な地位を考慮した結果、エアバスの超大型飛行機のＡ３Ｘという企画は、一九九〇年代の半ば頃まで延期されることになります。Ａ３８０の超大型飛行機のかわりに、大陸をまたぐ乗客の数が限られているルートの経済性を上げるために、比較的に小型の長距離航空機のＡ３３０とＡ３４０を開発し、これらは一九九三年に登場しました。すでに紹介した旅客機のポートフォリオによって、エアバスは二〇〇三年に初めてボーイング社の注文量を上回り、世界最大の旅客機のメーカーとなりました。最終的には超大型のＡ３８０機も開発され、二〇〇五年四月には飛行テストが行われ、二〇〇七年一〇月には民間の航空便の運用が開始されるに至ります。従来からエアバス・インダストリーの株の三七・九％はフランスのアエロスパシアル、同じ三七・九％はドイツのＤＡＳＡで、二〇％はブリティッシュエアロスペース、残りの四・二％はスペインのＣＡＳＡの持株でした。[8] 二〇〇〇年七月にドイツのＤＡＳＡとフランスのアエロスパシアル－マトラとスペインのＣＡＳＡが合併し、ＥＡＤＳを設立し、それによりＥＡＤＳはエアバス・インダストリーを指揮するようになりました。二〇一三年には、

EADSは社名を変え、エアバスグループという社名になりました。エアバスグループは、旅客機のエアバスの部門以外に、エアバス・ディフェンス・アンド・スペース、エアバス・ヘリコプターズ、そしてATRのターボプロップ飛行機を生産し、さまざまな航空ビジネスと関連しているサービスなどを提供する四部門に分けられています。

エアバスの旅客機部門では約五万二〇〇〇人が雇用され、フランスのトゥールーズとドイツのハンブルクをはじめ、一二カ所の生産拠点を持っています。二〇一一年からエアバスは中国での合弁企業を設立し、中国市場で販売されるA320ファミリーの飛行機を中国で生産しています。

世界の大型旅客機の市場をみると、二〇〇〇年代に入ってからは、約半分はエアバスが占め、残りの半分はボーイングとなっています。エアバスとボーイングの関係を説明すると、もちろん両社はヨーロッパとアメリカの最大の飛行機メーカーとして激しい競争相手です。両社ともに防衛機を製造し、宇宙開発にも携わっているので政治的にも深くかかわっています。両社のあいだで対立的に議論されているのは政府からの援助金の問題です。アメリカのボーイングはエアバスのラウンジエイドという投資システムに反対しています。ラウンジエイドシステムというのはエアバスがドイツ、フランスとスペインなどの政府からローンを借りて飛行機を開発し、その開発した飛行機の利益が出た場合のみローンを返済する、というシステムです。ボーイングはそのシステムを裏の援助システムとして批判しているわけです。それに対してエアバスは防衛機の分野で、ボーイングとの競争は不可能であり、アメリカの政府は必ずボーイングの防衛機を購入しているという点を指摘し、その点でボーイングもアメリカの政府から援助されていると批判していいます。しかし、下請け企業の構造をみると、ボーイングとエアバスの両社に部品を提供している企業は数多くあります。

最後に、エアバスとEUとの関係について説明しよう。先述したように、EUはエアバスの企業の創立と、エアバスの発展とはまったく関係がありませんでした。エアバス・プロジェクトは戦後の独特なヨーロッパの状態の影響を受け、フランスとドイツを中心とした多国籍プロジェクトとして発展してきました。それにもかかわらず、エアバスとEUの関係は存在しています。第一に、航空宇宙産業は、先端技術産業としてEUの技術開発にとっては非常に重要な産業であることです。EUは「リスボン戦略」を発表した二〇〇〇年以降、EUにおける研究開発の出費をGDPの三%までに拡大することを企図しています。その目標を達成するために、とくに先端技術産業は大きな役割を持っています。第二に、航空宇宙産業と関連している電気、機械、化学などの産業は数多く、航空宇宙産業を支えることで関連している産業に大きなメリットをもたらしています。自動車産業、造船業、化学産業などの産業と同様に、二〇〇一年EUは航空宇宙産業の将来の発展の企画のために、航空宇宙産業と関連している一五人の重要人物を集め、ヨーロッパの地位を確保する目的で二一世紀の航空宇宙産業の開発“Stars21” Strategic Aerospace Review for the 21th Century というプログラムを進めることになりました。ほかの産業開発のプログラムと同様、EUの提案は競争中立でないといけないので、提案されている企画はEUにおける宇宙航空産業の経営を改良することを狙っています（上記の情報とデータは Airbus Group と Airbus Industries の HP に基づく）。

ヨーロッパの産業とＥＵのかかわり

前記にみられたように、ＥＵとヨーロッパの産業の関係は、高級品産業、産業クラスター、そして先端技術の開発、といった側面でさまざまな様態をとっています。そこでヨーロッパの産業とＥＵとのかかわりについて説明してみたいと思います。ヨーロッパの経済統合を進展させたＥＵの最重要目的は、ヨーロッパにおける産業の競争力を国際規模で強化することです。ＥＵは研究開発のプログラムをはじめ、地域開発基金、競争政策、環境政策などによりさまざまな方法でヨーロッパの産業に影響を与えています。"Stars21"にみられたように、ＥＵも産業政策を行っています。しかし、主権国家のそれと違いＥＵの産業政策はさまざまな点で限定的です。権利的な限界もありますし、財務的な限界もあります。最も重要な点は、ＥＵの産業政策は必ず企業のあいだでの競争に介入しない中立的な立場で政策を行わないといけないことです。ということは、ＥＵが産業に直接介入し、すなわち垂直的な産業政策を行うということには限界がある、ということを意味します。過去にはＥＵの産業を外国の競争から保護するケースもありましたが、加盟国それぞれの利益が異なっているため、十分な成功には至りませんでした。そこで、一九九〇年代以降、ＥＵの政策は垂直的なアプローチから水平的なアプローチへと変化していきます。

ＥＵの産業政策の目的は、企業の競争力を向上させ、産業で働いている人々の雇用を確保し、新規雇用も拡大することです。ＥＵはこれらの目的をどういう形で達成し続けていくのでしょうか。ＥＵにとって最も重要なのはヨーロッパの単一市場です。単一市場を深化させ、人、物、サービスそして資本の移動を支え、競争が激しくなっている一方で、他方では企業の競争力を強化されているという考えに基づき、

EUは水平的な産業政策を実施しています。すなわちEUは、産業全体の環境改善により、産業の競争力を上げることを目指しているのです。そのためにEUは、研究開発のプログラム、職業教育支援、地域開発政策などを行っています。二〇〇〇年代に入ってからEUは、自動車産業、航空宇宙産業、化学産業、造船業などのヨーロッパの基盤産業を対象とし、それらの産業のあらゆる利害関係者を集め、産業を将来どのように発展させるかということについて議論し、発展プログラムを作成するように産業政策のアプローチをとるようになりました。その具体的な例として、"Stars21" 以外に自動車産業を狙うCARS21またはCARS2020、造船業のShips21などのプログラムが挙げられます。

最後に、EUは諸外国に対し、EUの産業の利益を上げることを目指し、国際規模で交渉していることを指摘すべきです。高級品産業でみたように国際交渉でEUは、とくにヨーロッパの知的財産権が保護されるように、保護しない国に対してプレッシャーを与えています。そのうえ、EUの企業がよりスムーズに外国の市場へ進出できるよう、技術などの面で共通している基準が採用されるように交渉を行っています。このような観点から、ヨーロッパ産業のもう一つの特徴は、EUの存在そのものである、といえるでしょう。

まとめ

今日の講義は、ヨーロッパ産業の特徴は何であるか、が出発点でした。まず、ヨーロッパの経済のデータを分析し、EU加盟国の経済・産業構造が大きく異なっていることが明らかになりました。それをもとに、ヨーロッパ産業の特徴は、規模的な相違（difference in scale）、多角化の相違（difference in scope）または特化の相違（difference in specialization）の三つの中で、とくに「特化の相違」であることがわかりました。

特化の相違を表す最も象徴的な例は、ヨーロッパにおける高級品産業です。ヨーロッパの高級商品を製造している企業は世界の高級品の市場の七〇％を占め、EUにとって非常に重要な輸出産業であることがわかりました。高級品産業の事例としてルイ・ヴィトンを挙げました。ルイ・ヴィトンの発展史をみると、時代とともに社会と経済的な変化に対応し、企業は四段階で発展してきました。最初は小規模なトランク専門メーカーであったルイ・ヴィトンは、次にあらゆるバッグを製造・輸出する高級ブランドとなり、八〇年代にはバッグビジネスを遥かに超える国際的なファッションメーカーとなり、一九九〇年代に入ってからベルナール・アルノー氏の経営によってグローバルな高級品のコンツェルンとなったのです。

高級品産業をベースとし、次に特化の相違がある生産地域に目を向け、イタリアの産業密集地のディストレットを紹介しました。イタリアのディストレットはヨーロッパの産業クラスターの代表例であり、多くのディストレットはイタリアの独特なファッション、アパレル、家具、眼鏡、台所用品などの伝統的な商品を生産している地域として発展していきました。経済のグローバル化にともない、ディストレットで生産している企業はますます中国、東南アジアなどの新興国との競争に直面する一方で、その傾向に対応し、国際規模の生産ネットワークをもつ小さな多国籍企業として発展していることがわかりました。

最後に、エアバス・インダストリーの例を挙げ、ヨーロッパにおける先端技術産業の発展とEUの産業政策のかかわりについて説明しました。エアバスは戦後のヨーロッパの独特な状況により、多国の協力プロジェクトとして発展してきました。このプロジェクトの目標は航空産業でのアメリカとの技術格差を減らし、独自のヨーロッパの航空産業を育成することでした。EUの機関と関係なく、エアバスは真にヨーロッパの統合を象徴する成功の例となりました。エアバスはアメリカのボーイング社との技術格差を減少し、ボーイングの有力な競争相手となっただけではなく、ヨーロッパの航空宇宙産業の発展をリードする企業にまで成長しました。そして、その点で、エアバスとEUとのかかわりは重要な問題となったのです。EUはヨーロッパの競争力を維持するために先端技術産業をはじめ、あらゆるヨーロッパの産業を支援しています。航空宇宙産業はヨーロッパの基盤産業として、二一世紀に向かう“Stars21”という開発プログラムを発表し、航空宇宙産業の国際規模での経営環境を改善することを目指して、あらゆる政策を実施しています。

EUの産業の将来を考えると、EUの単一市場のメリットを十全に利用しながら、ヨーロッパの強みを生かし、他国が真似できない優位性を持っている製品をつくることに重点を置き発展をしなければならないでしょう。

【注】

1　一八五五年の等級システムは一度だけ見直され、一つのボルドー地方のワインメーカーだけが二級から一級にランクアップされた。

2　それにもかかわらずドイツでのみ生産されているダイムラー・ベンツの最も高級なＳクラスは積極的に Made in Germany の商標で販売されている。

3　このブルジョアのライフスタイルの変化にともない、パリの街並も大きく変化した。ジョルジュ・オスマン氏の設計により当時建設された大通りと建築物は今現在も残り、パリを訪れる多くの観光客にも魅力を与えている。

4　イタリア語のディストレットという語は単数である。正しいイタリア語であればディストレットではなくて、複数のディストレッティである。しかし、日本語で書かれているほかの資料では単数のディストレットが使用されているので、本稿では、それを使用する。

5　今までのイタリアの経済政策をみると、ただ主に地方自治体が実施しているディストレット政策はイタリアの従来からの南北経済格差の解消に効果をもたらした。

6　アメリカは第二次世界大争時に、コンピュータ、テフロン、ナイロンなどの新材料の先端技術を開発し、戦後には、これらの新技術をベースとしてさまざまな新しい商品を開発、販売した。その新商品とアメリカの大規模なの経済によって一九五〇年代、一九六〇年代にはヨーロッパとの経済的な格差は非常に大きかった。

7　当時アメリカのボーイング社は四〇〇人以上の乗客が搭乗できるジャンボ機（ボーイング747）を開発した。それに対し、アメリカのようにエアラインビジネスがまだ発展していなかったヨーロッパでは、アメリカのように公共交通機関になりつつある飛行機を開発したのではなく、エリートを対象としたコンコルドという超音速飛行機を開発した。コンコルドは二〇〇三年一一月の飛行サービス廃止まで、航空券が高額だったため、エリート層しか利用することができなかった。

8　ドイツのDASAは一九八九年にダイムラー・ベンツの傘下にドルニエー社、MTUアエロエンジンス社とAEG社の航空部門の合併により創立された。当年、DASAはMBB-ENRO（メッサーシュミット・ベルコウ・ブロームとVFWの航空部門）を買収し、それによりDASAはすべてのドイツのエアバスの株をもつようになった。

参考文献

吉田省三（一九九九）「第一八章　中小企業」村上義和編著『イタリアを知るための五五章』明石書店、六四―六七頁。

吉田省三（二〇一三）「第一五章　製造業イタリア・モデルの危機と再編――ミコル・小・中企業に危機対応能力」村上義和編著『イタリアを知るための六二章』明石書店、七七―八一頁。

インターネット：

European Commission (2013): Action Plan for Fashion and High-end Industries. Non Paper, Brussels 2013.
http://ec.europa.eu/DocsRoom/documents/4154/attachments/1/translations/en/renditions/native
Eurostat (2012): Labour Force Survey-Almost 70% of employed persons in the EU27 worked in the service sector in 2011, Brussels
http://epp.eurostat.ec.europa.eu/cache/ITY_PUBLIC/3-05102012-AP/EN/3-05102012-AP-EN.PDF
Airbus Group (former EADS): http://www.airbusgroup.com/int/en.html
Airbus Industries: http://www.airbus.com
http://www.airbus.com/company/history/the-narrative/（エアーバスの歴史についてのＨＰ）
Central Intelligence Agency (CIA): The world factbook
https://www.cia.gov/library/publications/the-world-factbook/
INAO Institut national de l'origine et de la qualité
http://www.inao.gouv.fr/

Louis Vuitton:
http://jp.louisvuitton.com/jpn-jp/homepage
http://www.lvmh.com/investor-relations/documentation（年次報告書）
Federazione dei Distretti Italiani:
http://www.distretti.org/

第5講

EUにおける自動車産業

はじめに

ヨーロッパの自動車産業というと非常に大きなテーマであるため、この論文では三つの点に集約して、ヨーロッパの自動車産業の特徴を説明します。

ヨーロッパの産業の特徴は、ブランド力と高級品の生産にあります。このことは、とくにヨーロッパの自動車産業においても見られます。ブランド力というのは、もちろん歴史や企業の伝統・発展過程と関係があるので、まず第1節では、ヨーロッパの自動車産業の一二〇年以上の歴史、中でも、最も重要な企業の発展過程と、今日のヨーロッパの自動車産業の様態と構造を簡単に紹介します。その中で、ヨーロッパの産業の発展に大きく貢献した生産クラスターの意義が再び明らかになります。

第1節ではまた、ヨーロッパの自動車産業にとって大きな転換点であった一九九〇年代について、最も詳しく説明したいと思います。情報化とICT（情報通信技術）の発展と展開により、一九九〇年代にグローバル化の時代が始まり、企業のグローバルレベルでの競争が激化したということはよくいわれています。しかし、ヨーロッパについてはグローバル化に関して、もう一つの重要な要因を考慮しなければなりません。それは、中東欧諸国の社会主義経済システムの破綻です。中東欧諸国の社会主義経済システムの破綻はヨーロッパの企業にとって、新しい挑戦と新しいビジネスチャンスという二つの側面をもたらしました。この、いわゆる「グローバル化の中のグローバル化」はヨーロッパの企業にどういう影響を与えたか、どういうチャンスをもたらしたか、ヨーロッパの経済構造がどういう形に変化していったか、などについて、豊富なデータに基づいて説明します。

次の第2節では、マクロ経済中心の見方を超えて、ヨーロッパの自動車メーカーの戦略に目を向けようと思います。具体的にヨーロッパの最大の自動車メーカーであるドイツのフォルクスワーゲンと二番目に大きなメーカーであるフランスのルノーの戦略を比較します。フォルクスワーゲンは一九五〇年代以降に積極的な国際戦略を実施し、一九八〇年代に自動車のパイオニア企業として中国に進出し、一九九〇年代に多くの生産を中東欧諸国に移転させました。それによりフォルクスワーゲンは世界の競争力を大幅に強化できるようになったのです。フォルクスワーゲンとは異なり、ルノーは長くフランスと西欧諸国の市場に限定し、中東欧諸国と新興国の市場の進出に遅れをとったメーカーです。しかし、世界中から注目された日産自動車とのアライアンス、また、ルーマニアの自動車メーカーであるダチアの買収や新しい低価格自動車コンセプトにより、ルノーはとくに南米、中東とロシアの新興国の市場ではフォルクスワーゲンとの格差を縮小することができました。しかし、西欧諸国と中東欧諸国の生産拠点のインテグレーション（労働分配）の問題により、フランス国内市場をはじめとするヨーロッパでの競争力が再び弱まっています。

最後の第3節では、EU（欧州連合）と自動車産業との関係について説明します。一九九三年の経済・通貨同盟の創設、二〇〇四年以降の中東欧諸国拡大など、過去二〇年でヨーロッパの統合が加速し、EUの組織としてのEU域内外への影響力や意思決定における存在感は、経済の面だけでなく、政治の面においても高まっていきました。EUは競争政策、環境政策、研究開発政策、新しい技術基準の導入などにより、自動車産業に大きな影響を与え、CARS21やCARS2020プログラムを実施することによって、あらゆる自動車産業の利害関係者とともに、ヨーロッパの自動車産業の発展をリードしています。

1　ヨーロッパの自動車産業——一二〇年以上の歴史と伝統について

自動車産業の始まりから、第二次世界大戦まで

最初の自動車は一八八六年のベンツのエンジンつき馬車（Benz Motorwagen）でした。すなわち、自

動車というものは、ヨーロッパで、正確にはドイツで開発されたのです。ヨーロッパと自動車との関係は世界で最も長く、ダイムラー・ベンツ、プジョー、ルノー、フィアット、オペル、アウディ、シュコダなど、一〇〇年以上の歴史をもつメーカーは数多く、現在もヨーロッパのみならず、世界の自動車市場において大きなシェアを持っています。これには、ヨーロッパの自動車メーカーである、ということに大きな意味があると思います。なぜならば、この一世紀以上の歴史と伝統は、ヨーロッパの自動車メーカーのブランドイメージとブランド力に大きく貢献したからです。自動車の開発において、ガソリンエンジン・空気入りのタイヤ、この二つの発明が決定的でした。一方で、自動車の普及には、鉄鋼の材料をベースとし、軽量のシャーシと車体を大量に生産できる能力が必要不可欠な条件でした。一九〇〇年前後には、ドイツだけでなく、フランス、イタリア、イギリス、そして旧オーストリア・ハンガリー帝国などの国々で自動車の開発・生産が始まりました。

自動車はヨーロッパで開発されましたが、それが普及し、自動車産業が国の経済を支える基盤産業にまで発展したのはアメリカでした。なぜ自動車はアメリカで最初に普及したかということに関しては、まず、ガソリンエンジンが電気モーターに勝利したかという理由を説明しなければなりません。一九〇〇年頃にはすでに電気自動車が存在し、とくにアメリカではかなり普及していました。では、なぜガソリンエンジンの自動車が普及したかというと、ガソリンは軽くて安く、また長距離を走ることができるということ、さらに、アメリカの特徴として国内には石油があり、安価で入手できるということから、アメリカではガソリンエンジンが成功し、自動車産業が本格的な産業として発展していくことになりました。

ヨーロッパの自動車産業の発展をみると、フランスは一九二〇年代終わりまでヨーロッパにおける最大の市場であり、シトロエンはアメリカのフォードに次ぐ世界第二の自動車メーカーでした。世界大恐慌が起こった一九三〇年代には、フランスにかわってイギリスがヨーロッパで最大の自動車市場かつ生産拠点となりました。また、シトロエンやイギリスのモーリス、オースチンなど大規模な自動車メーカーが存在しましたが、アメリカと比較すれば、ヨーロッパの自動車産業は遅れており、ヨーロッパ諸国の国内経済を支える基盤産業になったのは第二次世界大戦後のことでした。

ヨーロッパの自動車産業の始まりをみると、いくつかの共通点が見られます。まず第一の共通点は、自動車生産を始めたのは大きな企業ではなく、比較的小さな企業であったということです。すなわち、鉄鋼産業や電機産業の大規模なメーカーは、自動車を生産したけれども、自動車メーカーとしては成功しなかったわけです。かわって成功したのは、ミシン、自転車、タイプライター、あるいはプジョーのように、コーヒーやコショウのミルなどを製造する軽工業企業や精密機械メーカーでした。初期の自動車メーカーの中の多くが自転車メーカーであった理由としては、自転車も自動車も同じ乗り物であるということではなく、すでに一九〇〇年頃ヨーロッパの自転車市場は供給過剰で、自転車メーカーは新たな事業の機会を追求し、バイクや自動車の生産を始めたことが挙げられます。その代表的なメーカーは、ドイツのオペル、ヴァンダラーとＮＳＵであり、フランスのプジョー、イギリスのモーリス、ローバー、シンガーやヴォクスホールなどです。

ヨーロッパの自動車産業の第二の共通点は、一九〇〇年以降、フランス、ドイツ、イギリス、イタリア、旧オーストリア・ハンガリー帝国といった自動車の生産を始めた国々では、おのずと自動車産業の集積地が形成され発展していったことです。当時の集積地は、現在も変わらずヨーロッパの自動車産業の中心生産拠点として存続しています。

国または地域別にみると、フランスの自動車産業の中心地は二つあります。一つは、フランスの政治、経済、社会の中心地であるパリ、もう一つは、フランスの西部、スイスとドイツに接するアルザス、フランシュ＝コンテとロレーヌ地域です。当初、パリ市内には、自動車を生産したパナール・エ・ルヴァッソールと第一次世界大戦後に企業を設立したシトロエンの工場があり、ルノー兄弟はパリ一六区の近郊都市ブローニュ＝ビヤンクール市で自動車生産を始めました。その後、フランス西部にプジョーの自動車が誕生し、イタリア出身のエットーレ・ブガッティ氏もビジネスをスタートさせました。

ドイツには三つの伝統的な自動車産業の集積地があります。まず第一は、ザクセン地方です。ドイツ中部のザクセン地方にはもともと、一九〇〇年以降ホルヒ、ＤＫＷ、ヴァンダラー、そしてアウディの四つの自動車企業があり、一九三二年にこの四つの企業が「アウトウニオン」の名で合併、第二次世界大戦前にはＧＭの子会社であったオペルに次ぐ規模のメーカーとなりました。ザクセン地方は戦後も引き続き東ドイツの自動車産業の中心地でありました。第二の集積地は、ドイツ南部のシュトゥットガルトとマンハイムにあります。この地方はダイムラー、ベンツ、ポルシェや自動車部品の大手メーカーであるボッシュの地元であり、現在もこの地域にとって、自動車の研究開発と生産は最も重要な経済分野であります。第三の伝統的な集積地は、一九七〇年代まではドイツ最大のメーカーであったオペルがあるフランクフルト近くのラインとマイン川の地方です。

前述のとおり、イギリスは一九三〇年代以降、ヨーロッパで最大の市場となりました。大きく分けてイギリスには三つの伝統的な自動車生産集積地があります。一つ目は、バーミンガムとコヴェントリーを中心とするミッドランドであり、二つ目はマンチェスターとその周辺の地域、そして三つ目はオクスフォード、ルートン市を含むロンドン周辺です。もとは大量生産メーカーであったオースチンもスポーツカーメーカーのジャガーもバーミンガムで設立され、モーリスとヴォクスホールはロンドン周辺のオクスフォードやルートン市で生産を始めました。また、ロールスロイスとイギリス・フォードは、マンチェスターやマンチェスター周辺に工場を建設しました。

イタリアの伝統的な自動車産業の中心地は、北部のピエモンテ州とロンバルディア州です。ピエモンテ州のトリノは、完成自動車メーカーのフィアットやランチアだけでなく、デイサインと車体メーカーのベルトーネやピニンファリーナ、その他の多くの部品メーカーの地元です。ロンバルディア州はアルファ・ロメオ、また、近隣のボローニャはマセラティが設立された地です。第二次世界大戦後にはボローニャに近いマラネッロにフェラーリが設立され、その後マラネッロは、イタリアにおけるレーシングカー・スポーツカーの研究開発と生産拠点として栄えました。

旧オーストリア・ハンガリー帝国では三つの自動車産業の集積地が発展しました。まず、オーストリアの集積地は、製造業が中心産業であったシュタイアーマルク州やオーバーエスターライヒ州、ニーダーエスターライヒ州です。シュタイアーマルク州グラーツ市ではプフという自転車メーカーが一八九九年に創業し、一九〇三年にバイク、一九〇六年には自動車の製造へと多角化していきました。ニーダーエスターライヒ州ウィーナー・ノイシュタット市には、プフ同様一八九九年に、ドイツ・ダイムラー社のオーストリアの子会社が設立されました。アウストロ・ダイムラーは流通・販売会社としてスタートしましたが、組立生産を経て、四輪駆動のトラックを開発し、フェルディナント・ポルシェ氏が主任設計者となった一九〇六年以降には、乗用車、トラック、バス、飛行機エンジンを生産しました。オーバーエスターライヒ州シュタイヤー市には、ヨーゼフ・ヴェアンドル氏によりオーストリア銃器工場が設立されました。オーストリア銃器工場はあらゆる銃の生産を始めましたが、一八九五年には「銃器自転車」と呼ばれる自転車を生産、第一次世界大戦後には「銃器自動車」と呼ばれた自動車へと生産を多様化していきました。一九二六年には社名をシュタイア・ヴェルケ株式会社に変更し、以降、主に自動車、トラック、農業用車両の生産を行いました。アウストロ・ダイムラーとプフ社は一九二八年に合併し、アウストロ・ダイムラー・プフ・ヴェルケ株式会社として再出発しました。その後、一九三四年にはアウストロ・ダイムラー・プフはシュタイア社と合併し、会社名をシュタイア・ダイムラー・プフ株式会社と改めました。

最後に、現在のチェコとスロバキアのボヘミア地方は、第一次世界大戦以前は、もう一つのヨーロッパにおける自動車産業の中心として発展しました。このボヘミア地域は世界で最も古い自動車メーカー二社の発祥の地です。その一つは、プラハから一〇〇キロほど離れたムラダー・ボレスラフ市に一八九五年に設立されたラウリン&クレメント社です。ラウリン&クレメント社は一九〇五年に自動車生産を開始し、一九二五年にチェコの大手鉄鋼メーカーのシュコダ工業と合併、一九三〇年にシュコダ傘下で独立した自動車部門として株式市場に上場しました。社会主義経済が破滅した後の経済改革の中で、シュコダは一九九一年、ドイツのフォルクスワーゲンに買収され、フォルクスワーゲンの一〇〇％子会社となりました。

旧オーストリア・ハンガリー帝国にはもう一つ、自動車技術とデザインの発展に大きく影響を与えた企業がありました。それは、一八五〇年にネッセルドルフという町（現在のチェコのコプジヴニツェ市）に設立されたネッセルドルフ車両製造会社という馬車メーカーでした。設立以来、馬車と電車の車両を生産していましたが、一八九七年に自動車部門を設立し、自動車の生産を開始しました。一九二〇年以降、タトラというブランドで販売を始め、会社名もタトラに変更しました。

第二次世界大戦までのヨーロッパの自動車産業の発展を見てみると、まず、第一次世界大戦後の経済回復によって、ヨーロッパの自動車メーカー、例えばフランスのシトロエンやドイツのオペルといったメーカーも、徐々に大量生産方式を導入し、小型自動車市場をターゲットとするようになりました。しかし、生産台数はアメリカと比較すると遥かに少ないものでした。

一九二〇年代のドイツのハイパーインフレの影響で、世界大恐慌よりも前に自動車産業の集中化は始まっていました。一九二六年にダイムラーとベンツが合併し、一九二九年にはドイツ最大の自動車メーカーのオペルがＧＭに買収されました。ヨーロッパの自動車産業の集中化は、一九二九年の世界大恐慌でさらに加速し、全ヨーロッパに広がっていきました。例えば、フランスやドイツなど大陸ヨーロッパの国々では、一九三〇年代半ば頃までに約七〇％の自動車メーカーおよび車体メーカーが倒産しました。イギリスでは一九二九年に始まった経済危機の影響で集中化が始まりましたが、イギリスの経済の回復は大陸ヨーロッパよりも早かったため、ドイツやフランスほど自動車メーカーの数は減少しませんでした。経済が早く回復したことにより、イギリスもまた、一九三〇年代にはヨーロッパ最大の自動車市場となりました。

一九三〇年代終わり頃のヨーロッパの自動車産業の構造をみると、イギリスを除いては、現在と大きく異なっていません。地域別にみると、一九三〇年にフランスの自動車産業は主としてパナール・エ・ルヴァッソール、プジョー、ルノー、シトロエンの完成自動車メーカーの四社に集中化しました。その他、タイヤメーカーであるミシュランもフランスの自動車産業創成期からのメーカーです。

ドイツの自動車産業もほぼ現在と同じ構造でした。ザクセン地方のツウィッカウ周辺にあったホルヒ、ヴァンダラー、DKW、アウディが一九三二年に合併し、「アウトウニオン」を設立しましたが、第二次世界大戦後、南ドイツのバイエルン州インゴルシュタットに移転し、一九六四年にフォルクスワーゲンの傘下に入ってからはアウディ・ブランドに集中するようになりました。バイエルン州の州都であるミュンヘンには、一九一六年に飛行機エンジンのメーカーとして創業したBMWもありました。

ドイツの南西部のバーデン・ヴュルテンベルク州シュトゥットガルト市には、ダイムラー・ベンツと大手部品メーカーのボッシュ、一九三一年に技術開発会社として設立されたポルシェがあり、ライン川地方のフランクフルト近くにはGMのドイツ子会社のオペル、ニーダザクセン州ヴォルフスブルクには、一九三七年に設立されたフォルクスワーゲンがあります。

イタリアの自動車産業の中心はミラノ、トリノ、ボロニアであり、一九三〇年代以降、フィアット、アルファ・ロメオ、ランチアなどのメーカーに集中しました。イタリアの自動車産業の特徴はレーシングカーの開発とデザイン能力であるといえます。ちなみに、デザインと技術を開発した企業も数多くありましたが、現存するのはピニンファリーナやベッルトーネです。一九四七年に設立されたフェラーリの自動車も、しばしばこの二社によってデザインされました。

オーストリアとチェコスロバキアの自動車産業は、第二次世界大戦前に前述のボヘミアのシュコダとタトラ、オーストリアの自動車産業はシュタイア・ダイムラー・プフに集中しました。

前述のように、イギリスの自動車産業は、一九二九年の世界大恐慌による不景気からいち早く回復した結果、第二次世界大戦前夜にはまだ四〇社の自動車メーカーがありました。イギリスにはロールス・ロイス、ベントレー、ジャガーなどの高級車市場をターゲットとする企業がある一方で、モーリス、オースチン、ヴォクスホール、シンガー、そしてイギリスのフォードは、小型・中型の自動車市場をターゲットとしたため、一九三〇年代にはイギリスはすでにヨーロッパで最初の小型自動車市場となっていました。

前記ではヨーロッパの自動車ブランドに注目しましたが、ヨーロッパの自動車産業の一つの特徴として、ヨーロッパの自動車産業の初期の段階から、アメリカの企業もヨーロッパに進出し、現地生産を行ったことが挙げられます。フォードは一九〇三年にイギリスで自動車の販売をスタートし、一九〇九年には現地生産も始めました。イギリスに続いて、一九一六年から一九三一年にかけて、フランス、デンマーク、イタリア、オランダ、スウェーデン、ベルギー、ソ連、ドイツに工場を建設し、現地での生産を始めました。GMもヨーロッパの自動車市場に進出しましたが、フォードのように自社工場を設立して現地生産を行ったのではなく、一九二五年にイギリスのヴォクスホール、一九二九年にドイツ最大の自動車メーカーのオペルを買収することにより、ヨーロッパ市場への進出を果たしました。

戦後のヨーロッパの自動車産業の発展に目を向ける前に、アメリカの自動車産業の発展と比較して、ヨーロッパの自動車産業にはどのような特徴があるかを分析し、三つのポイントを挙げたいと思います。

1　ヨーロッパの自動車産業の伝統は、手工業と熟練制度にあります。第二次世界大戦以前にフランスのシトロエン、ドイツのオペル、イギリスのモーリス、オースチン、そしてアメリカのフォードなど大量生産メーカーが存在していましたが、ヨーロッパの自動車産業は熟練工による手工業から発展してきました。フォードの大量生産システムは、戦後初めてヨーロッパの自動車産業に広く普及し、自動車市場は大量消費の小型・中型自動車が中心となっていきました。

2　自動車レースの伝統とレーシングカー・スポーツカーの開発。自動車の技術に対する信頼性を獲得し、自動車を普及させるために、自動車レースはアメリカにおいても大きな役割を果たしましたが、ヨーロッパの自動車産業の発展を支えた重要な要因であったと思われます。世界最初の自動車レースは、一八九四年七月二二日に行われたフランスの首都パリからオート・ノルマンディー地域のルーアン市までの一二六キロメートルのレースでした。一九〇六年には初のグランプリレースがル・マンで開催され、一九一〇年代にはアルプスでの耐久レースが有名になりました。その後、イタリアのミッレミリア、フランスのル・マン二四時間レース、ベルリンのアヴスなどで行われるようになり、一九二〇から一九三〇年代はヨーロッパのレース黄金時代となりました。ほかにも、速度を競うレース、北アフリカのベイルートから北京までの大陸横断ラリー、フランスのカレー市からコート・ダジュールのニース市あるいはカンヌ市のあいだの「青列車」（ル・トラン・ブルー）レースなどが多くの人の注目を集めました。

3　ヨーロッパの自動車メーカーは高級自動車を生産することに焦点をあてていました。アメリカと比較してヨーロッパのほうが道路インフラは発展していましたが、ヨーロッパでは、一九五〇から一九六〇年代までは自動車は一般市民の交通手段ではなく、裕福な人々の趣味にとどまっていました。ヨーロッパの熟練工、手づくりの伝統、といったこととも関係があると思われますが、ヨーロッパの自動車メーカーは市場の要求に応じて、価格より、品質・デザイン・技術にこだわり、高級車を生産するという戦略を実施していました。

前記の三つの特徴は、現在もヨーロッパの自動車メーカーにとって大きな意味があると思われます。まず、商品戦略をみると、ヨーロッパの自動車メーカーは、スポーツカー、ロードスターなどのニッチマーケットをターゲットにしたモデルの開発をとくに得意としています。

次に、企業の市場差別化戦略をみると、ドイツのダイムラー、ＢＭＷ、アウディをはじめ、多くのヨーロッパの自動車メーカーは、プレミアム市場をターゲットとし、他社との市場差別化戦略を実施しています。そして、ヨーロッパの自動車産業の発展の道のり、ヨーロッパのレーシングの伝統は、現在もなお自動車メーカーのブランド力を大きく支えています。その具体的な例として、一九三〇年代の自動車レースの成功と、現在のメルセデス・ベンツとアウディのブランド力との関係を挙げたいと思います。

一九三〇年代のベンツとアウディのレーシングカーは矢のように速く、車体が銀色であったため、「銀の矢」と呼ばれました。「銀の矢」という言葉は知的財産権により保護されていますが、現在でも、ベンツの自動車販売台数一五〇万台のうち、銀色の自動車の販売台数が圧倒的に多いといわれています。[1]このことからも、ヨーロッパの自動車産業の発展の道のりと伝統は、現在もヨーロッパの自動車産業の商品戦略、企業戦略、そしてブランド力と深い関係があることがわかると思います。

一九三〇年代は厳しい経済状況によって、ヨーロッパの自動車メーカーも難しい経営環境を強いられましたが、自動車産業は有力な企業に集中化し、レースによって技術も進歩し、自動車のデザインも進化させてきました。そのため、一九三〇年代はヨーロッパの自動車産業の全体の発展にとって決定的な時代であったといえます。しかし、一九三九年九月の第二次世界大戦の開戦によって、ヨーロッパの自動車産業の再構築の時代は終わりました。戦争中の自動車生産はトラックなどの軍用車両に限定され、国によっては民間用の乗用車の生産を禁止し、軍需産業への変更を余儀なくされました。

第二次世界大戦から一九九〇年代まで

前述のように、現在のヨーロッパの自動車産業の構造は、一九三〇年代終わり頃の構造と比較して大きく変化していないといえます。いくつかの企業は消滅しましたが、大陸ヨーロッパの自動車産業の集積地と各国の最も重要な自動車メーカーでは、過去八〇年間ほぼ変わることなく現在まで順調に発展してきました。なぜヨーロッパの自動車産業の構造に大きな変化がなかったのかといいますと、戦後、ヨーロッパ各国は経済政策と産業政策によって、自国の自動車産業に有利な経営環境を提供するようにつとめていたからです。また、一九五〇年代以降の高度経済成長と一九五八年に始まったヨーロッパの市場統合によって、経済環境が自動車生産者にとってよい方向に発展していったことも挙げられます。これらのことが、ヨーロッパの自動車産業のスムーズな発展に大きく貢献したといえます。

第二次世界大戦後、ヨーロッパの自動車産業は大量生産された国民自動車と呼ばれる小型自動車により復活しました。一九五〇年代にヨーロッパの自動車メーカーはマスモータリゼーションを実現するために、国民の比較的低い購買力に合わせて、小型で低価格の自動車の生産を始めたのです。その代表的な自動車は、フランスのルノーＣＶ４、シトロエンＣＶ２、イタリアのフィアット・トッポリーノやフィアット６００、フィアット５００、ドイツのフォルクスワーゲン・ビートル、ＢＭＷ・イセッタなどです。国家の施策として正式に国民自動車プロジェクトを実施したヨーロッパの国はありませんでしたが、イタリアでは自動車税やガソリン税、フランスでは、積極的な産業政策などにより自国の自動車メーカーを支援し、国民自動車の販売を間接的に援助することで、それらのメーカーをナショナル・チャンピオンとして育成してきました。ヨーロッパでの国民自動車の普及は、日本にもかなりの影響を与えました。一九五五年、日本の通産省は国民自動車プロジェクトを発表し、その結果、一九六〇年代に軽自動車によるマスモータリゼーションが始まりました。また、一九五〇から一九六〇年代には、日本の多くの自動車メーカーはヨーロッパの自動車メーカーと技術提携を結びました。日産はイギリスのオースチン、日野はルノー、いすゞはイギリスのルーツ・グループのヒルマンと技術提携し、製品や生産技術開発の面でヨーロッパ企業からの援助を得ました。当時の東洋工業（現在のマツダ）は、一九六一年にドイツのフェリクス・ワンケル氏とNSUが発明したロータリー・エンジンのライセンスを取得し、一九六七年には市場に登場させる段階にまで開発を進めました。

国民自動車によってヨーロッパの自動車産業は、一九五〇年代から一九六〇年代にかけて相当に変化したということができます。第二次世界大戦以前、自動車は高級品で、一般の市民には手の届かない製品でした。しかし、高度経済成長とともに国民所得が増加し、ヨーロッパ全土で自動車販売台数が急速に拡大しました。それにともなって、ヨーロッパの生産方式は、伝統的な熟練工による生産システムと、アメリカのフォード生産システム、ユーロフォード生産システムが融合していきました。すなわち、ヨーロッパの自動車産業は高級車の手工業の伝統を守りながら、フォード生産システムに基づく大量生産の時代へと突入していったのです。国民自動車により、ヨーロッパは自動車の大量生産拠点となり、一九五〇から一九六〇年代には一般市民も自動車を購入することができるようになって、自動車の普及率は急速に上昇していきました。戦後ヨーロッパのモータリゼーションを代表する自動車モデルは、いうまでもなく、フォルクスワーゲンのビートルであります。

フォルクスワーゲンのビートルは、第二次世界大戦以前から生産されていましたが、終戦までの生産台数はわずか二万台でした。ドイツの敗戦により、イギリス軍の占領地に位置していたフォルクスワーゲンは、一九四九年まで、イギリス軍によって経営され、イギリス軍に自動車の供給をする目的で、自動車生産を再開しました。一九四九年五月にドイツ連邦共和国（西ドイツ）が成立すると、フォルクスワーゲンは西ドイツ政府の支配下となり、以降一九六〇年まで、国営企業として経営されました。フォルクスワーゲンは一九七三年まで、基本的に一つのモデルのみを生産しました。そのモデルは世界中で有名になったビートルであり、ヨーロッパの国民の購買力が高まるにつれ、フォルクスワーゲン・ビートルの生産台数は爆発的に拡大していきました。

一九五五年までに、フォルクスワーゲンは一〇〇万台のビートルを生産しました。一九六一年には、五〇〇万台生産を達成し、そのわずか四年後には倍の一〇〇〇万台、一九六八年に販売台数一五〇〇万七〇三四台とピークを迎え、一九七二年にはフォードT型モデルの生産記録を上回りました。しかし、一九七二年以降、ビートルの販売台数は下降し、一九七三年には倒産寸前となりましたが、モデル戦略を急速に変化させることにより生き残ることができました。

ユーロフォード生産システムの普及によって、ヨーロッパでは本格的な大量生産が始まり、プジョー、ルノー、フィアット、オペル、フォルクスワーゲンなどの大量生産メーカーは、小型・中型自動車市場を中心に自国のナショナル・チャンピオンとなりました。一方で、ベンツ、ジャガー、ロールスロイスなど従来の高級車メーカーや、ポルシェ、フェラーリ、マセラティなどのスポーツ車メーカーは、ニッチマーケットおよび高級車マーケットの顧客をターゲットにしました。

ヨーロッパの自動車産業の発展にとって、もう一つ非常に重要なポイントがあります。それはヨーロッパの統合、つまりEU設立です。なぜヨーロッパ統合がそれほど重要であったかというと、ヨーロッパ統合によりヨーロッパの国々のあいだの関税と非関税障壁が撤廃され、フランスの企業であっても、ドイツの企業であっても、イギリスの企業であっても、企業の国籍に関係なく、ヨーロッパの単一市場にアクセスできるようになったからです。

ヨーロッパの市場統合の影響の一つの例として、フランスの自動車メーカー・ルノーを挙げたいと思います。ローマ条約が調印された一九五七年と、一九七三年のオイルショックのあいだのルノーの成長を、国内市場、EC域内、EC域外、に分けて見てみると、国内市場での販売が二・五倍、EC域外への輸出は二・七倍でした。それに対して、EC域内の自動車販売は一一倍に拡大したのです。この数字をみると、ヨーロッパ統合が、経済にどのような影響をもたらしたかがよく理解できると思います。同期間内に全ルノーの輸出に占めるEC六カ国への輸出の割合は、一四・五%から三八・八%まで拡大しました(Freyssenet Michel 2003, p. 111)。

一九七〇年代は、経済危機と自動車危機が重なった年代でした。一九七一年のニクソンショックと呼ばれる固定為替レートシステムの崩壊により世界の貿易は混乱し、一九七三年の第一次オイルショック、一九七九年の第二次オイルショックでエネルギー価格が、一二倍以上に高騰し世界経済は危機に陥りました。自動車産業をみると、一九七〇年代に環境性と安全性に関する社会的な批判が高まり、それにともなって排気ガスや事故に関する規制が厳格化し、世界経済危機の影響もあって先進国の自動車産業もまた危機に陥りました。当時、自動車産業の新興国であった日本でも国内の販売台数は大幅に下落しましたが、低燃費と低排気ガスの小型・中型自動車により、一九八〇年までには、生産台数ベースでアメリカの自動車産業を上回る世界最大の自動車生産の拠点となりました。

一九七〇年代の日本、一九八〇年代の韓国の自動車産業によるグローバル市場への進出で、世界の自動車産業の勢力図が変化し、その結果、ヨーロッパの自動車産業はかなり厳しい状況に陥りました。一九七〇から一九八〇年代には、日本の自動車メーカーは世界市場において、ヨーロッパの自動車メーカーからマーケットシェアを奪い、ヨーロッパのメーカーのグローバル競争力低下が明らかになりました。日本と韓国の自動車産業の世界市場への進出によって、激化したグローバル競争に、ヨーロッパの自動車産業がうまく対応できなかった原因はいろいろありますが、当時のヨーロッパの自動車産業の問題点として、次の三つを挙げることができます。

1　生産システムの現代化の遅れ
2　国際戦略、すなわち海外現地生産の遅れ
3　モデル戦略とデザインの問題

ヨーロッパの自動車産業の生産システムは自動化率が低いだけではなく、日本のメーカーの生産システムと比較すると、全体的に時代遅れでした。つまり、ヨーロッパのメーカーの生産性と効率性が低かっ

たということです。その結果、コストが高いだけでなく、自動車そのものの品質の問題も起こりました。また、日本のビッグスリーメーカーであるトヨタ、日産、ホンダは一九八〇年代に、アメリカをはじめ、ヨーロッパ、東南アジアにも進出し、現地生産を始めました。それに対して、フォルクスワーゲンを除くヨーロッパの自動車メーカーの生産拠点は、依然としてヨーロッパに集中しており、ヨーロッパから世界へ輸出するという輸出依存型でした。そして、もう一つの問題は、モデル戦略とデザインでした。一九七〇年代まで、ヨーロッパの自動車産業の特徴は、ニッチマーケット、すなわちスポーツカーや高級車のセグメントをターゲットとする魅力的なデザインの自動車を生産することでした。しかし、自動車に対する安全性の要求が高まったこととも関係がありますが、一九七〇年代、ヨーロッパの自動車メーカーの魅力的なデザイン開発というコア・コンピタンスにも問題が生じてきました。その結果、ヨーロッパの自動車メーカーの競争力は一九七〇年代以降弱まり、一九八〇年代には深刻な危機に直面するようになりました。

ヨーロッパの自動車メーカーが、一九八〇年代の危機に直面してどのような対策をとったか、また、いかに危機を乗り越え一九九〇年代に再びグローバルな競争力を獲得していったかについては、以下の章で説明します。

ヨーロッパの自動車産業の現代――一九九〇年代以降の発展

ここからは、現代ヨーロッパの自動車産業について述べます。一九九〇年代に始まったヨーロッパの自動車産業と自動車メーカーの新戦略は、大きく変化することなく現在も継続しています。一九九〇年代以降のヨーロッパの自動車産業の発展と自動車メーカーの新戦略を分析すると、次の四つのポイントを挙げることができます。

1　プロダクト・コンフィギュレーションの変化（自動車そのものの構造の変化）
2　プロダクション・コンフィギュレーションの変化（生産構造の変化）
3　買収・合併による自動車産業グループの創設、ポートフォリオの拡大とプレミアム自動車戦略への変化
4　海外での現地生産の拡大

まずはじめに、プロダクト・コンフィギュレーションの変化を簡単に説明するため、フォルクスワーゲンの旧ビートルとニュービートルを比較してみましょう。フォルクスワーゲンの旧ビートルはフォルクスワーゲンのドイツ本社が開発し、ドイツ国内の生産拠点で生産、ドイツから世界へ輸出されました。やがて世界からの需要の拡大とともに、旧ビートルは仕様を変更することなくメキシコ、ブラジル、南アフリカ、アイルランド、ポルトガルなど、多くの国々の自社工場または関連企業の工場で生産、組み立てが行われました。そしてドイツでの生産が終了した後も、それらの工場で旧ビートルは長期にわたって生産され続けました。ドイツでの旧ビートルの生産は一九七四年に終了しましたが、メキシコ工場での生産は

二〇〇三年まで続きました。

旧ビートルと違い、ニュービートルの技術開発は、フォルクスワーゲンのあらゆる研究開発拠点で行われ、デザインはアウディ・アメリカが担いました。また、フォルクスワーゲン社内のコンペティションにより、ニュービートルの生産拠点はメキシコに決定し、メキシコ工場からドイツを含む全世界に輸出されています。つまり、ニュービートルは、フォルクスワーゲンで初めて、生産をドイツでは行わなかったモデルであったのです。ニュービートルの生産が一九九七年一〇月にスタートした時点ではまだ、フォルクスワーゲンのメキシコ工場では旧ビートルが生産されていたことを考えると、一九九〇年代、ヨーロッパの自動車産業の構造は、いかに重大な変化を遂げたかがわかるでしょう。

代表的な例として、フォルクスワーゲンのニュービートルを挙げましたが、その商品戦略の背景には、フォルクスワーゲンをはじめとするヨーロッパの自動車メーカーの製品構造、すなわちプロダクト・コンフィギュレーションが完全に変化したことがあります。

プロダクト・コンフィギュレーションの変化について、二つのキーワードがあります。それは、プラットフォーム化とモジュール化です。プラットフォーム化とはどういうことか、簡単に説明しますと、プラットフォームというのは、かつてはシャーシと呼ばれた、自動車下部の一枚の鉄板のことです。このプラットフォームによって、車体、車輪、エンジン、シート、トランスミッションボックス、排気ガスシステムなどが、どこにどういう形で取りつけるかが決まります。たった一枚の鉄板と思うかもしれませんが、自動車に搭載されているすべての部品、コンポーネントとシステムに関連しているため、プラットフォームの開発コストは自動車全体の開発コストの四〇％を占めます。共通のプラットフォームをさまざまなモデルに適用することで、相当な経済的メリットをもたらします。したがって、フォルクスワーゲンをはじめ、すべてのヨーロッパの大量生産メーカーは、自社ブランドはもちろん、グループ内でブランドを超えて共通のプラットフォームを使用するようになりました。例えば、フォルクスワーゲンのゴルフのプラットフォームを用いてアウディＡ３、アウディＴＴ、フォルクスワーゲンの子会社であるスペインのセアットのレオン、チェコのシュコダ・オクタビアなども生産されています。このように、フォルクスワーゲンは、多くのモデルを統一のプラットフォームで生産するだけでなく、開発に大きな投資をすることなく、次々に新しいモデルや既存のものの派生モデル、次世代モデルなどを生み出し、販売することが可能になったのです。プラットフォーム化を導入することにより、ヨーロッパのメーカーは、新型車の開発やモデルチェンジのサイクルが非常に速かったトヨタなど、日本メーカーと競争できるようになりました。

次に、モジュール化について説明します。モジュール化というのは、多機能のシステム部品を超える、自動車の構造上の大きな部品のことです。代表的なモジュールは、ダッシュボード、ドア、シート、天井、バンパー・ヘッドライトなどのフロントエンドやバックエンドなどのことです。プラットフォーム化と同様、モジュール化の導入はさまざまな経済的メリットと生産および生産管理面のメリットをもたらします。経済的メリットとしては、統一モジュールを多くのモデルに適用することにより、各モジュールの生産台数が増え、企業内での生産や外部からの調達コストは低下します。生産面でのメリットには二つあります。一つは、モジュールは本生産ラインから離れたところで生産できるため、生産ラインのフレキシビリティーに貢献します。もう一つは、モジュールを自動車に搭載することは容易であるということです。企業経営と生産管理の面からみると、生産能力と生産コストに応じて、モジュールを企業内で生産するか、外部から調達するかを柔軟に決定することができます。プラットフォームと同様、統一のモジュールを多数のモデルに適用すれば、研究開発コストを下げることができ、大量生産または大量調達のメリットも実現可能となります。

このように、プラットフォーム化とモジュール化の導入によって、自動車そのものの構造が変化し、そのことにより、ヨーロッパの自動車産業はコスト面でのメリットだけでなく、新モデルの開発と市場へ投入するスピード、外部調達かインハウス生産か、生産ラインの管理など、さまざまな面で競争力を強化することができました。

次に、プロダクション・コンフィギュレーションの変化（生産構造の変化）について説明します。自動車そのものの構造が変化するとともに、ヨーロッパの生産構造も変化してきました。すなわち、ヨーロッパの自動車メーカーは、企業内の生産分配と研究開発を最適化したのです。再びフォルクスワーゲンを例に挙げますと、フォルクスワーゲンは一つのモデルに必要な車体部品を、一カ所のみのプレス工場で生産し、それを同型のモデルが生産されている世界の各工場に輸送し、グローバル生産ネットワークを形成しています。それだけでなく、ニュービートルの例に見られるように、生産能力、生産コスト、市場の要求などの基準に基づき、自動車の生産は世界中に分配されています。具体例を挙げますと、ポルシェ、フォルクスワーゲンのＵＰ、シュコダのＣｉｔｉｇｏ、セアットのＭｉｉといった小型自動車と、アウディ、フォルクスワーゲンのＳＵＶ（スポーツ用多目的車）が同じラインで生産され、同一工場で五つのブランドのモデルが生産されています。同様に、フォルクスワーゲンの七カ所ある技術・デザインなどの研究、開発センターはグローバルネットワークを形成し、互いに協力しています。

現在、プラットフォーム化とモジュール化が最も進んでいるのはフォルクスワーゲンです。七代目ゴルフは、プラットフォーム化がさらに進化したモジュラー・ツールキット（ＭＱＢ）に基づいて生産されています。モジュラー・ツールキットは、ガソリン、ディーゼル、天然ガス、ハイブリッドなどの各エンジン技術に適用することが可能で、モデルのセグメントをも超えることができるより柔軟性の高いプラットフォームです。

一九九〇年代、ヨーロッパのメーカーは企業の買収・合併により、自動車グループを設立すると同時に、製品ポートフォリオを大幅に拡大しました。すなわち、世界の自動車産業は再編され、買収・合併、アライアンスの設立によって、一つの有力な企業の傘下に多数のブランドメーカーが集まり、多数のブランドの自動車が生産されるようになったのです。このグループ化をリードしたのは、フォルクスワーゲン、ルノー、フィアットをはじめとするヨーロッパの自動車メーカーでした。

再びフォルクスワーゲンの例を挙げますと、フォルクスワーゲンはＭ＆Ａ、あるいは従来のブランドを復活させることによって、一九八〇年代までは二つのブランドを所有するメーカーでしたが、現在では八つの乗用車ブランド、三つの商用車ブランド、そして一つのバイクのブランドを擁する企業に拡大しました。具体的に説明しますと、フォルクスワーゲンはトヨタと同様、一九三七年に設立され、一九六四年にはアウディを子会社化しました。スペインがＥＵに加盟した一九八六年には、スペインのメーカーであるセアットを買収、それにより、スペインとポルトガルでの市場の地位を強化したのです。社会主義経済システムが破綻した後の一九九一年には、チェコの伝統的なメーカーのシュコダを買収し、シュコダのブランドで東ヨーロッパ市場へ進出しました。一九九〇年には、イタリアのスポーツカーメーカーであるランボルギーニがフォルクスワーゲンの一〇〇％子会社であるアウディに買収され、同年、ヨーロッパの自動車産業の伝説的なブランドの一つであるブガッティがフォルクスワーゲンにより復活しています。超高級車メーカーのベントレーは一九九八年、フォルクスワーゲン傘下に入り、二〇〇九年、フォルクスワーゲンはスポーツカーメーカーのポルシェと合併しました。[2]さらにスカニア、ＭＡＮといった商用車ブランド、バイクメーカーのドゥカティも傘下に収め、スズキの株式の二〇％を保有しています。

　一九九〇年代以降のフォルクスワーゲンのグループ構造をみると、もう一つの傾向、すなわちフルラインメーカーになろうとする傾向があることがわかります。フォルクスワーゲンは、シュコダやセアットなどの大量生産メーカーだけではなく、プレミアブランドのアウディ、高級車ブランドのベントレーやスポーツカーメーカーのポルシェ、ランボルギーニ、ブガッティなどのブランドを傘下にもつことにより、ニッチマーケットから高級車、小型自動車まで、すべてのセグメントに自動車を提供できるよう自社の製品ポートフォリオを拡大していったといえます。

　フォルクスワーゲンと同様、フィアットグループも傘下のフィアット、ランチア、マセラティ、アルファ・ロメオ、フェラーリといったブランドにより市場を差別化し、低価格の小型自動車から超高級車のフェラーリまで、あらゆるマーケットセグメントをターゲットとしています。二〇〇九年、フィアットはアメリカの自動車産業の第三のメーカーであるクライスラーを買収し、クライスラーのジープ・ブランドでＳＵＶとオフロードセグメントにも進出しました。フランスのルノーも、ルーマニアのダチアと韓国のサムスンを買収し、ルノーグループを設立し、一九九九年には、当時深刻な経営危機に直面していた日産と資本提携を結びました。二〇一〇年、ルノー・日産アライアンスはダイムラーと戦略的な協力関係を結び、乗用車と軽商用車のエンジンとパワートレインの交換、共通の生産と次世代のエンジン技術の研究開発で協力することに合意しました[3]。

フォルクスワーゲン、ルノー、フィアットといった大量生産メーカーだけでなく、ダイムラーやＢＭＷなどのプレミアム自動車メーカーも製品ポートフォリオを大幅に拡大しました。ダイムラーは一九八〇年代まで、基本的にはＳクラス、Ｅクラス、Ｃクラスの三つのモデルしか生産していませんでしたが、一九九〇年代にはフルラインメーカーとなり、スマートという小型のシティカーや、Ａクラス、Ｂクラスなどの大量消費セグメントをターゲットにしたモデル、ニッチ・マーケット向けのコンバーチブル、オープンカー、ＳＵＶなど、従来の高級セグメントをターゲットとしたＥクラス、Ｓクラス以外にも、さまざまな顧客のニーズに合った自動車を製造しています。ＢＭＷも、ロールスロイスとかつてイギリスのローバー社傘下であったミニ・ブランドを買収し、小型自動車から超高級セグメントまで、プレミアム自動車を提供する戦略を実施しています。

ポートフォリオの拡大とフルラインメーカーへの戦略とともに、とくにドイツの自動車メーカーはプレミアム自動車の生産へと商品戦略をシフトしました。技術レベルと生産コストが高い西ヨーロパの生産拠点では、搭載する設備、品質、機能そしてブランド・イメージに付加価値をつけなければ、世界市場において日本や韓国などと競争できないと認識し、BMWは一九七〇年代から、アウディも一九八〇年代に入って商品戦略をプレミアム自動車のほうへとシフトし始めたのです。

プレミアム戦略へとシフトする一方で、ヨーロッパの自動車メーカーは一九九〇年以降、中東欧諸国や中国をはじめ、世界中に自動車工場を設立して現地生産を大幅に拡大し、企業内の生産ネットワークを強化しました。再びフォルクスワーゲンを例に挙げますと、フォルクスワーゲンはすでに一九五〇年代には、メキシコとブラジルに生産拠点を設立し、現地生産を始めています。しかし、フォルクスワーゲンの本格的なグローバル化は、一九八〇年代に入って始まりました。一九八〇年代に、スペインとポルトガル、つまり南ヨーロッパに進出するとともに、大量生産メーカーとして初めて中国に投資し、現地生産を開始しました。社会主義経済システムが破綻した後の一九九〇年代には、東ドイツを中心として、中東欧諸国、そしてさらには中国に再投資し、二〇〇〇年代になるとロシア、インド、そしてアメリカにも投資して、工場を開設しました。フォルクスワーゲンだけでなく、フォルクスワーゲン傘下のアウディとシュコダも海外現地生産を拡大しました。アウディは一九九三年、ハンガリーのジェール市にエンジン工場を設立しました。そこでは、年間二〇〇万台のエンジンを生産し、世界最大のエンジン生産工場となりました。また、二〇一六年にはメキシコに工場を新設し、現地生産を開始することを計画しています。ルノーも一九九〇年代終わり頃から、中南米、インド、ロシア、そしてユーロメッド・アフリカと呼ばれるトルコ、ルーマニア、モロッコを中心に、海外での現地生産ネットワークを強化しました。

大量生産メーカーだけでなく、ダイムラーやＢＭＷなどのプレミアム自動車メーカーも、プレミアム自動車セグメントが急速に拡大している中国や、ＳＵＶとスポーツカーのマーケットシェアが最も高いアメリカで現地生産を開始するなど、海外に生産拠点を設立していきました。このように一九九〇年代以降、ヨーロッパの自動車メーカーはナショナル・チャンピオンからグローバルメーカーに成長し、現地生産の拡大と企業の買収・合併により、中国や中南米など、多くの外国市場においてマーケットリーダーとなっていきました。

グローバル企業に成長する一方で、ヨーロッパの自動車メーカーは、ヨーロッパの自動車産業の特徴を維持することができたと思います。このヨーロッパの自動車産業の特徴とヨーロッパ自動車メーカーの競争力と戦略との関係について、以下の四つのポイントを挙げることができます。

1　ヨーロッパの自動車産業には、一二〇年以上の歴史があり、ブランド力が非常に高い。
2　スポーツおよびレーシングカーの伝統があり、ニッチマーケットをターゲットにした自動車の開発が得意。
3　熟練工による手工業の伝統があり、プレミアム自動車と高級車の開発・生産に強い。
4　ファッション産業などに見られるように、ヨーロッパの企業の強みの一つは、デザイン開発能力である。一九五〇年代のアメリカを除き、イタリアやフランスをはじめとするヨーロッパの自動車のデザインは世界のベンチマークであった。このデザイン能力もヨーロッパの自動車産業の伝統であり、ヨーロッパの自動車メーカーの競争力に寄与している。

2　EUの中東欧諸国への拡大と自動車産業――グローバル化の特例

中東欧諸国の自動車産業の復活とヨーロッパにおける新しい労働分配

二〇〇〇年以降、自動車の市場と生産拠点は先進国のアメリカ、日本、西ヨーロッパから、BRICsと呼ばれるブラジル、ロシア、インド、中国をはじめとする新興国・途上国へシフトしつつあります。グローバル規模でシフトする自動車産業において、ヨーロッパ、とくにEU域内における自動車産業の変化にはさまざま々な特徴があります。

一九八〇年代末に、社会主義経済システムが破綻して以降、西ヨーロッパの企業をはじめ、世界の先進国の諸企業から中東欧諸国への外国直接投資は爆発的に増えました。過去二五年のあいだ、外国直接投資が最も集中したのは製造業で、その中で最大のシェアを占めるのが自動車産業です。なぜ、中東欧諸国は自動車産業にとってそれほど魅力的な投資先であるか、その要因にはいくつかの点を挙げることができます。まず第一は、低賃金コスト、労働時間、労働者の職業教育レベル、能力・労働意欲など有利な労働条件です。第二は、ドイツ、フランス、イギリスなど、大規模な自動車市場と地理的に近接していることと、急速に整備されている交通インフラにより、高速運送が可能であること。第三は、ポーランドをはじめとする中東欧諸国の国内市場の規模と、その成長の可能性。第四は、ＥＵへの加盟による政治と経済の安定と、長期予測が可能になること。そして第五は、中東欧諸国の製造業の伝統です。

前述のとおり、一九九〇年以降、ドイツなど西欧諸国の企業にとって、中東欧諸国は自動車産業の外国直接投資の最も重要な投資先となり、二〇〇四年以降、自動車産業の中東欧諸国での投資額は西欧諸国を上回るようになりました。投資額と同様、中東欧諸国で創出された新しい雇用も、自動車産業によるものが最多です。フォルクスワーゲングループのチェコ、ポーランド、スロバキア、ハンガリーの生産拠点で働く従業員は五万人を超え、アウディ・ハンガリーのジェール・エンジン工場だけを見ても、工場が設立された一九九三年以降、一万一〇〇〇人の新しい雇用が創出されました。これらの雇用創出は、完成自動車メーカーよりむしろ自動車部品メーカーによるところが大きかったといえます。経済改革が始まった一九九〇年代には、ワイヤーハーネス、コントロールケーブルなどの労働集約型の自動車部品を生産するメーカーが主な投資企業でしたが、貿易統計からもわかるように、二〇〇〇年頃からは、トランスミッション、エンジンおよびエンジン部品、システム、コンポーネント、モジュールなど、技術レベルの高い部品を生産するメーカーによる投資が圧倒的に多くなりました。例えば、トヨタは、一九九九年から変速装置、二〇〇二年からは自動車エンジンを輸出用に製造しています。外国直接投資により、中東欧諸国の現地の下請け企業も成長でき、完成自動車と自動車部品産業は有力な輸出産業となりました。例えば、自動車と自動車部品はポーランドの輸出の一六％を占め、そのうちの八五％以上はドイツ（三〇％）、イタリア（一八％）、フランス（八％）などほかのＥＵ加盟国向けで、ポーランドの自動車の全生産量の九八％は輸出されています（Paiz, 2010）。

中東欧諸国での自動車産業をはじめとする製造業の拡大の要因として特筆すべき点は、上記の五つのうちで、低賃金コスト、すなわち西欧諸国と中東欧諸国の賃金格差です。ドイツの連邦統計機関によると、製造業における一時間あたりの労働者賃金コストは、フランスが三五・六ユーロ、ドイツが三四・三ユーロと、最も高いということです。それと比べて、チェコでの賃金コストは九・九ユーロで三分の一、ポーランドは六・四ユーロで五分の一、そしてルーマニアとブルガリアの賃金コストはそれぞれ三・七ユーロと二・八ユーロでフランスとドイツのわずか一〇分の一です（Statistisches Bundesamt）。賃金コストの格差によって、中東欧諸国はヨーロッパの自動車産業のワークベンチとなり、とくに労働集約型の部品の生産が中東欧諸国へ移転し、やがて技術レベルが比較的高い部品の生産と完成自動車の生産も中東欧諸国に移転しました。

完成自動車の発展をみると、北米、日本、韓国などほかの自動車産業の先進国同様、ＥＵでの自動車生産台数は過去一〇年以上、年間一六〇〇―一七〇〇万台で停滞しています。一方で、同時期の中東欧諸国での生産台数は、二〇〇〇年頃は一五〇万台程度であったのが、二〇一三年には約三五〇万台と大幅に拡大しました。中東欧諸国のデータを細かく分析すると、完成自動車の生産台数は、ドイツのフォルクスワーゲンが投資しているチェコ（シュコダ）とスロバキア（多くのフォルクスワーゲン・ブランドの生産拠点）、フィアットとＧＭのオペルが生産しているポーランド、そしてルノーの子会社ダチアの生産拠点があるルーマニアでとくに拡大しています。エンジン生産をみると、フォルクスワーゲンの子会社であるアウディ・ハンガリーのジェール工場では、生産台数が一九九〇年代の五〇万から、二〇一三年には一九二・五万台と約四倍にまで拡大しました。

このように、西欧諸国の企業は社会主義経済システムが破綻した一九八九年直後には、すでに中東欧諸国に投資を始めていましたが、一九九〇年代の経済改革の進化、また二〇〇四年の中東欧諸国のＥＵ加盟にともなって、西欧諸国からの外国直接投資は大幅に増加しました。中東欧諸国のＥＵ加盟によって、関税と非関税障壁が撤廃され、中東欧諸国への資本とモノの移動が国内と同じように行われるようになりました。ＥＵの中東欧諸国拡大により、西欧諸国の企業には、障壁やリスクなしに賃金コストの格差などのメリットを活用し、生産コスト構造を改善するチャンスがもたらされたのです。一方で、西欧諸国の生産拠点に対する企業内外の競争が激化し、生産コストの高いドイツ、フランスなどの西欧諸国には、産業の空洞化と大幅な雇用減少のリスクをもたらし、西欧諸国の経済と労働システムへの改革圧力が高まりました。具体例を挙げると、一台の自動車に占める賃金コストの割合は約三〇％ですから、単純に計算しますと、ドイツの自動車メーカーは、賃金コストが五分の一の隣国ポーランドに自動車の生産を移転することによって、ドイツ国内で生産するのと比較して、賃金コストを八〇％削減することができます。さらに、ブルガリアに生産を移転させた場合は、賃金コストをドイツの三％のレベルにまで削減することが可能になります。しかし、賃金コストは一つの要因にすぎません。次に、生産台数と雇用の推移に基づき、より具体的に、中東欧諸国の経済改革とＥＵの拡大が西欧諸国の自動車産業と自動車メーカーにどのような影響を及ぼしたか、また、どの国の自動車産業が労働分配をうまく行ったかについて分析します。

一九九九年以降の完成自動車の生産台数の推移をみると、西欧諸国の自動車産業を勝ち組と負け組に分けることができます。最も伝統的な自動車の生産拠点であるフランス、ドイツ、イギリス、イタリアの一九九九年と二〇一三年の完成自動車の生産台数を比較すると、ドイツだけが五六八万台から五七一万台にまで拡大しました。トヨタ、日産、ホンダが支配的地位を確保しているイギリスの自動車産業の生産台数は、一九九九年には一九七万台でしたが、二〇一三年には一五九万台と二〇%程度減少しました。しかし、フランスやイタリアと比較すると、イギリスの減少率は小さいといえます。フランスでの自動車の生産台数は、一九九九年の三一八万台から二〇一三年まで連続して減少し、二〇一三年には一七四万台と、一九九九年に比べて一四四万台、すなわち四五%以上減少しました。フランスよりさらにひどいのはイタリアで、一九九九年の一七〇万台から六五万台まで、六二%の減少となっています。伝統的な西欧諸国の自動車生産国であるイタリア、フランスに加え、一九八〇年代にEUに加盟したスペイン、ポルトガル、ベルギー、オランダは、二〇〇〇年以降激化したヨーロッパの自動車産業の生産拠点間の競争に破れ、負け組となっています。過去一五年間で、スペインとポルトガルの生産台数は二六%、すなわち一九九九年の三一〇万台から、二〇一三年の二三〇万台にまで減少しました。ルノーやフォードなどの自動車メーカーの工場閉鎖により、ベルギーでの生産台数は、一〇一万台から四八万台と五〇%以上下落、オランダでの生産は、三〇万台からほぼゼロとなりました（データはＯＩＣＡによる）。二〇〇九年の世界同時不況とは関係なく、上記で概説したヨーロッパの自動車産業の傾向は、一〇年以上続いています。

生産台数の変化に見られるヨーロッパにおける自動車産業のシフトは、自動車産業に従事する労働者数の推移にも見られます。ドイツの自動車産業協会ＶＤＡによると、一九九六年から二〇〇八年まで、ドイツで自動車メーカー、自動車部品メーカー、車体メーカーに直接雇用されている従業員数は六六万人から七五万人に増加しました。世界同時不況の二〇一〇年には七〇万人程度まで落ち込みましたが、二〇一三年には七五・六万人に回復しました。一方で、フランスで完成自動車メーカーに雇用されている従業員数は、一九九八年から二〇〇八年のあいだに、三二万人から一六万人と約五〇％減少しています。二〇〇八年以降も雇用の減少に歯止めがかからず、フランスの自動車産業に従事する労働者数は、二〇一一年には二二・四万人にまで減少しました（データはＶＤＡ、ＡＣＥＡによる）。

このような、ドイツ、フランス、イタリア、イギリスといった西欧諸国の伝統的な自動車産業の国々において異なる傾向は、ここでは詳しく述べていない自動車メーカーの経営状態と戦略、それぞれの国における国内自動車市場の状況、経済の構造と競争力、労働市場、労使関係など、多くの要因に基づいていますが、一つの注意すべき点を指摘しておきます。一九九五年から二〇〇六年のあいだ、ドイツの自動車産業の全投資額に占める外国直接投資の割合は、一二％から三〇％以上へと拡大しました。西欧諸国全体の自動車産業の中東欧諸国への投資額に占めるドイツの自動車産業の割合は最も高く、ポーランドの事例でみたように、ドイツは中東欧諸国の自動車、自動車部品などの製品の最大の輸出相手国です。ドイツの加工産業全体の外国直接投資に占める自動車産業の割合は、二〇一一年には一三〇〇億ユーロで四一％を占め、最も高くなっています。つまり、ドイツの自動車産業の付加価値連鎖には中東欧諸国の生産拠点が統合され、生産は合理的に低賃金コストの中東欧諸国と技術レベルの高いドイツとに分配されているということがいえます。労働分配の合理化の証明となるのは、ドイツ国内の一九九一年から二〇一三年の自動車生産台数の推移と、生産されている自動車一台あたりの価値の増加率です。ドイツ銀行の調査によると、一九九一年から二〇一三年にかけて、ドイツでの自動車生産台数は一六・六％拡大しました。それに対して、生産されている自動車一台の平均価値は八一％増加しています（Deutsche Bank Research, p. 3）。一方で、フランスやイタリアのメーカーは、付加価値連鎖の合理化ではなく、生産コストの削減のみを目的として、自国から中東欧諸国などの低生産コストの拠点へ移転しました。

スペイン、ポルトガルなど、一九八〇年代に日本の企業を含む西洋の自動車産業の投資先であった国々の落ち込みに関して簡単に説明しますと、スペイン、ポルトガル、ベルギーいずれの国も、労働賃金コストをはじめとする労働条件の面で、中東欧諸国に対抗できず、技術、品質、生産性などの面ではドイツに対抗できないという中途半端な状態にとどまっているということです。

最後に、今後の中東欧諸国の発展に関して、二つのポイントを挙げたいと思います。まずは、自動車に対する品質性・安全性などとも関連し、中東欧諸国への技術的なアップグレードの圧力がますます高まってくるということです。アウディのドイツ・インゴルシュタット工場と比較して、アウディ・ハンガリーのA３の新生産ラインは現在、最も進化した生産技術を備えた工場です。賃金コストに関していうと、トルコ、モロッコなどの国々との競争が激しくなってきます。トルコではすでに一一二万台が生産されており、軽商用車を中心にヨーロッパの自動車産業の重要な生産拠点となっています。一九九六年にE

Ｕとの関税同盟協定が発効され以来、トルコはＥＵで販売される軽商用車の最大の生産拠点となった。

もう一つのポイントは、中東欧諸国の自動車市場に関するものです。低い賃金レベルと国民所得のため、自動車生産台数の拡大と比較して、中東欧諸国の自動車市場での販売台数の拡大は大きく遅れています。中東欧諸国では中古車の販売が非常に多く、現地で生産される自動車の九六％が輸出されています。二〇一三年に中東欧諸国の自動車の生産台数は三五〇万台にまで拡大したにもかかわらず、国内の新車市場はそれほど発展していません。自動車生産が行われていないバルト三国とブルガリアを除いて、二〇〇七年には中東欧諸国での自動車の販売台数は初めて年間一〇〇万台を超えましたが、二〇〇九年以降は六五万台前後で推移しています。将来的には、低生産コストの生産拠点としてではなく、国民の十分な購買力に基づく大きな自動車市場へと成長させることが、西欧諸国の自動車メーカーにとって重要になってくると思われます。

ヨーロッパ自動車メーカーの中東欧諸国戦略

次に、中東欧諸国での自動車市場を中心に、フォルクスワーゲンとルノーの異なる戦略を比較してみましょう。フォルクスワーゲンとルノーにはさまざまな共通点があります。両社はともに戦後、国営企業であり、フランスとドイツの経済システムを代表する企業でした。現在も、政府または州政府は重要な株主であり、フランス政府はルノーの株式の一五％を、また、ドイツのニーダーザクセン州はフォルクスワーゲンの約二〇％の株式を保有し、フォルクスワーゲンでの拒否権を持っています。両社は、政府との結びつきを背景に、労働社会政策、労働福祉政策、労使関係などの分野で、それぞれの国において主導的な役割を果たす企業であり、そういった意味においても両国の最も代表的な企業であるといえます。

戦後の両社の企業戦略を比較すると、フォルクスワーゲンは一九五〇年代にはすでにブラジル、メキシコ、アメリカに海外生産拠点を設立し、現地生産によって海外市場に進出しました。一方で、ルノーはフランスのナショナル・チャンピオンとして、国内およびヨーロッパ、とくにEC諸国の共同市場に集中しました。ルノーの国際戦略は主に輸出を基本とし、海外での現地生産は、一九八〇年代まで、スペインとアルゼンチンに限られていました。

フォルクスワーゲンは、アウディの買収により一九六四年以降、多数のブランドを生産するメーカーとなり、一九八六年にはスペインのセアットを、一九九〇年代にはランボルギーニ、シュコダ、ベントレーを買収し、ブランドポートフォリオをスーパースポーツカー・超高級車にまで拡大しました。それとともに、一九八〇年代以降は、中国をはじめ、中東欧諸国、インド、そして近年では再びアメリカに多くの生産工場を設立し、グローバルプレーヤーとなりました。

フォルクスワーゲンが複数ブランドと現地生産の大幅な拡大という国際戦略を実践したのに対して、ルノーは国内およびヨーロッパでの販売台数の下落により、一九八〇年に深刻な危機に直面するようになりました。リストラと、エスパスなどの大人気となった新モデルにより危機を乗り越えられましたが、AMC社（American Motor Company）の買収やボルボとの合併は成功せず、一九九〇年代末までのグローバルプレーヤーとなる国際戦略は立て続けに失敗しました。これらの国際戦略の中でとくに、一九九一年にシュコダの買収に失敗し、チェコ政府がシュコダをフォルクスワーゲンに売却したことが、ルノーに最も大きな影響を与えました。一九九六年、ルノーは民営化され、一九九九年には日産と資本提携を結びました。同年、ルーマニアのダチアを買収し、二〇〇〇年には韓国のサムスンも買収しました。そして、フォルクスワーゲンから遅れること二〇年、二〇〇〇年代に入って、ルノーもグローバルプレーヤーとなりました。

フォルクスワーゲンとルノーの中東欧諸国戦略を比較する前に、将来の両社の総合的な経営・戦略方針を紹介します。フォルクスワーゲンは多数のブランドを擁して世界市場に進出し、ブランドにより市場を差別化する戦略を実施しています。フォルクスワーゲンは傘下のブランドを、スポーツブランドとクラシックブランドの二つのグループに分けて、スポーツブランドグループはアウディ、クラシックブランドのグループはフォルクスワーゲンが担っています。このことから、フォルクスワーゲンコンツェルンの中心企業はフォルクスワーゲンとアウディであることがわかってきます。フォルクスワーゲンコンツェルンの各ブランドの独立性は比較的高いですが、グループ内のブランドは互いに競争しないことが基本方針です。このブランドによる市場の差別化戦略に基づいて、フォルクスワーゲンはＭＡＣＨ18という計画を策定し、二〇一八年までに生産台数で世界最大、利益率を最高のメーカーにするという企業目標を発表しました。

ルノーはフォルクスワーゲンと異なり、より地理的な市場戦略を実施しています。まず、自動車の販売台数の拡大可能性が発展途上国で最も高いことを認識し、とくに中南米、ロシア、東欧、地中海に面する国々や北アフリカなど、購買力が高まりつつある国に集中しています。そのうえで、自社のブランドと日産、サムスン、ダチアのあいだで市場を地理的に差別化し、日産はアジアと北米、サムスンは韓国、ダチアは主に地中海諸国と東欧、ルノーはヨーロッパと中南米に集中するという戦略を実施しています。また、技術面ではハイブリッド自動車を飛び越え、ガソリンエンジンから直接電気自動車の開発と販売へ力を注いでいます。

ルノーとフォルクスワーゲンの中東欧諸国の戦略において、シュコダとダチアのブランドは大きな役割を持っています。シュコダは非常に長い伝統をもつ技術開発力の高いメーカーで、社会主義時代には、チェコスロバキア、ハンガリー、ポーランドなどの国々で支配的なマーケットシェアを持っており、非常に評価の高いブランドでした。それに対してダチアは、社会主義時代はルノーのライセンスメーカーにすぎず、自前の技術開発力を持たず、また、品質、信頼性などに対する評価も低くて、市場はルーマニアに限定されていました。

シュコダの伝統をもとに、フォルクスワーゲンはシュコダの高いブランド力を回復、中東欧諸国の市場を中心に販売を拡大し、シュコダのブランドで、フォルクスワーゲンとアウディのブランドも中東欧諸国に導入しました。シュコダの自動車の品質は高く、設備はフォルクスワーゲンのモデルよりやや簡素ですが、その分、低価格でリーズナブルなブランドです。だからといって、シュコダの市場は中東欧諸国に限られているというわけではなく、シュコダの販売ネットによりドイツ、イギリスなどの西欧諸国のすべての市場においても自動車を販売し、インド、ロシア、中国でも現地生産を行っています。また、シュコダは研究開発も行っており、一九九一年以降、フォルクスワーゲンとアウディが並んで、グループの中の独立性の高い完成自動車メーカーとなっています。

フォルクスワーゲンと同じく、ルノーもルーマニアのメーカーであるダチアを買収し、ダチアは一九六八年から、ルノーのライセンスに基づいて自動車を生産しました。ダチアは伝統的なヨーロッパのメーカーではなく、ブランドの評価と認知度も低く、単なるルーマニアのライセンスメーカーでした。

フォルクスワーゲンのシュコダと比較して、ルノーのダチア戦略は大きく異なっています。ルノーは、ダチアにより革新的な自動車開発と生産コンセプトを実施し、それまでになかった低価格の自動車セグメントを確立しました。このコンセプトはなぜ革新的であったかという理由として、以下のことが挙げられます。

ルノーのコンセプトは、ダチアの自動車開発コストと流通、販売、マーケティングなどのコストをできる限り抑制するということです。ダチアの自動車に搭載されているすべての部品、つまり、エンジン、トランスミッションなど技術の高いものから、ハンドル、シート、ワイパーなどの単純な部品まで、すべてルノーがすでに開発したものであり、ルノーの前世代の自動車に搭載されたものです。つまり、すべての開発コストはすでにルノーのモデルの生産と販売により回収されているのです。そのうえ、ダチアの車体のデザイン開発の条件は、魅力的なデザインを開発することではなく、コストを削減するために生産しやすいデザインを開発することです。生産は、ルーマニア、モロッコなどの低生産コストの途上国で行われ、流通と販売はルノーの販売ネットワークが担当することで、ダチアのロガン一台の販売価格は中東欧諸国市場では六〇〇〇ユーロ（約七五万円）となっています。

ダチアの自動車は主に購買力の低い途上国向けですが、フランスをはじめ、西ヨーロッパの先進国でも人気になりました。西欧諸国でターゲットとしている顧客は、従来中古車を購入していた層です。西欧諸国では、ダチアを購入した顧客の八〇％は、生まれて初めて新車を購入したということです。

ダチアの生産工場はルーマニア国内のみで、年間四三万台を生産しています。ルーマニア以外のダチアのモデルはルノー工場で生産されており、市場によってダチアのブランドではなく、ルノーのブランドロゴで販売されています。二〇〇四年にダチア・ロガンの生産が始まって以来、生産台数は毎年約三〇％の割合で増え、二〇一三年には一〇八万台となり、ルノーの全生産台数二六三万台の四一％を占めるようになりました（ルノーの二〇一三年次報告書）。ダチア・ロガンの主な市場は、中東欧諸国、中南米、ロシア、北アフリカなどです。

ルノーはダチアのロガンプログラムの利益率を発表していませんが、自動車産業の研究者によると、ダチア・ロガンの新自動車開発・生産コンセプトによって、ルノーは完成自動車メーカーの中で最も高い利益率を達成しているということです。

このように、フォルクスワーゲンとルノーは、中東欧諸国戦略だけではなく、企業戦略においてもまったく異なっています。中東欧諸国に関して将来、ルノーかフォルクスワーゲン、いずれの戦略が成功するかは、主に今後の中東欧諸国の国民所得の増加次第であると思われます。

３　ＥＵとヨーロッパの自動車産業

最後の課題は、ＥＵと自動車産業の関係、そしてヨーロッパの自動車産業の未来についてです。二〇〇〇年以降、世界の自動車産業は大きく変化しつつあります。これらの変化には、とくに二つの傾向が顕著です。まず第一番目の傾向は、自動車の市場と生産が先進国から新興国または途上国へシフトしていることです。一九九七年のＯＥＣＤの研究によると、二〇一五年までには、日本・韓国以外のアジア諸国での自動車の生産台数はアメリカでの生産台数のレベルに達すると予測されていました。二〇一五年のアメリカおよび日本・韓国以外のアジア諸国での自動車の生産台数は、それぞれ二二〇〇万台になると予測されていました。実際には、二〇〇八年にはアジア諸国の生産はアメリカを上回り、二〇一三年には三〇〇〇万台に達しました。この数字から、過去一五年間に自動車産業の構造が、いかに大きく変化したかがわかると思います。一九九九年には世界の七三％の自動車が、日本、韓国、アメリカ、西ヨーロッパで生産されていました。それが二〇一三年には、四七％にまで減少しています。一方で、日本・韓国以外のアジア諸国での自動車の生産台数の割合は、六％から三六％に増加しました。中南米と中東欧諸国での生産も、一一％から一七％に拡大しています（ＯＩＣＡによる）。今後もこの傾向、すなわち、先進国から中国をはじめ、東南アジア、インド、南アメリカ、東ヨーロッパへの生産と市場のシフトは続くと思われます。

第二番目の傾向は、先進国では自動車と個人のモビリティの持続可能性に対する要求が高まってくるとともに、より優れた安全性と環境性をもつ自動車を開発するよう、自動車メーカーに対する政治的圧力も高まってくるということです。また、先進国の人々の自動車に対する価値観と要求が変化しつつあることも挙げられます。若者の自動車離れは日本だけでなく、ヨーロッパでも見られる傾向です。

これら二つの相反する傾向に対して、自動車産業に大きな影響力をもつEUは、どのような立場に立っているか、また、どのような政策を実施しているかについて、以下に短く概説します。

EUにとって、自動車産業は非常に大事な産業です。自動車産業は全EUのGDPの三％を占め、二〇〇万人が直接的に、一〇〇〇万人が間接的に雇用されています。自動車関連の税収はEU加盟国全体の税収の八％を占め、自動車と自動車部品はEU域外貿易の五％を占めます。また、EU全体の研究開発費に占める自動車産業の割合は二〇％で、自動車産業はEUの技術発展に大きく貢献しているといえます。

EUと自動車産業の関係は一九七〇年までさかのぼります。一九七〇年代には、アメリカや日本同様、当時のEC加盟国に対して、排気ガス基準をはじめとするさまざまな自動車の環境性と安全性に関する規制を導入しました。それをベースに、一九九二年にはEUROというEUの自動車エンジンに関する排気ガス基準が導入されました。一九九七年に京都議定書が採択された後、EUは、ヨーロッパ、日本、韓国のメーカーと交渉し、二酸化炭素などのグリーンハウスガスの排出を削減するタイムテーブルに合意しました。環境政策と関連して、二〇〇〇年には使用済み自動車の指令（"End-of Life Vehicles Directive" ELV指令）を発表し、自動車のリサイクルを規制しました。

環境政策以外にも、競争政策をはじめ、研究開発政策、地域開発政策などの分野でＥＵと自動車産業には深いかかわりがあります。中でも、とくに注目すべきは社会福祉政策と労働政策です。労働政策に関して、ＥＵは一九九四年には多国籍企業を対象にした経営評議会のガイドラインを発表しました。このガイドラインにより、多国籍企業で働く人に、マネジメントから情報を得る権利とマネジメントと交渉する権利が与えられました。このガイドラインは二〇〇九年に見直され、それに基づいて、従業員は国境を越えた雇用の確保のために協力することが可能になりました。

世界自動車産業の変化を背景に、ＥＵは二〇〇三年、ヨーロッパの自動車産業の競争力を、二一世紀も確保するための重要課題を議論するために、ヨーロッパの自動車産業の利害関係者によるハイレベルグループを立ち上げ、CARS21というプログラムを開始しました（CARS21はCompetitive Automotive Regulatory System for the 21th Century の略）。このCARS21のハイレベルグループは、ヨーロッパの自動車メーカーの代表者、欧州委員会の自動車産業とかかわりのある委員、ＥＵ加盟国の経済大臣、交通大臣または環境大臣といった各国政府の代表者で構成されました。CARS21の目標は、二一世紀もヨーロッパの自動車の大量生産拠点の地位を確保し、イノベーションを支援することでした。そのためCARS21は、新しいエンジンの技術、代替エネルギー、安全な自動車を生産するというテーマをめぐって、ＥＵに具体的な一八の案を提出し、二〇一二年には、最終報告書が発表されました。CARS21の最終報告書が発表された直後に、ヨーロッパの経済危機とユーロ危機が発生し、自動車産業が直面する課題を議論するため、ＥＵは再び欧州委員会、加盟国政府、自動車メーカー、自動車産業協会、ＮＧＯの代表者を招集して二〇一四年一〇月にCARS2020の最終報告書を発表しました。CARS2020はEUのヨーロッパ2020の戦略を連想させます。ヨーロッパ2020は、スマートで持続可能性のある包括的成長を目標とし、環境政策・雇用政策における意欲的な戦略です。CARS2020に関連するヨーロッパ2020が掲げた環境政策目標は、二〇二〇年までに全エネルギー需要の二〇%を代替エネルギーとする、エネルギーの効率性を二〇%高める、二酸化炭素排出の二〇%削減するなどがあります。

CARS21同様、CARS2020も、ヨーロッパの自動車産業は環境性・安全性、新エンジンの技術開発、再生可能エネルギー、新モビリティなどの面でイノベーションのリーダーシップをとることができれば、世界の自動車産業における現在の地位を確保することが可能であるとしています。EUの役割は、ヨーロッパの自動車産業が将来、技術のイノベーションにおいてリーダーシップをとることができるよう、競争に中立な立場からEUの枠組み内で支えていくことです。

【注】

1　ベンツの全自動車の販売台数に占める銀色の割合は五〇%以上といわれている。

2　二〇〇五年以降、ポルシェがフォルクスワーゲンを買収する計画があったが、二〇〇八年のリーマンショックの影響で、ポルシェとフォルクスワーゲンの株価が下落し、株式買いつけによる買収が失敗、逆にフォルクスワーゲンがポルシェを買収することになった。

3　ルノーは、日産の株式の四四・四％を所有し、日産は、ルノーの株式の一五％を所有している。しかし、日産の所有する株は無議決権株であるため、ルノーへの影響力は限定される。ダイムラーとは互いに三・一％の株式を持ち合っている。

参考文献

ブングシェ・ホルガー（二〇〇八）「ＥＵの拡大・深化とヨーロッパ自動車産業」海道ノブチカ『ＥＵ拡大で変わる市場と企業』日本評論社、一三一―一七三頁。

Freyssenet, Michel et al. (ed.) (2003): Globalization or regionalization of the European car industry? Houndmills et al.

インターネット：

Deutsche Bank Research (2014): Zukunft des Automobilstandorts Deutschland
https://www.dbresearch.de/PROD/DBR_INTERNET_DE-PROD/PROD0000000000333574/Zukunft+des+Automobilstandorts+Deutschland.PDF

Polish Infromation and Foreign Investment Agency PAIZ (2010): Automotive industry in Poland
http://www.paiz.gov.pl/files/?id_plik=14305

ACEA (The European Automobile Manufaturers Association): www.acea.be

OICA (International Organization of Motor Vehicle Manufacturers): www.oica.net
Statistisches Bundesamt: www.destatis.de
VDA (Verband der deutschen Automobilindustrie): www.vda.de

第6講

EUの企業形態

アングロサクソン型企業経営

医学とか法学と同じように戦前の日本の経営学は、ドイツから強い影響を受けてきました。戦後、アメリカの資本援助とともにアメリカの管理技法が日本に導入され、それと同時にアメリカ経営学が日本に入ってきて、大きな影響を及ぼしました。したがって戦後に新たに設立された大学では、主としてアメリカ経営学を中心に研究が行われてきましたが、関西学院大学では、ドイツ経営学研究の伝統がそのまま戦後も引き継がれてきました。もともと関東では一橋大学、関西では神戸大学がドイツ経営学研究の中心でしたが、どちらも一九七〇年代以降、アメリカ経営学の研究が中心となり、両大学には、ドイツ経営学の研究者が今はほとんどいないという状況です。したがって日本の経営学界の中でも、関西学院大学は特徴のある学派を形成しております。

この科目は、ＥＵＩＪ関西への提供科目の一つです。ＥＵＩＪ関西は、神戸大学と関西学院大学と大阪大学とのコンソーシアムであり、学生にＥＵについてもっと知ってもらおうという主旨で、欧州委員会および東京の駐日欧州連合代表部の財政的な支援を得て活発に活動しています。駐日欧州連合代表部の意向は以下の点にあります。資本主義にはアメリカ型だけではなく、ヨーロッパ型もあり、そういう資本主義の多様性を日本の学生にもっと知ってほしいという意向です。私はドイツ経営学を専攻していた関係でこのＥＵＩＪ関西の事業にかかわってきました。

本日は、ＥＵにはどのような企業形態があるのかについて、ドイツを中心に話をし、来週は、ドイツのコーポレート・ガバナンスについて講義をしたいと思います。まず、アングロサクソン型の企業経営とヨーロッパ型の企業経営がどのように違うのかを明らかにします。最初にアングロサクソン型の企業経営から見ていきたいと思います。一九八〇年代後半から、アメリカでは株主の利益を重視したコーポレート・ガバナンス論が台頭してきました。その背景には、一九七〇年代にフリードマンら新自由主義の経済学者が相次いでノーベル経済学賞を受賞し、一九八〇年代以降、アメリカでは新自由主義的な経済思想が広まり、それがアメリカの経済政策に反映されてきました。その基本的な考え方は、株主価値の極大化という点にあります。

コーポレート・ガバナンスにおいては、会社は誰のものかという議論がありますが、新自由主義経済思想に基づくと会社は株主のものであり、経営者は、単に株主から権限を委譲された代理人にすぎないということになります。株主価値の極大化こそ経営者の仕事であり、株主は経営者が株主の意思どおりに経営を行っているかどうかをチェックするという考え方が、一九八〇年代から発展してきました。こういう考え方は、徹底した市場原理主義を前提にしています。すなわち市場にすべてを任せる自由競争が最大の前提であり、強い者が勝って、弱い者は市場から退出することになりますが、その際でもセーフティネットが十分に設けられているわけではありません。それは自己の責任で、したがって市場原理主義のもとでは福祉の見直しと切り詰めが行われることになります。

こういう政策を推進したのは、アメリカではレーガン大統領であり、レーガノミックスにより規制撤廃と厳しい市場競争により経済を活性化しようとしました。日本の場合は中曽根政権のもとでの行政改革と民営化に始まり、それが徹底的にあらわれたのが小泉首相の時代の郵政民営化であります。それまで戦後の経済政策としては護送船団方式という形で、例えば、金融では巨大な銀行も中規模の銀行も過度の競争を避けて全体の利益を確保してきましたが、その方針を転換し、自由競争に任せる形に変わってきました。イギリスの場合は、サッチャー首相が金融ビッグバンや国営企業の民営化によりサッチャリズムとして新自由主義的経済改革を推し進めました。

この徹底したアングロサクソン型の経済政策や企業モデルがグローバル・スタンダードとして普及し、グローバリゼーションの中でヨーロッパ、あるいは日本にも影響を及ぼしました。例えば、ドイツのダイムラー・ベンツがアメリカのクライスラーを合併しました（一九九八）。ただし、二〇〇七年にクライスラー部門を売却し、現在は社名をダイムラーとしています。また二〇〇〇年には、イギリスのボーダフォン・エアタッチという携帯電話会社が、ドイツの歴史ある鉄鋼、鋼管のメーカーであるマンネスマンに敵対的買収をかけました。マンネスマンは一八九〇年に設立された会社で、一〇〇年以上の歴史をもつ会社ですが、一九七〇年代にさまざまな多角化を展開し、それが携帯電話部門にまで及びます。マンネスマンの敵対的買収については、ドイツ国内でかなりの反対運動もありましたが、ボーダフォン・エアタッチは買収に成功しマンネスマンを合併してしまいます。ただ、ボーダフォンがほしかったのは携帯部門だけですので、製鋼部門などはいらないということで売却してしまいました。このように、一〇〇年以上の歴史のあるドイツの鉄鋼会社をすべて切り売りして、売りさばいたので、ボーダフォンによる敵対的買収によってマンネスマンがなくなってしまうという出来事が起こりました。

ヨーロッパ型企業経営

このようにグローバリゼーションの影響は非常に強いのですが、ヨーロッパにはアングロサクソン型とは異なるヨーロッパ型の企業モデルがあります。それを象徴するのが、社会的市場経済というキーワードです。ドイツ語で soziale Marktwirtschaft といいます。sozial という言葉は、非常に日本語に訳しにくい言葉ですが、社会的に公正な市場経済、資本主義経済という意味です。資本主義経済の中で、資本と労働が対立した場合、労働側のほうが弱い立場にありますが、このような社会的な弱者に対しても、その利害も考慮して資本主義を運営しましょうという発想が、この社会的市場経済の理念です。

第二次世界大戦後、一九四五年から一九四九年まで、ドイツは連合軍の占領下に置かれますが、一九四七～一九四八年頃から米ソ対立が激しくなり、その結果、東側占領地区は東ドイツ（ドイツ民主共和国）、西側占領地区は、西ドイツ（ドイツ連邦共和国）として、それぞれ体制の異なる国として成立してしまいます。そして、西ドイツで一九四九年に初めて総選挙が行われたときに、保守党であるキリスト教民主同盟の選挙スローガンとして「社会的市場経済」という理念が提示されました。当時のエアハルト経済大臣のブレーンであったミュラー・アルマックという経済学者のこの考え方がその後、ドイツとＥＵの基本的な考え方になっています。その根底にあるのは、株主だけが企業や経済の担い手ではないという考え方です。出資者以外に労働者、労働組合、消費者、国家、自治体といった、さまざまなステイクホルダーが企業の経営にかかわっていますので、それらのステイクホルダーの利害も考慮して経済を運営しましょうという考え方です。

ヨーロッパ型の企業モデルにおいては、市場原理を無制限に適用するのではなく、必要な場合は、その作用を分野によっては規制することで、政府が社会的な目的のために制度を設計していくという点に特徴があります。もちろん出資者がいないと資本主義経済は動かないので、株主利益は非常に重要な目標の一つではありますが、それだけを企業経営の目標とはせず、できるだけ平等な社会で格差の少ない、安定した資本主義社会をつくろうという考え方です。資本主義社会では、市場の競争の中で弱者がドロップアウトする場合がありますが、そういう弱者に対して社会政策により政府がセーフティネットを設け、安定した社会をつくることを目指しています。ヨーロッパには社会思想と経済思想の長い歴史がありますので、そういう社会思想に基づいた経済政策を運営し、市場の欠陥を補うために政府が大きな役割を果たす点にヨーロッパ型の資本主義の特徴があります。

社会的市場経済

ヘルムート・シュミットは、一九七〇年代の社会民主党政権の二代目の首相ですが、彼は一九九〇年代に大学の講演の中で、アメリカ型のグローバリゼーションにおける投機的な株主価値極大化を批判して、「株主のための価値極大化が推進されると、会社の顧客、同僚、従業員に対する責任がとれないという危険がある。ヨーロッパ大陸の産業民主主義国家では、アメリカ的な見本は問題外である。ドイツもそうだが、むしろ、ヨーロッパはある中道を見いださなければならない。つまり、公共の福祉こそ最高の掟である。エゴイズムが最高の掟であってはならない」と述べています。その根底にあるのが社会的市場経済という理念です。

この社会的市場経済原理には四つの柱があります。①競争秩序の維持・形成、②社会的介入の規制、③生産手段の私的所有、④社会的公正の四つです。一番目の競争秩序の維持・形成は、まず自由に競争ができる秩序をつくることが政府の役目であることを意味しています。ところで、自由競争を極限まで推し進めるとどうなると思いますか。自由競争をすればするほど、当然ですが、先ほどの新自由主義経済思想のところで述べたように、強い者が勝って弱い者が市場から退出することになります。つまり自由競争は独占へと移行し、自由競争ができるフレームワークがなくなってしまいます。そこで、ドイツでは一九五七年に自由競争を維持するために、日本の独禁法にあたる競争制限禁止法が成立し、一九五八年に施行されています。矛盾のように思えますが、自由競争を放置すれば独占へ移行するので、そのために独禁政策によって競争秩序を維持することになります。そういう自由競争のための枠組みをつくることが国家の役割であるということを意味しています。

二番目の社会的介入の規制は、先ほど規制の話を少ししましたが、国家が全面的に市場をコントロールするということではなく、景気の悪化に対して金利政策などで景気浮揚策をとる程度の介入にとどめ、それ以外はできる限り国家の市場への介入は最小限度におさえることを意味しています。

三番目の柱は、生産手段の私的所有です。冷戦の時代、社会主義の東ドイツでは、産業の国有化が図られ大企業の場合、生産手段は国家の所有でした。それに対して、西ドイツは自由主義経済ですので生産手段は企業者の私的な所有であり、資本側に私的に所有されています。したがって、経済活動の結果である利潤ないし利益は企業者に帰属します。これら三つの柱は、自由主義経済の典型的な特徴を示していますが、そこに社会的（sozial）という形容詞がかかっているわけです。これは、社会的弱者である労働側に対して国家が社会政策に基づいて社会的公正を重視した経済運営を行うことを意味しています。これが四番目の柱です。

当然、景気が好況か不況かによって「市場経済」の側面か、「社会的」側面かのどちらに重点を置くかが変わりますし、また政権がキリスト教民主同盟という保守党が担当するか、労働組合を支持母体にもつ社会民主党が政権をとるかによって「社会的」側面に重点を置くか、「市場経済」の側面を重視するかは異なります。このように強弱はありますが、どちらの政党が政権をとっても、この基本方針である社会的市場経済という理念は一貫しています。この点が、アングロサクソン型資本主義とヨーロッパ型資本主義の大きな違いであります。

共同決定制度

企業経営で社会的側面が典型的にあらわれるのが、ドイツの場合は共同決定という従業員の経営参加制度です。北欧、ドイツなどヨーロッパ各国で従業員の経営参加がさまざまな形で進められていますが、ドイツの場合は、ワイマール共和国の頃からの長い歴史があり、従業員の経営参加が法律で規定されています。株式会社の場合、ドイツではトップマネジメント組織が監査役会と取締役会の重層構造（二元制システム）になっており、一元制システムを採用している日本あるいはアメリカとの典型的な違いは、監督機関である監査役会と、業務執行機関である取締役会が明確に分かれている点です。そして従業員二〇〇〇人を超える株式会社と有限会社では、この監査役会に労働側が半数参加しており、資本側と労働側とで専門経営者である取締役をガバナンスする仕組みが制度的に整備されています。

監督機関であるドイツの監査役会は、日本の監査役会とはかなり性格が異なり強大な権限を持っています。まず第一に、専門経営者である取締役の任免権を持っていますし、第二に、取締役会の一定の意思決定事項に関して同意権を留保しています。つまり取締役会が決定したことを拒否する権限を持っています。例えば、工場の国外への移転とか、大規模な投資案件とか企業の合併などに関しては、監督機関である監査役会が同意権を留保しています。監督機関である監査役会は、従業員が二万人を超えると二〇名で構成され、資本側と労働側の監査役はそれぞれ一〇名です。ドイツの大企業の多くは株式会社形態を採用していますので、大企業の監査役会は労資が同数であり、大きな権限を持っています。

ドイツの企業形態

社会的市場経済を体現しているのが、企業の中では共同決定制度であり、労資同数の監査役会において資本側の利害と従業員側の利害を労資が協調しながら実現しています。今日のテーマがＥＵの企業形態ということなので、ステイクホルダーの中でとくに重要な出資者利害と従業員利害のうち、今日は出資者利害について見ていきたいと思います。出資者の利害を実現するために一番重要なのは、どのような企業形態を選ぶのかという点です。企業形態に応じて、トップマネジメント組織も変わりますし、開示の基準も違ってきます。また従業員が経営参加するかどうかも異なってきます。ＥＵの企業形態の典型的な例として、ドイツの企業形態について話すことにします。

一番原始的な企業形態は個人企業です。商店街の商店を考えていただくとわかりやすいと思います。出資者は、その店の主人一人であり、その人が自分で経営しているという形態です。この企業形態はドイツでは全事業所の七割ぐらいを占めています。ドイツの独占委員会の報告書をみると過去の統計では一〇〇大企業の中にたまに個人企業が一社、二社が入ってくる場合があります。例えば、一九六九年の開示法が制定されるまではコンツェルンの親会社を個人企業形態のままで置いておけば、同族会社の場合、株式会社のようにあらゆる情報を開示する必要がありませんでした。過去に個人企業形態で巨大なコンツェルンの親会社が運営された例として、クルップ商会があります。

歴史的に次に出てくる企業形態が合名会社です。個人企業でうまく事業が進んで、さらに大きくしたいけれども、出資者が一人では資本規模が小さく、銀行もなかなかお金を貸してくれない。そこで同業の個人企業がいくつか集まり、合名会社を設立すれば、資本規模を大きくすることができます。当然、個人企業が集まった企業形態なので、出資者全員が経営に携わり、かつ債権者に対しては会社の財産だけではなく、もし倒産すれば、自分の家とか土地とか個人の財産を使ってでも無限責任を負うことになります。無限責任の企業形態ですので日本では合名会社は少ないですが、ドイツの場合は全事業所の八％程度あります。

合名会社で企業を運営して、さらに事業を拡大したいというときに、歴史的に次に合資会社形態が生まれます。合名会社の問題点は、出資者を増やせば、それだけ経営者も増えてしまう点にあります。全員が無限責任の出資者ですので、経営に携わりますが、本来必要なのは資本の規模であって、決して経営者の数ではありません。そこで、出資はするけれども、経営には携わらない出資者を加え、経営者の数は増やさなくても資本規模を拡大できる合資会社が出現します。その際経営に携わらない出資者に対して無限責任を負わせることは酷なので、もし企業が倒産した場合には出資額を限度に責任を負えばよい有限責任制が導入されます。

経営規模をさらに拡大しようとしても、合名会社、合資会社は、親、兄弟、親戚、友人などの人的なつながりを基礎としているので、際限なく拡大することは困難であり、そこには一定の限界があります。

そこで、個人の限界を打破して広く社会から資本を動員する企業形態として歴史的に出現するのが株式会社です。その始まりとなるのが一六〇二年設立のオランダの東インド会社です。

なぜ株式会社では広く社会から資本を動員できるようになったかというと、資本を一定額の株式に分割し、流通証券化したからです。合名会社や合資会社であれば、一人の出資者がまとまったお金を出資しなければならないし、また会社が解散しない限り、出資したお金は、合名会社、合資会社の場合には返ってきません。しかし株式会社では資本を株式に分割して、誰もが出資できる形にした点に第一の特徴があります。最初に株式に対して払い込んだお金は、会社の中で機械になったり、設備になったりしていますが、擬制資本という株式のほうは市場で流通し、順次持ち主が変わります。したがって株主が、株式を売却すれば、株価が上がっていれば増えて返ってくるし、株価が下がっていれば減りますが、何らかの形で回収できます。株式会社の第二の特徴は、株主は全員、有限責任である点です。企業が破たんした場合には、株主は、自分の所有する株式がただの紙切れになるだけで、それ以上経営に対する責任を負う必要はありません。

企業形態の日独比較

ここでドイツの企業形態の特徴を日本と比較したいと思います。日本では全事業所のうちの約四〇％は個人企業形態です。残りの五六％が会社形態ですが、そのほとんどが株式会社です。本来、株式会社形態は、大規模企業に適した形態ですが、日本では二〇〇六年施行の会社法により、ベンチャー企業を育てる意味もあり、資本金一円から株式会社を設立できることになりました。したがって、大企業だけではなく、日本の場合、会社形態のうちそのほとんどが株式会社です。日本で会社といえば、株式会社のことを意味しており、合名会社や合資会社といった人的会社形態は全事業所の一％にも達しません。

ドイツの企業形態の特徴は、二〇一一年の統計によると個人企業が圧倒的に多く、約七〇％を占めています。それに対して株式会社は〇・二五％にしかすぎません。しかしこの〇・二五％の株式会社が全企業の売上高の約二〇％弱を占めているので、大規模な企業が多いことがわかっていただけると思います。では、巨大企業はすべて株式会社かというと、ドイツの場合は、必ずしもそうではありません。二〇一二年刊行のドイツ独占委員会の主要報告書によると、付加価値で測定した一〇〇大企業の企業形態は、二〇一〇年時点で株式会社が六七社、ヨーロッパ会社ＳＥが六社、有限会社七社、合資会社が六社であります。日本では一〇〇大企業の中に合資会社という人的会社が入ることは考えられませんが、ドイツの場合は株式会社以外に合資会社も存在します。その大きな理由の一つは、ドイツでは同族企業が多く、同族企業には人的会社である合資会社形態を利用するメリットがあることです。合資会社の場合には、一定規模までは株式会社の場合のような開示義務はなく、また従業員の経営参加を規定した共同決定法も適用されません。したがって同族企業や同族コンツェルンは、合資会社を選択する場合が多いのです。

ヨーロッパ会社ＳＥ

次に、ＥＵ独自の企業形態であるヨーロッパ会社ＳＥについて少し説明をしたいと思います。ＥＵがどのように拡大してきたかは、第1講、第2講ですでに明らかにされていますが、一九五一年のヨーロッパ石炭鉄鋼共同体条約（ECSC）から始まっています。このECSCから出発してEUは、二〇一四年現在は二八カ国が加盟し、ユーロ圏は、一八カ国です。このEUでは、周知のようにヒト、モノ、カネ、サービスが自由に移動することができます。市場が統一され、通貨が共通であるのならば、各国別に会社をつくる必要があるのかという議論が出てきます。このような考え方に基づいて新たに創出されたのがヨーロッパ会社（Societas Europaea）です。ヨーロッパ会社は、SEという略称を会社名につけることになっています。ヨーロッパ会社SEは、各国の会社法や商法に基づいて設立された株式会社ではなく、EUのヨーロッパ会社法規則に基づいて設立されるEUレベルでの法人です。

国別の株式会社の場合、例えばもしドイツの会社がフランス、イタリア、スペインで活動しようと思えば、それぞれの国に個別に子会社を設立して活動しなければなりません。そうすると、各国の子会社にトップマネジメント組織を置かなければならないので、組織が肥大化し、膨大な経費がかかります。そこで国別に会社をつくるのではなく、EUレベルで一つの会社をつくろうという動きが出てきました。ヨーロッパ会社SEを設立したならば、各国に子会社をつくらなくても、必要な国にだけに支店を置いて、二〜三カ国をその支店が監督すればよいことになります。そうすれば管理組織が非常に簡素化されるので、エネルギーとか電気とか金融といったEUレベルで活動する企業では、ヨーロッパ会社SEに移行したほうが、より効率的に経営できるというメリットがあります。ドイツの大企業で最初にこのヨーロッパ会社SEに移行したのは、アリアンツ（Allianz SE）という保険会社です。

ところで、ＥＵでヨーロッパ会社法規則をつくるまでには、非常に長い時間がかかっています。ヨーロッパ会社法規則が最初に提案されたのは一九七〇年で、成立するのが二〇〇一年です。そのあいだ、加盟国間でさまざまな政治的妥協を繰り返して、三一年かかってようやく成立しました。三年間の猶予期間を置いて、二〇〇四年から実際にＥＵでヨーロッパ会社ＳＥが設立されました。ドイツでこの形をとっている大企業は、ほかにもいくつかあります。ＢＡＳＦという化学会社はもともとＢＡＳＦ　ＡＧというドイツの株式会社ですが、現在はＢＡＳＦ　ＳＥというヨーロッパ会社ＳＥです。次回はヨーロッパ型の企業経営を踏まえて、ＥＵにおけるコーポレート・ガバナンスについてドイツを中心に話をしたいと思います。

第7講

EUのコーポレート・ガバナンス

会社は誰のものか

前回は、アングロサクソン型の企業経営とヨーロッパ型の企業経営の違いについて説明しました。ヨーロッパ型の企業経営では当然、株主は重要なステイクホルダーですが、株主以外のステイクホルダー、例えば従業員、消費者、取引先、銀行などのステイクホルダーの利害も考慮して経営が行われるという点について話をし、その背景にある考え方を明らかにしました。

アングロサクソン型の企業経営は、一九八〇年代から主流となった新自由主義の経済思想に基づいて運営されています。その根幹にあるのが、徹底した市場原理主義であり、株主価値を極大化しようという考え方です。このような新自由主義の経済思想に基づくコーポレート・ガバナンスにおいては、株主価値の極大化が企業目的であり、会社は株主のものと考えられています。したがって、経営者は単なる株主の代理人であり、株主価値の極大化を目指して経営を行っているかどうかが問題となります。このような考え方が極端に推し進められた結果、二〇〇一年アメリカで巨大なエネルギー会社であるエンロンが監査会社と組んで粉飾決算を行い倒産し、翌年AT&Tに次ぐ全米二位の長距離通信会社であったワールドコムが同じく粉飾決算によって倒産してしまう事件が発生しました。

これに対して、ヨーロッパ型の企業経営では市場原理主義を無制限に適用するわけではなく、社会的な目的のためには、ある程度の規制を行い、株主価値の極大化だけを唯一の企業目標とはしないという考え方に基づいてガバナンスが行われます。アメリカ型の企業経営が、新自由主義の経済思想に基づいているのに対して、ヨーロッパ型、あるいはドイツ型の企業経営は、社会的市場経済原理に基づいています。これは、「社会的」という形容詞が市場経済の前についている資本主義社会を意味しています。社会的な公正を重視し、自由競争の中で弱者に対しては、国家が社会政策によって、できるだけ保護しようという考え方が根底にあります。

ドイツのトップマネジメント組織

この社会的市場経済原理に基づく企業経営が、とくにドイツではどういう形であらわされているかということを、今日はコーポレート・ガバナンスを中心にお話したいと思います。この社会的市場経済という考え方は、フライブルク大学のメンバーを中心とした「フライブルク学派」によって理論化された理念で、それが具体的に企業経営では、従業員の経営参加、とくにドイツの場合はトップマネジメントへの経営参加という形であらわれてきます。

この経営参加の歴史は、すでにワイマール共和国の時代に始まっています。一九一九年にワイマール憲法が制定され、一六五条で労資はパートナーであり、協働して経済の発展に貢献するという理念が打ち出されます。しかしワイマールの時代には、労働と資本はパートナーであるという労資協調の思想、あるいは労資同権の思想は制度としては実現されませんでした。経営協議会法という法律が一九二〇年に制定されますが、ワイマール憲法の理念からは、かけ離れた制度でした。ワイマール憲法の理念が実現されるのは第二次世界大戦後のことです。一九五一年にモンタン共同決定法が成立することによって、ようやく実現します。モンタンという言葉は、いわゆる英語のマウンテンと同じ語源をもつ言葉で、鉱山業である石炭・鉄鋼業を意味します。当時は、重工業がその国の基幹産業であった時代ですので、まず基幹産業から従業員の経営参加を実現しようという考え方です。

どういう制度かという説明に入る前に、ドイツのトップマネジメント組織について先に説明します。トップマネジメント組織には大きく分けて、一元制システムのトップマネジメント組織と二元制システムのトップマネジメント組織があります。例えばアメリカとか日本は、取締役会からのみ構成される一元制システムを採用しています。ドイツの場合は、株式法で監査役会と取締役会から構成される二元制システムが規定されています。一元制システムでは政策を決定して、それを実行し、チェックする機関が取締役会に一体化しています。これに対して、二元制システムの場合には業務執行機関である取締役会と、それを監督する監査役会が法律で明確に区分されています。

アメリカとか日本の一元制システムの場合には、取締役会のメンバーは株主総会で選出されます。取締役会は株主から権限を委託されている受託経営層を意味しています。つまり取締役会は株主の意向を受けて基本的政策を決定し、経営者の業務執行を監督する機関として位置づけられています。ただし、アメリカの場合も日本の場合も一番の矛盾点は、業務執行の長である代表取締役社長、あるいはＣＥＯが監督機関の長である取締役会の会長を兼ねていることです。多くの場合、監督する側の長が監督される側の長を兼任しているので、ガバナンスがなかなか働かないことになります。これが、一元制の問題点です。

これに対して、ドイツに見られる二元制システムの場合には、日常の業務執行を行うのは取締役会であり、それを監督するのが監査役会です。二つの機関が明確に分離されています。日本の監査役会とは異なりドイツの監査役会は、非常に強い権限を持っています。取締役の任免権と取締役会の重要な意思決定に対する同意権を留保しています。一元制システムの場合には、株主総会で取締役会のメンバーが選ばれるのに対して、二元制システムの場合には、株主総会でまず監査役会のメンバーが選ばれ、この監査役会が、日常の業務執行を行う取締役会のメンバーを任命します。

共同決定法の成立

ドイツの共同決定制度のもとでは、本来ならば資本の利害代表で構成される監査役会の中に従業員の代表が入ってきます。先ほどワイマール憲法の理念が実現されたのが、一九五一年のモンタン共同決定法だといいましたが、この法律は石炭・鉄鋼業の従業員一〇〇〇人超えの株式会社に適用される法律です。この法律により、監査役会の中に労働側代表が半数入ってきます。一一名構成の場合、監査役会は資本側代表五名、労働側代表五名および中立の監査役一名から構成されています。その際、労働側代表の中には、企業の外部の労働組合の代表と内部の従業員の代表が入ってきます。ここで注意したいのは、日本では労働組合は企業別労働組合ですが、ドイツの場合は、企業の中には労働組合はなく、企業の外部に産業別の労働組合が存在していることです。例えば、鉄鋼産業の場合だと、従業員は産業別労働組合であるドイツ金属労働組合に所属することになります。またこのモンタン共同決定法のもとでは取締役会のメンバーとして労務担当取締役が選任されますが、労務担当取締役は、監査役会の労働側の代表の過半数の賛成が得られなければ選任できないという規定がありますので、労働側の利害代表、あるいは信託者として位置づけられています。

一九五〇年代、一九六〇年代は、保守党政権下で戦後の復興期に続く高度経済成長期であったため、石炭・鉄鋼業以外では労働者の経営参加を求める動きは、それほど進みませんでした。しかし一九六九年以降、景気が後退し政権が交代します。一九六九年から一九八二年までは社会民主党政権が続きます。この政権は、自由民主党というキャスティングボートを握っている少数政党との連立内閣です。社会民主党の支持母体はドイツ労働総同盟というドイツの労働組合ですので、組合側は経営参加を全産業に拡大することを要求し、社会民主党政権のブラント首相とシュミット首相の時代に、従業員の経営参加が全産業で実現しました。余談になりますが、ブラント首相は、東方政策を推し進め、米ソ対立の激しかった冷戦の時代にポーランドへ行って、ナチスが行ったことに対して謝罪をします。また当時の社会主義国である東ドイツを認めて、東西両ドイツの国連加盟を実現し、東西の緊張緩和に貢献した人物です。

この一九七〇年代の社会民主党政権下で、一九七六年に監査役会の構成を資本側と労働側を同数にする共同決定法が成立します。この共同決定法は、従業員二〇〇〇人超の株式会社と有限会社に適用されます。例えば、従業員が二万人超の場合は、監査役会は資本側代表一〇名、労働側代表一〇名で構成されます。その際、労働側一〇名のうち三名は企業外部の労働組合の代表で、残り六名が内部の従業員の代表です。あと一人は、管理職の代表が入ります。これは社会民主党政権が自由民主党と連立内閣であったため、自由民主党と政治的妥協を行い、本来資本側の利益を代表する管理職を一名、労働者側代表の中に入れたためです。このように労資同数で構成された監査役会が、取締役の任命権と取締役会の重要な意思決定事項に対する同意権を留保しています。ドイツの場合は、このような共同決定制度として社会的市場経済の理念が実現されています。

ドイツの監査役会

業務執行機関である取締役会と監督機関である監査役会が明確に分離しているので、取締役とそれを監督する監査役との兼任は禁止されています。一元制システムの日本の場合には、業務執行を担う全般経営層と政策決定と監督業務を担う受託経営層のメンバーは同一人物です。そうすると監督する側と監督される側が同じ人物なので、ガバナンスが働きにくくなります。それに対して、ドイツモデルの場合には監督する側と監督される側が明確に分離されています。また、取締役であった者が退任した後、すぐに監査役になることはできません。それまで自分がやってきたことを、あくる日からチェックすることになりますので、取締役から監査役に移る場合は、二年間は期間をあけなければいけないということが法律に定められています。

もう一つの特徴は、アメリカ型のコーポレート・ガバナンスでは株主と経営者の一元的な関係のみが取り上げられるのに対して、ドイツ型のコーポレート・ガバナンスにおいては、監督する側の中に労働側の代表が半数入って専門的な経営者、すなわち取締役をチェックするというシステムが制度的にでき上がっている点です。前回話をしたヨーロッパ会社ＳＥというＥＵの法人として株式会社を設立する際にも必ず何らかの形で従業員を経営参加させなければなりません。

では、次に共同決定の具体的な内容について述べることにします。すでに述べたように従業員が二〇〇〇人超の株式会社、有限会社には一九七六年の共同決定法が適応されます。監査役会の構成は労資同数であり、従業員が二〇〇一人から一万人までは六対六、一〇〇〇一人から二万人までは八対八、二万人を超える場合には一〇対一〇の構成になります。ただ、石炭・鉄鋼業に適用されるモンタン共同決定法の場合とは異なり監査役会が偶数構成なので、議決に際し可否同数の場合には、資本側代表である監査役会の会長が二票目を投じることができると法律に定められています。最終的な意思決定権は資本側にあるという形で運用されています。

このドイツの監査役会は非常に大きな権限を持っています。日本の監査役会とはかなり性格が違うと思ってください。まず本来の任務は、取締役会の業務を監査・監督することにあります。しかしそれ以上に取締役の任免権を持っています。専門的な経営者の人事権を労働側と資本側が対等に持っているということです。我々日本人にとってはなじみにくい考え方ですが、社会市場経済の理念を実現するために制度上、取締役の任免権を労働側と資本側が共同で持っており、労働側も専門的な経営者をガバナンスできる枠組みがつくられています。またすでに述べましたが監査役会は、取締役会の一定業務に対して同意権を留保しています。つまり業務執行の長である取締役会の会長が決めた意思決定を労働側と資本側で構成する監査役会が拒否できるということを意味します。

この典型的な例が、二〇〇四年のダイムラー・クライスラー（現ダイムラー）による三菱自動車に対する支援の撤回です。当時、三菱自動車がダイムラー・クライスラーと資本提携をしており、ダイムラー・クライスラーが三菱自動車の三四％の株式を持っていましたので、三菱自動車がリコール隠しなどで非常に経営が悪化したとき、ダイムラー・クライスラーの取締役会は三菱自動車に大規模な財政援助をするという意思決定をしました。ところが、ダイムラー・クライスラーの監査役会は即座に臨時の監査役会を開いて、この決定を拒否しました。それによって三菱自動車はさらに苦境に陥るわけですが、資本側は、三菱自動車を支援すればダイムラー・クライスラーの本体が危なくなるので、そういうリスクを認めなかったわけです。ドイツ最大の銀行であるドイツ銀行の会長がダイムラー・クライスラーの監査役会の会長を兼務してましたので、銀行の立場から資本側が拒否し、労働側も、支援によりダイムラー・クライスラーの本体の経営も影響を受けるのであれば、自分たちの職場を確保できなくなると考え、労資がともに組んで専門的な経営者であるダイムラー・クライスラーの取締役会の意思決定を覆してしまいました。

このように監査役会は、取締役会の一定業務、例えば大規模な投資とか工場の国外移転という意思決定に関しては、同意権を留保して拒否権を持っていますので、単なる監督機関ではなく、第二の重要な政策決定の機関としての性格を持っています。ただし、法律上は年に四回開くことが規定されているだけなので開催回数が少なく、どうしてもチェックが事後的になるという問題点があります。

フォルクスワーゲンとポルシェ

では具体的に、ドイツのトップマネジメント組織をフォルクスワーゲンについてみたいと思います。その前にフォルクスワーゲンとポルシェの関係について述べておきます。フォルクスワーゲンの大株主は、ポルシェＳＥ（Porsche Automobil Holding SE、略称 Porsche SE）というポルシェ一族が支配する持ち株会社です。この会社は、ドイツの株式会社ではなく、ＥＵレベルで設立されるヨーロッパ会社ＳＥという企業形態をとっています。ポルシェＳＥが大株主であるため、監査役会の資本側代表の中に、ポルシェ一族がかなり入ってきます。フォルクスワーゲンのほうが会社の規模が圧倒的に大きく、高級スポーツカーを生産しているポルシェ（Dr. Ing. h.c. F. Porsche AG、略称 Porsche AG）自体は、フォルクスワーゲンに比べるとはるかに小さな会社ですが、ポルシェ一族がフォルクスワーゲンを支配しようとして持ち株会社としてポルシェＳＥを設立し、フォルクスワーゲン株を順次取得し、現在フォルクスワーゲンの株式の約五一％を所有しています。

もともとフォルクスワーゲンというのはドイツ語で国民車という意味で、ヒットラーが国民車構想に基づいて、ポルシェの創業者であるフェルディナント・ポルシェに、ビートルという車をつくらせました。今は二代目のビートルが走っています。若い皆さん方は初代のビートルをおそらく目にしていないと思いますが、たまにマニアが乗っています。

次にフォルクスワーゲンのマルチブランド戦略についてもあらかじめ説明しておきましょう。フォルクスワーゲン自体は巨大なコンツェルンですので、その下にたくさんの企業が入っています。現在、フォルクスワーゲンは一二のブランドを所有しています。まず、フォルクスワーゲンブランドとフォルクスワーゲン商業車のブランドを持っています。それから、皆さんがよくご存知のアウディというドイツの高級車のブランドを所有しており、またスペインのセアトとチェコのシュコダもフォルクスワーゲンが支配下に置いています。そのほかにもイギリスのベントレー、フランスのブガッティ、イタリアのランボルギーニもフォルクスワーゲンのブランドです。さらにスカニアというスウェーデンのバスやトラックの会社およびドイツのトラックやバスの会社であるマンSEもフォルクスワーゲンのブランドです。イタリアの二輪車メーカー、デゥカティもフォルクスワーゲンのブランドの一つです。そして一二番目のブランドがポルシェです。

このようにフォルクスワーゲンは、マルチブランド戦略に基づいてヨーロッパの主要な自動車会社を統合した一大コンツェルンです。その株式を現在、ポルシェSEが約五一％を所有しています。もう一つの大株主がオイルマネーです。カタール政府がカタール・ホールディングという持ち株会社をつくって、そこがフォルクスワーゲンの株の一七％を所有しており、またニーダーザクセン州も二〇％を所有しています。

ここでフォルクスワーゲンの監査役会の構成を二〇一三年七月現在でみると、監査役会会長は資本側のフェルディナンド・ピエヒです。カタール・ホールディングから二名監査役に入っており、またＳＥＢ(Skandinaviska Enskilda Banken) というスウェーデンの銀行の取締役会会長が監査役に入っています。さらにニーダーザクセン州が二〇％を持っていますので、ニーダーザクセン州の首相と経済・社会・運輸大臣の二名が監査役に入ってきます。ポルシェ一族からは会長のピエヒとピエヒ夫人を含め五名の監査役がいます。監査役の一人であるヴォルフガング・ポルシェは、ポルシェＳＥの監査役会会長であり、フォルクスワーゲン監査役会会長のフェルディナンド・ピエヒとは、いとこ同士でともにポルシェ創業者のフェルディナント・ポルシェの孫にあたります。

次に労働側の代表一〇名をみるとドイツ金属労働組合の会長が監査役会の副会長であり、ドイツ金属労働組合からさらに二名の監査役が労働側代表に入っています。また先ほど述べたように、共同決定法が社会民主党と保守党の自由民主党との連立内閣で成立したときに妥協が行われたので、管理職から一名が労働側代表に入りました。フォルクスワーゲンではフォルクスワーゲン・マネジメント・アソシエーションという会社の取締役会の会長が労働側に入っています。その他の労働側代表には、フォルクスワーゲンコンツェルンの従業員代表が入っています。

そしてこの労資二〇名で構成される監査役会が専門的な経営者である取締役を選任します。取締役会会長はマルティン・ヴィンターコルンという、アウディの監査役会会長でポルシェSEの取締役会会長でもある人物です。その下にファンクションごとに調達担当、マーケティング担当、人事担当、財務担当および中国担当の取締役がいます。またコンツェルン全体の生産を調整する取締役として、アウディの取締役会会長が入っています。

資本側だけをみると一〇名中二名は、必ずニーダーザクセン州が入るので、残り八名のうち五名がポルシェ一族であり、あたかもフォルクスワーゲンはポルシェ一族の同族会社のような感じがします。しかしここで注意したいのは、ニーダーザクセン州がかなり力を持っている点です。フォルクスワーゲンはドイツの株式法に基づいて設立された会社ではなく、一九六〇年のフォルクスワーゲン法という特殊な法律に基づいて設立されています。もともと国営企業ですので、国が持っていた六〇％の株が、民営化のとき国民株として放出されますが、ニーダーザクセン州は二〇％を持ち続けています。このフォルクスワーゲン法は、実際の持ち株比率にかかわりなく、大株主の議決権を二〇％までに制限していました。また株式法によると株主総会における特別決議には七五％の賛成が必要であり、それを拒否するためには二五％以上の持ち株が必要です。しかしフォルクスワーゲン法はニーダーザクセン州の二〇％の持ち株での拒否権を認めています。

フォルクスワーゲン法

このドイツのフォルクスワーゲン法に対して、欧州裁判所がＥＵ法違反であるという判決を二〇〇七年に出します。ＥＵは人、物、金、サービスの移動の自由を保証していますので、議決権の制限は資本の自由な移動に反するという判決です。そこでドイツ政府は、二〇〇八年にフォルクスワーゲン法を改正し、二〇％までに議決権を制限している条項は廃止しましたが、二〇％の持ち株によるニーダーザクセン州の拒否権に関してはそのままそれを認めています。

このような状況の中でフォルクスワーゲン株を三一％所有するポルシェがアメリカの機関投資家からの敵対的買収を防ぐために、フォルクスワーゲンを子会社とすることをもくろみます。ポルシェ一族はポルシェＳＥという純粋持ち株会社を設立し、ポルシェの株式の一〇〇％とフォルクスワーゲンの株式の三一％をもつことにより、ポルシェＳＥの下にフォルクスワーゲンを置きました。そして二〇〇九年にポルシェＳＥはフォルクスワーゲンの株の五一％まで所有を拡大します。ところが、周知のように、二〇〇八年にリーマンショックが起こります。ポルシェＳＥは、フォルクスワーゲンの株式の五一％を所有するために非常に多くの借金をしているところに、その負債額がリーマンショックによって膨大になり、経営危機に陥ってしまいます。そこで二〇〇九年夏に、フォルクスワーゲンが財政危機のポルシェを統合することを正式に表明し、ポルシェを逆に買収することになりました。当初、ポルシェがフォルクスワーゲンを、つまり小さな会社が大コンツェルンを飲み込もうとしましたが、逆にフォルクスワーゲンが持ち株会社のポルシェＳＥからポルシェの株一〇〇％を買い取ったので、先ほど述べたように二〇一二年からポルシェはフォルクスワーゲンの一ブランドになってしまいました。

現在、ポルシェＳＥが五一％を持っていますが、ニーダーザクセン州の二〇％の持ち株での拒否権が二〇一三年に欧州裁判所によって認められており、ポルシェSEは株式の過半数を持っていてもフォルクスワーゲンを完全に支配することはできません。逆に、経営危機に陥って、ポルシェはフォルクスワーゲンの一ブランドになってしまいました。フォルクスワーゲンを例にとり、ドイツでは株主と経営者の関係だけではなく、さまざまなステイクホルダーが専門的な経営者をガバナンスしている点を明らかにしました。

第8講

EU中小企業の現状と役割

中小企業という存在

今回と次回、中小企業のお話をしたいと思います。私が扱うのは、EU中小企業の現状と役割、そしてEUの中小企業政策です。

私の研究は、経営学をベースとしますが、経営学の中で中小企業を扱う分野はそれほど大きくありません。そもそも企業の経営とか、あるいは企業の仕組みを考える学問、あるいは、企業がどうあるべきかを考える学問が経営学ですが、実は、経営学というのは、いわゆる大企業による寡占体制、産業革命以降に企業が大規模化する中で、それをどう運営したらいいか、どう管理したらいいか、あるいは、どういう姿がベストなのだろうかといったことを考える中で生まれてきた学問です。言い換えると、経営学というのは、そもそも大企業論という性質を持っています。したがって、中小企業がまともに扱われるようになるまでは、少しの時間を要したわけです。いわば、経営学の中では忘れ去られてきた歴史が長いのかもしれません。

それでは、中小企業はそれほど大事ではないのでしょうか。大学の講義でも、中小企業を直接扱っている講義はそれほど多くはないです。商学部の中でも、経営生産論とか経営組織論、あるいはマーケティング論というものがありますが、それらは基本的に大企業の生産論、大企業の組織論、大企業のマーケティング論ということになります。

しかし、皆さんがよく知っている企業のほとんどは大企業であるにもかかわらず、その大企業は日本の全企業のおよそ〇・三％程度を占めるにすぎないといえば、意外でしょうか。言い換えると、企業というとき、その圧倒的多数は中小企業であり、多くの国で企業総数の九九％以上を占めている。これは皆さんの一般的な認識とはかなり異なるのではないでしょうか。さらに、中小企業で働く人は、日本でいえば労働人口の七割程度です。繰り返しますが、日本だけではなくて、中小企業の比率はアメリカでも、ヨーロッパでも、あるいは中国でも、圧倒的多数を占めるということに変わりはありません。これが現実です。したがって、我々の社会や生活の行く末を考えるのに、中小企業の問題について考えることは不可避なのです。ＥＵはこのことに気がついていて、中小企業を重視するという政策スタンスを示しています。この点では、日本はまだまだ遅れている部分があることを否定できません。

ＥＵあるいはアメリカでは、中小企業が非常に重要な存在であるという共通認識がある程度浸透しています。しかし、日本では、政府レベルにおける中小企業の位置づけにしても、あるいは、一般国民の認識からしても、中小企業の地位が高いとはいえません。例えば、アメリカは華やかなベンチャー・ビジネスや非常に若くて急成長を遂げる元気な中小企業をたくさん排出しているイメージがあります。皆さんも聞いたことがあるかもしれませんが、例えば、シリコンバレーでは、たくさんの非常に斬新なアイデアを持ったビジネスが日々生まれているといった話を聞いたことがあるかも知れません。一般に、いわゆるアメリカのビジネス・スクールで優秀な成績を修めた学生は大企業に就職するといわれています。さらに優秀な学生はどこへ就職するのかといえば、成長目覚ましい中小企業、日本ではいわゆるベンチャー・ビジネスと呼ばれるような急成長企業に就職しようとする。では、一番優秀な学生はどうするかといえば、自ら中小企業を立ち上げるといわれます。

これに対して日本の場合は、どうでしょうか。一般に優秀とされる学生さんは、大企業を志向し就職するのが通常見られる傾向です。ずいぶん違いますね。日本では、なかなかベンチャー・ビジネスが育ちにくいといわれますが、その理由の一つとして、若い小さな企業に優秀な人材が集まらないという現実があります。小さな企業や中小企業に対するイメージは、イメージにとどまらず、実際の経営にも影響を与えるのです。大企業偏重の価値観というのは、そろそろ考え直したほうがいいのではないでしょうか。

日本では、二〇一〇年に中小企業憲章というものが閣議決定されて、中小企業は日本の屋台骨であることが確認されました。ＥＵでは、二〇〇八年に小企業議定書というものが交わされています。この副タイトルは、“Think Small First”というものでした。つまり、小企業をすべての政策の前に立てて、それを第一に考えていこうという宣言をしているわけです。EUがすごいのは、こうして小企業重視の姿勢を見せるだけではなくて、この考えに沿った具体的なアクションプランを作成し、さらにそれについて各国がどれだけ取り組んでいるかをかなり入念にチェックしていることです。EU加盟各国は、小企業主体の経済を目指すべきだという危機感を共有し、実際小企業重視の政策に取り組んでいるわけです。

ご存知のように、近年のEUは経済的あるいは政治的な統合度を強めています。そして加盟国も増えていく状況にある。こうした中で最大の問題は、地域間格差です。一つの経済圏の中に、非常に貧しい国もあれば非常に豊かな国もあるという状況は統一の妨げになります。また、グローバル化が進んで国境を越えてヒト・モノ・カネ・ジョウホウなどが移動することによって、地域のコミュニティとか地域文化といったものが蔑ろにされてしまう可能性もある。これは、多様性という価値を重んじるEUの理念からしてもよくない状況です。したがって、地域の文化とか歴史というものを体現し、地域経済に寄与する経済主体、つまり大企業というよりは、むしろ小さな企業に期待を寄せるというわけです。EU統合の歴史に照らせば、中小企業というのは単なる経済を担う主体という域を超えて、文化的、社会的、あるいは誤解をおそれずにいうならば、平和とか平等を実現するのに不可欠な存在なのです。

中小企業の特徴

さて、ここまで中小企業という言葉を使ってきましたけれども、そもそも一般に大企業と中小企業が分けて論じられる理由を理解しておかなくてはなりません。経済学とか経営学の分野は企業それ自体や、その行動による影響を分析しますが、ここで中小企業は大企業と区別されるのが普通です。中小企業は大企業の単なる縮小版だとするならば、大企業の理論をそのまま中小企業にもあてはめて実践すればよいということになり、中小企業をわざわざ大企業から切り離す必要はありません。しかし、中小企業という分野が識別されているということは、中小企業が大企業にはないデメリットとメリットを持っているからにほかなりません。ときとして、政策や施策によって中小企業のデメリットを和らげる必要があるかも知れませんし、中小企業が大企業にはないメリットを備えているのであれば、それを引き出すことがよりよい社会の実現に必要なこともあります。こういう観点に基づいて、多くの国では中小企業を一般の企業政策とは切り離して、中小企業政策という枠組みの中で扱っています。

では、中小企業が大企業と違うのであれば、その特徴は何かということも同時に理解しておきましょう。これはいろいろと議論があるところですが、人間サイズの企業という表現と、異種多元性という表現がヒントになります。まず前者が意味するところは、良くも悪くも経営者やその従業員の人間性というものが企業行動に反映されやすいということです。ある企業が、これからどんな事業に進出しようかと思案しているとしましょう。それが大企業であれば、多くは取締役会を構成するメンバーによる合議が行われます。良くも悪くも大きな企業では「わが社は、次にどこへ向かおうか」という重要な意思決定には、複数の人がかかわるのが普通です。しかし、例えば商店街にあるような小さな商店、老夫婦で駄菓子屋さんを営んでいるようなケースを想定しましょう。明日からの商売変更は大企業と比べれば容易であるとともに、その意思決定は、その夫婦の個人的な想いや性格に少なからずの影響を受けるでしょう。つまり、良くも悪くも、小さな企業は、その経営者とか構成メンバーの感情の部分とか、心の部分、言い換えると人間性の部分に大きく左右されるといえます。これに対して、大きな企業はそれなりに人が合議制でものごとを決めないといけないので、ある程度ルールを明確化し、厳格化して合理的な選択や行動をとることになります。

中小企業の特徴の二つ目は、異種多元性という言葉で表現されてきました。これにはいくつかの理由があります。先ほど説明したように、中小企業はその構成メンバーの人間性をダイレクトに反映する主体です。そしてその人間は、多様な個性を持っているというのが一つの理由です。中小企業の経営や行動が、その中のメンバーの個性に影響を受けるということは、その人が住んでいる地域の特性とか文化や価値観に影響を受けることも意味します。例えば、地域との密着性ということで考えると、大企業はマーケットを広く全国、ときには世界レベルで求めることも珍しくありません。つまり、より広域の市場を相手にし、広い範囲から人材を集めようとします。

しかし、多くの中小企業で働く人、あるいは消費者は、当該企業の所在地周辺の人、地域の住民であることが多いわけです。また、町の八百屋さんがどれくらいの商圏を持っているかというと、それほど大きくないのは明らかです。また、そうした店で働く人とその消費者というのは、顔の見える存在であることが多いわけです。心理的・地理的に近い人々のあいだでコミュニケーションが行われることで、そこにコミュニティが生まれます。一方で、大企業は、その大きな図体を維持するためにも、基本的に大きなマーケットを狙わざるを得ない。ここで、顧客の個性は相対化され、企業活動において顧客は顔の見えない「消費者」としていわばモデル化されます。そして、以上の二点を考えるとき、多様性というキーワードが浮かび上がります。つまり、中小企業というのは、良くも悪くも多様性というものを体現して、そして、それを保障する主体であるということです。多様性を大切にするというのは、実はＥＵの大事なポリシーの一つなのです。

中小企業の地位

次に、中小企業というのは実際にどのように識別されるのかということをお話します。

これまでの説明から想像できるかも知れませんが、中小企業の定義について、世界標準なり唯一絶対の基準というのは存在しません。なぜなら、中小企業というのは、その地域の文化とか地域性、あるいは歴史などを生み出す主体であるとともに、それらに影響を受ける存在だからです。したがって、国や地域が違えば、自ずと中小企業の定義も異なります。そこで、ここではあえて、オーソドックスな中小企業区分の指標を紹介しておきます。例えば、産業区分、従業員数、資本金額、売上高やマーケットシェアなどがこれにあたります。

ＥＵの中小企業定義、これは一九九六年の欧州委員会の決定によるものです。実際は、これ以前にも古い定義がありましたが、幾度かの改正があって、今はこの定義が用いられています。資料にみられるように、ＥＵでは中小企業の範囲を、まずは従業員数で区切ります。二五〇人というのはイメージがわかないかもしれませんが、例えば日本の製造業の中小企業定義は、従業員三〇〇人を境として識別されます。

そしてＥＵでは、その他の基準として売上高、資産額、そして経営の独立性を重視しています。経営の独立性については経営権の二五％を他企業に占有されていないこと、と明確に示しています。

ＥＵといっても、いろいろな国が加盟しているわけで、加盟国それぞれに中小企業の定義がある国もあればない国もある。あえてＥＵとして基準を統一しようと決めたということは、ＥＵが中小企業に対して大きな期待を寄せていることのあらわれです。基本的にＥＵは、各国の中小企業政策に直接口出しをするものではないというスタンスにありましたが、次回の政策編でお話するように、中小企業そのものが、これからのＥＵの拡大、あるいは統合の深化と拡大の鍵を握っているという考えもあって、ＥＵとしての基準をある程度、各国に強制せざるを得ないという事情があります。ＥＵ経由で配分されるような中小企業向けの資金、例えば社会的な格差をなくそうということで用意される結束基金とか、いろいろなファンドがあります。これらは、ＥＵの意向に沿って投下されるわけですから、各国にとっても、ＥＵ全体としての方針を軽視するわけにはいかないのです。このように現在では、ある程度統一的な枠組みの中で、各国が中小企業政策を考えていかざるを得なくなっている状況にあります。

では、この基準に沿って、ＥＵの中小企業がどれくらい存在するのかを確認しましょう。資料によれば、中小企業は企業総数のうち九九・八％と圧倒的多数を占めています。ＥＵ以外にも各国それぞれ、中小企業の基準を持っていますが、比率的には多くの国で九九％以上を占めています。さらに注目してもらいたいのは、マイクロ企業の比率です。マイクロ企業というのは、従業員が〇～九人の企業、言い換えると、経営者一人だけの企業から従業員が一〇人未満までの企業を指します。これは日本でいうところの零細企業のイメージと重なります。つまり、家族従業員のみで経営している町工場のような企業であったり、手工業者であったり、あるいは、小売商店というのが圧倒的多数を占めています。

もちろん、ＥＵ諸国と一口にいっても、国ごとのばらつきはあります。例えば、ドイツでは比較的中規模レベル、大企業とまではいかないけれども、それに近い企業が、ある程度分厚い層をなしているといわれるのに対して、一般に地中海に面するフランス、スペイン、イタリアでは零細規模層が厚いといわれています。しかしいずれにせよ、ＥＵ全体では圧倒的に小さな企業が圧倒的多数を占めていることに違いはありません。

さらにＥＵでは雇用に関しての中小企業への期待が、ものすごく高い。実際、ＥＵやその前身であるＥＣレベルで中小企業を何とかしなければいけないという機運が盛り上がったのは、雇用問題が深刻化したオイルショックの時期でした。この時期は大企業による大量解雇が見られ、失業率がとても高い水準にありました。大企業に対して、中小企業はこの危機的状況を意外とうまく切り抜けて、雇用を維持していたことが明らかにされました。ここから、本格的にヨーロッパレベルの中小企業政策がスタートしたのです。

中小企業の役割

次に中小企業の役割というものを考えたいと思いますが、まずはこれまでの研究の中で繰り返し指摘されてきた代表的な役割を紹介し、解説しておきましょう。まず一つ目に中小企業は、地域雇用の創出者であるといわれます。つまり、地域経済の活性化の担い手であるということです。例えば、ある地方に大企業の工場が誘致されたとしましょう。確かに、そこでは多くの働き口が提供されています。しかし、そこで働いている人はどこから来るかというと、大企業の場合は、ある程度遠方からそこへ働きに来ることは珍しくありません。つまり、大企業で働く人は、工場が立地している土地の住民でないことも多い。つまり、大企業の工場で働く人は、居住地で日々の経済活動、つまり消費生活をするわけで、賃金を得る場所と、お金を投下する場所が違うということになります。

これに対して、中小企業の場合は、そこで働いている人は近隣の人が多い。自転車あるいは徒歩で通うといったケースも珍しくありません。そこで働いている人は、その土地の生活者であり消費者である。このように、そこに中小企業があるということは、その地域内で経済が循環していく可能性が高まるということです。

二つ目は、地域コミュニティの担い手ということです。これは今までの説明で容易に理解できると思います。小さな企業というのは人間サイズの企業といわれるように、地域性を良くも悪くも払拭できないものです。

三つ目は、個人需要や地域的需要を満たすという役割です。小さな市場でも生存していけるというのは、小規模性の美点です。我々の生活を豊かにするという意味では、もちろん物量的に豊かであることは重要であるけれども、例えば、これは自分のためにつくられたという満足感とか、ほかの誰も持っていない、といった希少性の部分に重きを置く人もいるでしょう。小さな需要を満たしてくれる企業の存在価値は、ある人にとっては、かけがえのないものです。

四つ目は芸術や文化の担い手としての役割です。これは二つ目の役割と関係しますが、その地域の独自性といいますか、土のにおいというものが、中小企業によってつくられて、中小企業もそれに影響を受ける存在だということです。

五つ目の役割は、とくにこれまでアメリカで注目されてきたものです。ある製品やサービスの市場が、少数の企業に支配されてしまうことを寡占といいます。それがさらに進んで、一社で牛耳られてしまうと、これを独占といいます。寡占や独占は健全な国民経済発展の障害になることが多い。ときに中小企業は奇抜なアイデアや機動性を武器にして大企業を脅かすことで市場が寡占や独占状態に陥らないようにしていると考えられます。

六つ目は新産業の苗床としての役割です。個性が発揮されやすいということは、新しいアイデアが吸い上げられやすいということです。企業規模が小さいと、そうしたアイデアが事業として成立するまでに、それほど時間と議論を要しないことがあります。つまり、小さな企業は、経営革新の担い手として期待されており、新産業を生み出すといえます。

では、ＥＵとしては、これら中小企業の役割の中で何を重視してきたのでしょうか。まず雇用を生み出すという役割が、非常に重要です。そして、地域経済を活性化させるという役割にも重きが置かれてきました。冒頭でお話したように、ＥＵが地域的に拡大していく中で、そこでの格差、つまり社会的な格差、経済的な格差があってはなりません。先ほど、ＥＵ全体において小規模・零細企業が多いという話をしました。そういう企業の多くは、クラフト企業とかクラフト産業と呼ばれ、ヨーロッパの文化や伝統を伝承してきたという側面も持っています。したがって、地域コミュニティをつくっているとか、あるいは四つ目の文化の担い手という役割もEUでは重視されてきました。五つ目や六つ目の役割は、従来アメリカ的な中小企業政策の枠組みの中で重視されてきたのですが、最近のEUでも、後に説明するリスボン戦略以降は、こうした中小企業の役割に大きな期待を寄せるようになってきました。

EU小史

では、次にEUの成り立ちを振り返ることでEUが中小企業に求める期待の内容を一層明らかにしましょう。ヨーロッパの歴史の中で、かつては国力を増すアメリカを睨みながら統一ヨーロッパを目指そうという動きはありましたが、なかなか思うようには行きませんでした。ジャン・モネというフランスの政治家は早くから、ドイツとフランスの国境付近にある石炭と鉄鉱石の共同管理を提唱しますが、なかなか実現に至らなかったのです。そのうち、一九二九年に世界恐慌が起こり、その後、第一次世界大戦、第二次世界大戦とヨーロッパは戦禍に見舞われます。

こうした経緯があり、ようやくヨーロッパ統一に向けての一歩が始まります。一九五〇年五月九日にシューマン宣言というものが出されます。シューマンというのは人の名前で、当時のフランスの外相です。シューマン宣言には、ドイツ、イタリア、イギリスの首相が参加しました。これによってドイツとフランスの石炭・鉄鋼産業を共同管理のもとに置こうという合意が成立しました。

現在もそうですが、エネルギー問題とか資源問題というのは国際紛争の火種になることが多いです。ましてや、地理的につながった大国ドイツとフランスのあいだには非常に大きなエネルギー源が埋まっているということになると、両国がその利権を求めて幾度か衝突することになります。こういう苦い思い出もあり、平和を求めるところから始まったのがヨーロッパ統合への第一歩でした。そして、シューマン宣言を受けて、二年後にはＥＣＳＣが設立されます。これで石炭・鉄鋼を共同で管理する体制が整います。その後、一九五八年にローマ条約が発効してＥＥＣに発展し、単なる石炭・鉄鋼の共同管理から一歩進めて、経済協力をしようということになります。原子力の問題もあったので、これも共同で管理するために、ＥＵＲＡＴＯＭと呼ばれる共同体が成立します。

そして三つの共同体が統合して一九六七年にはＥＣが誕生します。このころ加盟国は徐々に増加し、単一市場を目指して通貨統合に向けた議論が高まってきます。それと同時に、より高度なレベルで政治的・経済的な統合をする必要があるという機運も高まってきます。一九八〇年代は世界的な不況にあり、ＥＵ悲観論が結構聞かれた時代です。しかし、その後、ベルリンの壁の崩壊、ソ連の崩壊、かつての社会主義諸国の民主化という動きがあり、ＥＵは中東諸国を巻き込む形で拡大することとなりました。こうして外交や安全保障の面でも協力することを織り込んで一九九三年にＥＵが創設されます。そして一九九九年には統一通貨であるユーロが導入されて、二〇〇二年から流通するようになります。

ＥＵは二〇〇〇年に成長戦略としてリスボン戦略を掲げます。この中でＥＵは、その後一〇年を見据えて、どのような世界を目指すのかを明確にしました。具体的には、当時のアメリカの状況などを意識しながら、高度な知識集約型の社会を目指しさまざまな行動を起こしていくことになりました。そして現在では、リスボン戦略のあとを引き継ぐ、ヨーロッパ２０２０という新戦略が示されています。

こうした流れの中では、加盟国間の政治的統合・社会的統合度は、どんどん高めざるを得ないのですが、他方で多様性をどう担保するのかといった問題が浮上してきます。つまり、統合が深まる反動として、多様性はＥＵ加盟国の財産、発展、力の源であるとの考えのもと、それらを実現する主体としての中小企業への期待は一層高まることになります。こうして、ＥＵは二〇〇八年に、すべての政策立案や実行に際して中小企業を最優先に考えるという宣言をする運びとなります。

補完性原則と社会的結束

ところで、中小企業というのは、その国あるいは地域の文化とか、そこに住む人たちの思想、考え方、価値観をダイレクトに反映する存在なので、ＥＵが中小企業政策を進める場合も、まずは各国の中小企業の事情と政策が重んじられるのが建前としてはあります。しかし、近年ではそうもいえなくなってきました。ＥＵとしては、アジア、そしてアメリカという大きな経済圏の動向を見据えたうえで持続的な成長を目指します。こうした中では、加盟各国の事情ばかりを聞いていては、うまくいかないことも多くなってきます。事実、中小企業政策の面では、とくに一九八〇年代半ば以降、加盟各国に対する要求が強まってきました。そして、その反動として、各国の多様性をどう担保するかという問題が深刻度を増してきます。ここでＥＵにおける多様性の問題を取り上げるときに忘れてはならないキーワードが二つあります。

第一に、いわゆる補完性原則といわれるものです。これは、それぞれの国とか地域には固有の社会問題や経済問題がある。そういう問題は、まず、その地域で解決できるなら解決しようという考え方です。つまり、問題がある場所と、それを解決しようという意思決定の場所は基本的に近いほうがよいという考え方です。ただし、何でもそうすればいいかというと、ときには合理的でないことがある。ＥＵ全体としてある程度のルールを決めて、その枠組みの中で対処したほうが効率的であることもあります。そのときにはＥＵが各国の政策、地域の政策に一定程度介入するか、代理をする。これが補完性原則です。

第二のキーワードとして、聞き慣れない言葉かもしれませんが、結束政策あるいは社会的結束という言葉がＥＵではよく使われます。いわゆる社会的な格差、地域的な格差をなくしていくためにＥＵレベルのファンドを用意して、例えば新規に加盟した国が他国に比べて経済的に遅れた状態であるなら、その資金を使って、社会的・経済的な均衡を保とうとします。この結束のためのファンドというのは、そのかなりの部分がＥＵの中小企業政策向けに投下されています。つまり、ＥＵにおける中小企業というのは、経済的な理由からのみ支援される存在ではなくて、より広く社会政策的な観点から支援すべき対象と位置づけられていることがわかります。ちなみに、社会的結束の強化というスローガンは、マーストリヒト条約に先立って、一九八六年に単一ヨーロッパ議定書が交わされたときに示されたものです。

以上のように、ＥＵにおける中小企業は、各国の歴史を背負いながら、文化とか多様性を体現してきたといえます。しかも、こうした企業は、地域と密接な関係にあることから、地域活性化のための主体としても重要視されます。各地域が活性化することによって、ＥＵ域内での格差がなくなることが期待されます。また、各国や地域がそれぞれの特性（多様性）を生かしながら、ＥＵ全体としては格差のない、理想的な社会を実現する。そのために中小企業は、必要欠くべからざる存在であると位置づけられているのです。

次回は、このような中小企業観に立脚したＥＵ中小企業政策の内容について解説します。

第9講

EUの中小企業政策

EU中小企業政策（一九八〇年代まで）

前回は中小企業とは何か、そして、その役割についての一般的な議論を紹介した後、EUの歴史の中で中小企業がどのような役割を期待されているのかを解説しました。今回は、以上を踏まえて、EU中小企業政策について解説します。

日本が中小企業に着目したのは戦前で、他国に比べても中小企業研究や中小企業政策について、長い歴史を持っています。日本が近代化していく過程で、政府の後押しもあり大企業は成長して発展していきました。一方、こうした近代化の流れに取り残された非常に多くの、しかも小さい企業がありました。近代的な大企業と前近代的な中小企業のあいだに断層があるので、この溝を何とかしなければいけない、という認識の広がりが日本の中小企業政策をスタートさせたのです。

ＥＵは、中小企業の役割にとても大きな期待を寄せているのは事実ですが、中小企業を何とかしよう、という機運が盛り上がったのは、それほど昔の話ではありません。きっかけは、一九七〇年代のオイル・ショックでした。オイル・ショックによって、多くの大企業では大量解雇を行わざるを得なくなり、結果として雇用問題が深刻化しました。雇用問題は、ヨーロッパの慢性疾患のように現在でも議論されるところですが、とくにこの時代は失業問題にどうやって対処したらいいのかという議論が活発化した時期でした。

その中で、中小企業こそが雇用の源であって、経済回復の鍵を握っているという発言がいろいろなところで見られるようになります。さらに一歩進んで、市場統合とか加盟国の増大を図るには、中小企業の活力が不可欠だという意見も出てきます。このように従来大企業は強い存在だと考えられてきたけれども、一九七〇年代の不況には意外に脆いことがわかりました。他方で中小企業は、硬直的な大企業に対して、小規模ゆえに備えた柔軟性や機動性を発揮して不況をうまく乗り切ったのです。こうして、中小企業の強みが認識される中で、一九八三年が、「ヨーロッパ中小企業とクラフト産業のための年」と定められました。前回にも触れましたが、ここでいうクラフト産業というのは、いわゆるヨーロッパの歴史や伝統を身にまとった非常に小さな企業です。したがって、現在のＥＵ中小企業政策の起源は、小企業の評価にあるといっても過言ではありません。

続いて、一九八六年にはＥＣ委員会で中小企業対策担当が任命されます。それまでは、中小企業の役割の重要性が認識されながらも、その為の政策責任部局が曖昧でした。この中小企業担当委員のもとにタスク・フォースが編成されて、そこで中小企業を支援するためには、どうすればいいかという議論がなされるようになります。具体的にこのタスク・フォースはＥＣの中小企業のための行動計画などを作成しました。

当時は、各国の中小企業の実態を十分に把握できていなかったので、ともかく、情報収集のための呼び掛けが各国に対して行われました。そのうえで、中小企業に不利にならないような環境づくりが議論されました。例えば、この中には、行政手続きの簡素化という課題がありました。企業を設立したり、廃業するときには、煩雑な法律上の手続きをとらないといけないことも珍しくなかったので、とくに中小企業に不利にならないよう配慮がなされました。また、経営に関するコンサルティングや研修を行う必要があることも指摘されましたし、各地域には地域振興のための窓口があることが多いので、それらと中小企業が連携して、地域を盛り上げていく体制を整えるべきであるとか、中小企業の一社一社は小さくて弱い存在なので、中小企業同士の連携をもっと強化すべきといった指摘もされました。とにかく、中小企業が自由に活動できる環境を整えることで、ヨーロッパ経済を活性化しようとしたわけです。

こうした流れを受けて、一九八九年には中小企業を担当する部局が欧州委員会に設立されます。これを第二三総局といいます。第二三総局は各地に設けられた情報センターなどを通じて、中小企業関係の情報収集、あるいは中小企業に対しての情報提供を行うことを使命としました。また、企業間連携を進めるために、例えば、ＢＣ－Ｎｅｔと呼ばれる中小企業のネットワーク化を進めました。そして、大企業と中小企業の関係を対立的にとらえるのではなくて、大企業と中小企業がどうすればうまく連携してビジネスを行っていけるかという観点から、大企業と中小企業の仲立ちをしたのも第二三総局でした。

こうした流れに並行して、この時期には、中小企業者そのものから関連部局に対して各種要望が出されるようになります。例えば、企業を設立する手続きが非常に複雑なので、もっと簡単にできないかとか、企業を設立する際の敷居をもっと低くしてほしいといった要望、あるいは高度な能力を備えた従業員を雇いたいので、職業訓練の仕組みをつくってほしいといったさまざまな要望がなされました。EUの中には現在も経済社会評議会というものがありますが、この仕組みを通じて中小企業の声が実際の政策に反映されるという道筋がこの時期に整いました。そして、中小企業者の利益を代表する団体は、この時期から、中小企業の立場をもっと広く社会的な観点からとらえるべきだとか、中小企業者の利権を主張できる仕組みづくりをしてほしいといった要望を出してきます。

EU中小企業政策（一九九〇年代以降）

こうした中、一九九二年には、市場統合が完了します。そして市場統合の実現とともに、マーストリヒト条約によって翌年にECはEUに発展します。市場統合は、加盟国やヨーロッパ経済によい影響を及ぼすと期待されていたのですが、当初市場統合のメリットは、なかなか顕著には見られず、むしろマイナス面がかなり取り上げられました。そして、一九九〇年代初めになると、ヨーロッパ経済は、かなり深刻な不況を経験することになります。当時の加盟国一二カ国の失業者は、約一八〇〇万人で平均失業率は一一％程度に達します。そもそも、ヨーロッパ経済が低迷している中で、さらに市場統合によって皆がハッピーになるどころか、各国や地域レベルの経済格差がより拡大してしまうという悲観論が広がったのです。そして、ここから加盟各国や地域がその元気を取り戻すには、中小企業に頼るしかないということになります。とはいえ、中小企業も一つ一つの企業の力はそれほど強くないわけです。そこで一つの手立てとして、先のＢＣ－Ｎｅｔ、すなわち、企業同士のネットワークをさらに進めていくことになります。このとき音頭をとったのは、先の第二三総局でした。

しかし、ここまでやってきたけれども、依然として雇用問題は解決されませんでした。さらに、中小企業を支援したけれども、施策内容がどうも甘いのではないか、もっと速効性のある中小企業支援が必要ではないか、そういった声が高まってきます。そして、一九九三年にはコペンハーゲンでサミットが開かれ、欧州理事会の合意に基づいて、「成長・競争力・雇用に関する白書」が出されました。この中で課題とされたのは、雇用機会の創出や各国間の経済格差の是正でした。これは、その後中小企業政策を推進するうえで追い風になります。なぜなら、この白書では、中小企業の役割の重要性を指摘していたからです。

もう一つ、この時期の動きとして重要なのは、中小企業が持っているダイナミズムに注目する流れが出てきたことです。すなわち、中小企業には持ち前の個性とか機動性を生かして、社会を大きく変えるような役割が期待され始めたのです。ＥＵは、中小企業者がその強みを発揮することで単に雇用を満たす役割を果たすだけではなくて、積極的にヨーロッパ経済や社会を変革していく、その原動力になりうることを意識しつつ、その後の具体的政策を展開していくことになりました。

この流れの中で、二〇〇〇年以降、ＥＵの中小企業政策がかなり具体化されてきます。二〇〇〇年は、リスボン・サミットが開かれた年でした。ここでのスローガンは、雇用環境の改善、経済改革、そして社会的結束の強化でした。一九九〇年代に非常に大きな不況を経験したヨーロッパでしたが、この頃になると徐々にではありますが、経済は回復基調を示すようになっていました。しかし、その中でも依然として雇用環境は力強く回復を見せるという状況にはありませんでした。

他方で、一九九〇年代の世界経済の動きは、情報化というキーワードなくしては語れないものでした。八〇年代に製造業の衰退を経験した大国アメリカが、一九九〇年代にＩＴ系を中心に、目覚ましい経済回復を見せたのです。この情報化の流れにヨーロッパは取り残されているという危機感が高まっていました。そこでリスボン・サミットでは、向こう一〇年間を見据えて、ＥＵはナレッジベースト・エコノミー、つまり知識基盤型経済を目指すことを確認しました。

持続可能な経済というのは、常に雇用が創出されていて、しかも、高い次元での社会的結束が実現されている社会、つまり社会的あるいは地域的な格差のない社会を意味します。リスボン・サミットの結論は、より大胆に経済改革を推し進めて、ダイナミックな経済の転換を図るというものでした。そして、そのために革新的な中小企業の役割が極めて重要とされたのです。

このように、従来中小企業は、ＥＵの社会や経済を高次のバランスをとりながら発展させていくために不可欠な主体としてとらえられていましたけれども、リスボン戦略を境として、日本でいえばベンチャー・ビジネスであるとか、非常に個性的な企業家活動を行う新しい企業に着目し、その革新性を引き出そうという考えが前面に出されるようになったのです。このような中で、より小さな企業に注目しよう、そのためには、ＥＵ全体で小企業の果たす役割や重要性を今一度確認し合おうという動きになります。そして、それは二〇〇〇年に欧州小企業憲章という形で結実します。この憲章というのは、それほど長い文章ではありません。しかし、その冒頭で、小企業はヨーロッパ経済の屋台骨であり、雇用の大事な源泉であり、ビジネス・アイデアを生み育てる大地であるということを確認しています。国を越えるレベルで中小企業の存在意義について確認をしたということで、この憲章は歴史的に意義のあるものでした。

ここで憲章の意義を整理すると、次のようになります。一つは、中小企業の働きが重要だという看板を掲げるだけではなくて、そのスローガンのもとに、実際にＥＵが目指す方向、つまりリスボン戦略で確認された社会の実現に向けて、実際にどのような方法をとるべきかを明示したことです。具体的にそれは、中小企業のためのアクション・プランとして示されました。もちろん、加盟国への強制力という意味において、ＥＵは間接的にしか各国の中小企業政策に影響を与えることはできません。しかし、実際にはＥＵが中小企業向けに多くのファンドを用意しているわけですから、加盟各国としてもＥＵの方針を軽視するわけにはいきません。ＥＵはそれが意図する目標に向けて、各国が努力しているかを具体的な数値目標を設定して、定期的にチェックしていきます。

中小企業政策憲章と小企業議定書

以上の小企業憲章に加えて、二〇〇〇年というのは、中小企業の政策にとって、さらに大きな動きがあった年です。一つは、先ほどの中小企業政策を取り扱う第二三総局が、企業総局に統合されたということです。第二三総局と企業総局の違いというのが、実はこのあとの政策の流れに大きな意味を持ってきます。第二三総局は基本的に中小企業をターゲットとして政策を展開していく窓口だったわけですが、企業総局は企業政策とか産業政策を進めていくことを主なミッションとする組織です。つまり、これ以降、中小企業政策は、より広く産業政策の枠組みの中で推進されていくことになります。そしてその中では、国レベルで用意される経済発展のためのさまざまなアクションプランとの連動や連携が重視されるようになります。

さらに、リスボン戦略を実現すべく「第四次多年度計画」というプランが出され、この中でも中小企業の重要性が確認されます。ここでは一層明確に、知識基盤型の経済を目指すことが確認され、そうした社会を目指すうえでは、中小企業における経営革新を活発化させること、そして、新しく生まれる企業への支援を充実させ、起業を促進することが必要とされました。そしてこのために、中小企業に特化した資金の提供、一般にはベンチャー・キャピタルとかマイクロ・クレジットといわれる金融面での支援の充実が図られます。

そして、二〇〇〇年のもう一つの大きな出来事として、イタリアのボローニャでOECDの四七カ国によって、中小企業政策憲章というものが採択されたことが挙げられます。ここでは、経済成長と雇用の成長および地域の発展を促すことを目標にするとされ、社会的結束における中小企業の重要性が再確認されました。加えて、貧困の打破と経済発展という目標を同時実現するために、中小企業が必要不可欠な存在であることも確認されています。ただし、中小企業は必ずしも良好な環境に置かれているとは限らないという認識のもと、各国の中小企業が不利な立場に置かれることがないように環境整備を行うことが約束されました。

さらにここで必要とされたのは、長期的な視野に立って、中小企業の経営者や従業員を訓練するための仕組みや、中小企業にもっとお金が集まるような仕組みでした。このほかにも、中小企業支援のためには、公的な分野と民間企業が連携を進めるべきであるといった議論もなされました。何よりも、その国の発展には、個々の企業の経営革新が必要であり、その核になるのは中小企業というわけです。

これ以降、各種取り決めに沿って、各国は中小企業の支援につとめるわけですが、それでもなかなかうまくいかないところがありました。先の憲章を取り交わしたけれども、そもそも先ほど説明したように、ＥＵは本来、間接的にしか各国の中小企業政策や施策には影響を与えることができないわけですから、拘束力が中途半端であるという声がＥＵの中でも高まってきたのです。

こうした中、二〇〇七年に欧州委員会では、先の憲章よりも一層拘束力を強めた議定書の発案がなされます。これをもとに議論が重ねられ、二〇〇八年末には小企業議定書というものが取り交わされます。この議定書において示されたのは、“Think Small First”つまり、小さな企業のことを最優先に考える、というモットーでした。具体的には、小企業（中小企業）が元気に活躍できる場をつくるために一〇の原則が打ち出されました。そしてこれは、先の憲章で掲げられたアクションプランよりも、各国の政策に対して、より拘束力をもつことも同時に確認されました。二〇〇八年には世界金融危機があり、ＥＵ中小企業に関しては、貸し渋りや貸し剥がしといった問題が深刻化します。そこで、ＥＵは経済危機のもとで中小企業対策としては、何よりも小企業議定書に掲げられたアクションプランの即時実行が必要であるということを確認します。そして二〇一〇年には、一〇年先のヨーロッパを想定したヨーロッパ２０２０という成長戦略が示されます。この中でも中小企業の役割の重要性が確認されました。

今後ＥＵは、さらなる知識基盤型の経済を目指し、一層の経済成長と地理的拡大も視野に入れています。こうした中では、ＥＵ全体としての政策が、各国の政策に一層強い影響を与えることは必至といえます。そして、その反動として各国の多様性をどう担保していくかという問題が深刻さを増します。中小企業はこの相矛盾する二つの問題を調和させ、理想的な社会の実現に不可欠な存在と考えられているのです。

最後に皆さんに、質問をして終了にします。まず、ＥＵが目指している理想の社会というのは、あなたの価値観に照らし合わせると、いかように映るでしょうか。そして、ＥＵの中小企業を大事にしようという動きから、我々が学ぶべき部分があるとすればそれは何なのでしょうか。市川先生からまとめがあるということなので、私の講義はここまでにします。ご清聴ありがとうございました。

第10講

EUのワーク・ライフ・バランス

ワーク・ライフ・バランスとは何でしょうか。聞いたことはあるけれど、よく意味がわからないという人がいらっしゃるかもしれません。「ワーク・ライフ・バランスとは何ですか」と聞かれて、あてられたら困るという人は手を挙げてください。ありがとうございます。困る人が多いようですので、そもそもワーク・ライフ・バランスとは何かというところからお話をしていきたいと思います。その後、日本のワーク・ライフ・バランス、EUのワーク・ライフ・バランスと話を進めて、最後に日本がEUから学べることをお話ししたいと思います。

1　ワーク・ライフ・バランスとは

ワーク・ライフ・バランスとは、仕事と生活について自らが希望するバランスで展開できる状態をいいます。誰しもが、限られた時間の中で、仕事と生活の折り合いをつけることが求められます。生活の中には家事や子どもの世話、家族との余暇といった家庭生活以外に、地域でのクラブ活動や自治会活動などの地域生活、資格の習得などの自己啓発、そして休養が含まれます。

ちなみに、バランスというのは人によって違います。また、同じ人でも人生のステージによっても違ってきます。仕事にも慣れてきたし、子どももまだいないし、今はがむしゃらに働きたいという時期は、仕事がメインになるかもしれません。ところが、子どもができたらそういうわけにもいきません。保育所へお迎えに行かないといけないし、熱を出したら仕事を休まないといけない。ですから、子どもが幼いあいだはライフへのウエイトが増すでしょう。そういうときに子どもをほったらかしにして出勤したもののの、気になって仕事が手につかないという状況が続くと仕事にも家庭にも支障が出てしまいます。

ワーク・ライフ・バランスをとることで、仕事での生産性も上がり、家庭生活も円滑に営めると考えられるのです。

2　ワーク・ライフ・バランスが導入された経緯（日本のケース）

先ほど、ワーク・ライフ・バランスについて知らない方がたくさんおられましたが、まだまだ新しい考え方だと思います。この考え方が日本に入ってきたのは二〇〇三年頃です。そのときはほとんど誰も知らないし、私も知りませんでした。当時、関西生産性本部主催のワーク・ライフ・バランスの研究会に行くことになったのですが、よく概念が理解できず、「ワーク・ライフ・バランスって何ですか。仕事をサボることですか」と、とぼけた質問をしていた時期がありました。そのあと、この言葉は徐々に普及、浸透して、今では政府もワーク・ライフ・バランスという言葉を使うようになっています。

そもそも、ワーク・ライフ・バランスという言葉がなぜ注目されるようになったのでしょうか。日本の場合、きっかけは出生率の低下でした。一九八九年に出生率が一・五七になり、それまでの最低記録を更新してしまったのです。いわゆる一・五七ショックです。ちなみに、現在の合計特殊出生率は一・四三です。一時期は一・二六まで下がりましたが、最近は微増傾向にあります。

出生率が低下すると子どもの数が減りますので、人口のバランスが悪くなります。老人一人を何人で支えるかという話で、四人で支えていたのが三人、そして、二人になっていくということで危機感が増してきました。また、年金制度を維持できるのかについても懸念されます。日本の年金制度は、若い世代が納めた保険料を引退した人の年金として支給するという賦課方式という仕組みになっていますので、その仕組みが維持できなくなるのではないかという懸念です。また、将来、働く人が減ることで経済が縮小してしまうのではないかということも心配されます。

ですから何とか出生率を回復させなければいけないということで、まず何を始めたかというと、お母さんたちが子どもを育てながら働けるようサポートしようということでした。その時代から正社員という働き方を選択すれば、残業で保育園のお迎えに行けない、子どもが熱を出したら休まないといけないが職場には迷惑をかけられない、といった具合に、育児をしながら仕事を続けるのは難しい状況にありました。仕事を続けたいということであれば、子どもを産むことをあきらめるということになっていたわけです。要するに、仕事か育児かのどちらかを選んだら、もう片方はあきらめなければいけないということです。このような状況でしたから、晩婚化、晩産化（出産を遅らせる）が進み、出生率が下がってきたのです。

そこで、働くお母さんが「仕事か育児か」ではなくて「仕事も育児も」、どちらもできるようにサポートしようではないかということでファミリー・フレンドリー政策が始まったのです。これがワーク・ライフ・バランスの前身です。一九九一年には現在の育児休業法を制定し、そして、エンゼルプランと称して保育所を増やしたりなどさまざまな施策が行われました。しかし、なかなか出生率が回復しませんでした。なぜなら、この時代は、お母さんだけをサポートしていて、お父さん、つまり男性はそれまでと変わらず、企業戦士として会社にすべてを捧げるという働き方をしていたからです。ところで、就職をする際に、皆さんは企業とどんな契約を交わすのでしょうか。日本の場合は、「お金をもらったら何でもやります」という感じですから、残業も休日出勤もいとわずに働きます。だから、九時過ぎに家に帰るというお父さんも少なくないのです。こういう状況でお母さんだけをいくらサポートしても、お母さんの「仕事も育児も」は実現されません。父親の働き方が変わらない限り実現は不可能なのです。

二〇〇〇年代半ばになって、ようやく父親の働き方も変わらなければいけないという気づきが生まれ、長時間労働を見直そうという動きが出てきました。このあたりから、お母さんだけサポートしていたファミリー・フレンドリー政策は、父親の働き方も見直そう、みんなの働き方を見直そうということでワーク・ライフ・バランスという名称で呼ばれることが多くなってきます。以上が日本でワーク・ライフ・バランスが注目された背景です。

ところが、お母さんとお父さんをサポートするだけでは十分ではなくなってきました。お気づきになっているかもしれませんが、今までの話は正社員を前提とした話です。正社員であればサポートしてもらえる可能性があるということです。しかし一方で、非正社員、正社員ではない働き方の人が四割近くいます。一〇人いれば四人が非正社員という時代です。

一九七〇年代、一九八〇年代に非正社員というと、パートタイマーの中高年女性というイメージでした。その頃は、メインの収入は夫が稼いできて、妻は家計の足し程度に働くという感じでしたから、彼女たちのワーク・ライフ・バランスはそれほど問題にしなくてもよかったのだと思います。しかし、二〇〇〇年以降、男性も女性も非常に若い世代、三五歳以下での非正社員が増えています。

彼らの中には、学校を出て初めてついた仕事が非正社員という人も少なくありません。当然非正社員の人でも、二〇代後半とか三〇代前半になったら、結婚や出産を考えるわけです。しかし、正社員でなければサポートしてもらえないという現実があります。非正社員の人のワーク・ライフ・バランスも大事だということで、二〇一〇年ぐらいから、政府が発表する政策の中に「非正社員」という言葉が入ってくるようになりました。ただ、本気で取り組んでいるとは思えないところがあります。例えば、数値目標を見ても、非正社員の育児休業を何%に上げるといったようなものはありません。ですから、まだまだ非正社員というのは忘れられた存在であるといえます。

3　ワーク・ライフ・バランスの取り組み（日本のケース）

このように日本にも少しずつ浸透してきたワーク・ライフ・バランスですが、具体的にどんなサポートがあるのでしょうか。代表的な取り組みを紹介します。

大きな企業でよく実施されているのは、ノー残業デーです。週に一回、残業のない日をつくる。電気を一斉に消して、「さあ、みんな帰ろう」という取り組みです。これにより、長時間働くのはよくないという意識を浸透させるのが狙いです。

次に、有給休暇取得の促進です。有給休暇は年間二〇日程度ありますが、日本では二〇日すべてが使われることは少ないです。厚生労働省の調査によれば、労働者一人あたり平均取得率は四八・一%でした。あとは、その権利を捨てているということです。本来、有給休暇というのは、リフレッシュしてまた元気に働くためにありますから、これをきちんととるように促進しようというわけです。

育児関連では、国が定めた育児休業とは別に、独自の出産・育児休暇を設ける企業もあります。それから、家族看護休暇。子どもはよく熱を出しますが、これは前もってわかることではありません。朝、起きると熱を出している。そういうときに利用できるのが家族看護休暇ですが、設置している企業はまだ多いとはいえません。ない場合、あるいは、使いにくい場合、有給休暇を使う人が多いようです。

柔軟な勤務時間を可能にする制度にフレックスタイム制があります。これは、けっこう実施されているようです。始まりの時間とか終わりの時間を柔軟にするというものです。保育所の送り迎えをする人には便利です。また、短時間勤務制度があります。例えば、通常八時間勤務のところを六時間にするというものです。

最後に、在宅勤務制度を紹介します。こちらは勤務場所の柔軟性です。まだまだ普及しておりません。これらの制度が使われるようになってくるとワーク・ライフ・バランスがとりやすくなります。ただし、ほとんどの企業が正社員による利用を前提にしており、非正社員による利用を考えているところはほとんどないと思います。このことは頭に入れておかなければなりません。

4　なぜワーク・ライフ・バランスが必要なのか

ここで、なぜワーク・ライフ・バランスが必要なのかについて、個人、企業、社会に分けて整理しておきましょう。

子育てや介護を担う場合、仕事と生活の両立が困難になります。それから、慢性的な長時間労働は病気のリスクを高めます。ワーク・ライフ・バランスによりこれらが改善されます。非正社員は雇用の不安定さやキャリア形成の機会の不足から人生設計が難しい状況にあります。キャリア形成に関して、一般的に、正社員は働きながら能力を高めるという仕組みの中にいますが、非正社員はとりあえず任された業務ができればよいということで、体系的に能力を高められる仕組みの中にいません。非正社員でも将来の見通しができるようキャリア支援というワーク・ライフ・バランスが求められます。

このように、仕事と生活の両立が実現すれば、いろいろな人が活躍できるようになります。

今まで企業の核を担ってきたのは正社員の男性でしたが、そこにあてはまらない女性、高齢者、非正社員、いろいろな人が活躍できるようになります。

いろいろな人が入ってきたらさまざまなアイデアが生まれて、新しい商品開発（あるいは、ビジネスの方法）につながるかもしれません。また、社員のモチベーションが上がり、集中力が高まれば、生産性が向上します。これは企業にとってのメリットといえます。また、労働人口が減少する中で、企業には優秀な人材を獲得しなければいけないという課題があります。ワーク・ライフ・バランスがとりやすいという評判がたてば、優秀な人材が集まるというメリットもあります。

社会にとってのメリットは、仕事と育児の両立が可能になれば、少子化を食い止めることができることです。そうすれば、将来的な労働力不足が解消され、社会保障制度も維持していくことができます。

このように、ワーク・ライフ・バランスによりいずれの主体も得をするというＷｉｎ－Ｗｉｎの関係が生まれます。

5　日本におけるワーク・ライフ・バランスの現状

先ほど、日本では「仕事も育児も」ではなく「仕事か育児か」という状況にあるといいました。実際にデータで見てみましょう。図1は、末子の年齢別に女性の労働力率を示したものです。子どもがいない人のうち七割弱が働いているのがわかります。ところが、子どもが生まれたとたん（〇～三歳）労働力率は四割弱までがくっと下がります。これが現状です。ですから、いろいろなサポートがあるにもかかわらず、仕事と育児の両立が難しいことがわかります。

図2は、女性の労働力率を子どもの数別に示したものです。子どもなしに比べて子ども一人では、労働力率が二〇ポイントくらい低くなっています。子どもの数が増えるにつれて労働力率も上昇していいます

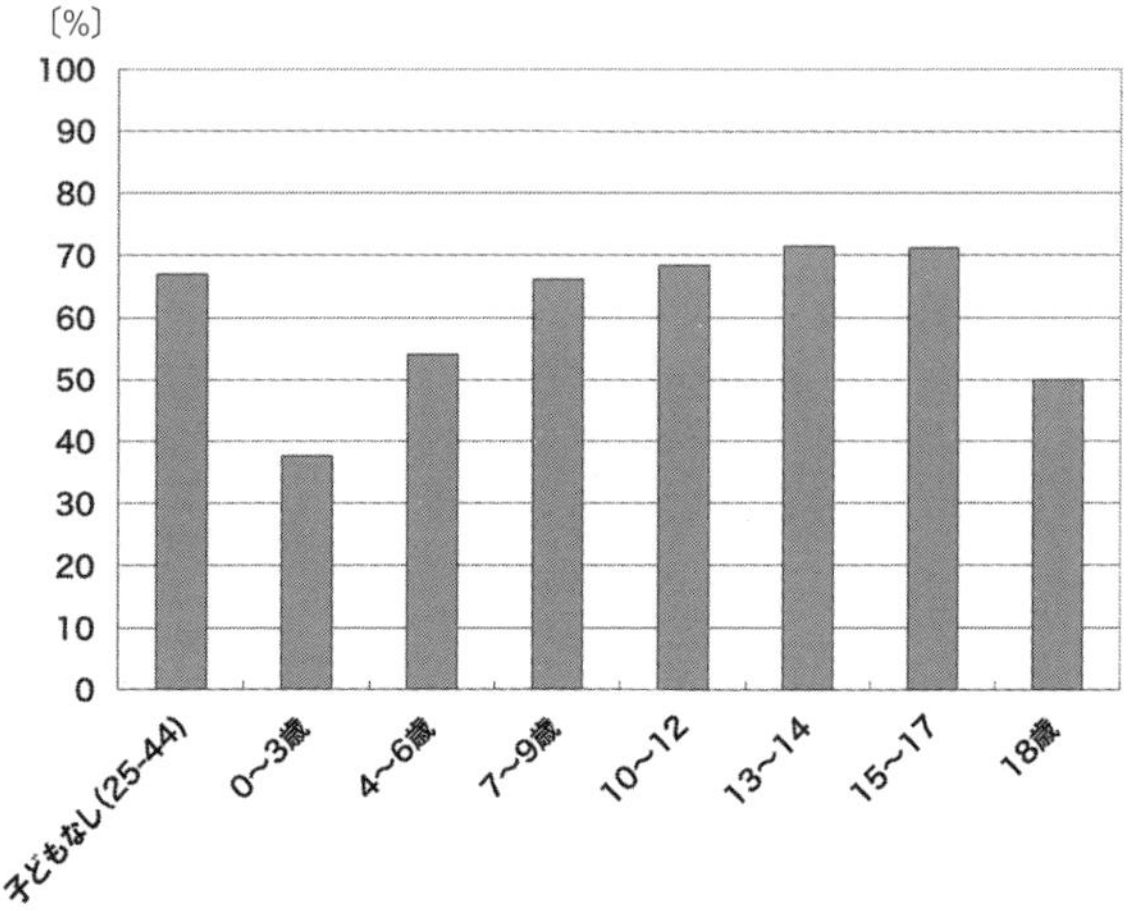

図1　末子の年齢別にみた女性の労働力率（25 ～ 44 歳）

出所：平成 21 年度　労働力調査より作成

が、増えているのは薄いグレーの部分、つまり、週あたりの労働時間が三五時間未満の部分です。正社員として復帰しているのではないということです。このことから、とくに正社員としての仕事と育児が二者択一の関係にあるといえます。

図3は、日本とアメリカとフランスにおける女性の労働力率と出生率との関係を示したものです。日本を示す曲線は、右下に向かっているのがわかります。つまり、労働力率は増えているけれども出生率が下がっているということです。ここでも、やはり、「仕事か子どもか」という状況があらわれています。それに対して、アメリカは出生率が一・八に下がったあとは、労働力率の上昇にもかかわらず、安定した出生率を維持しています。二〇〇〇年にかけてはグラフが右上に向かっているのがわかるように労働力率、出生率ともに増加傾向を示しています。同様に、フランスでも出生率は一度下がります

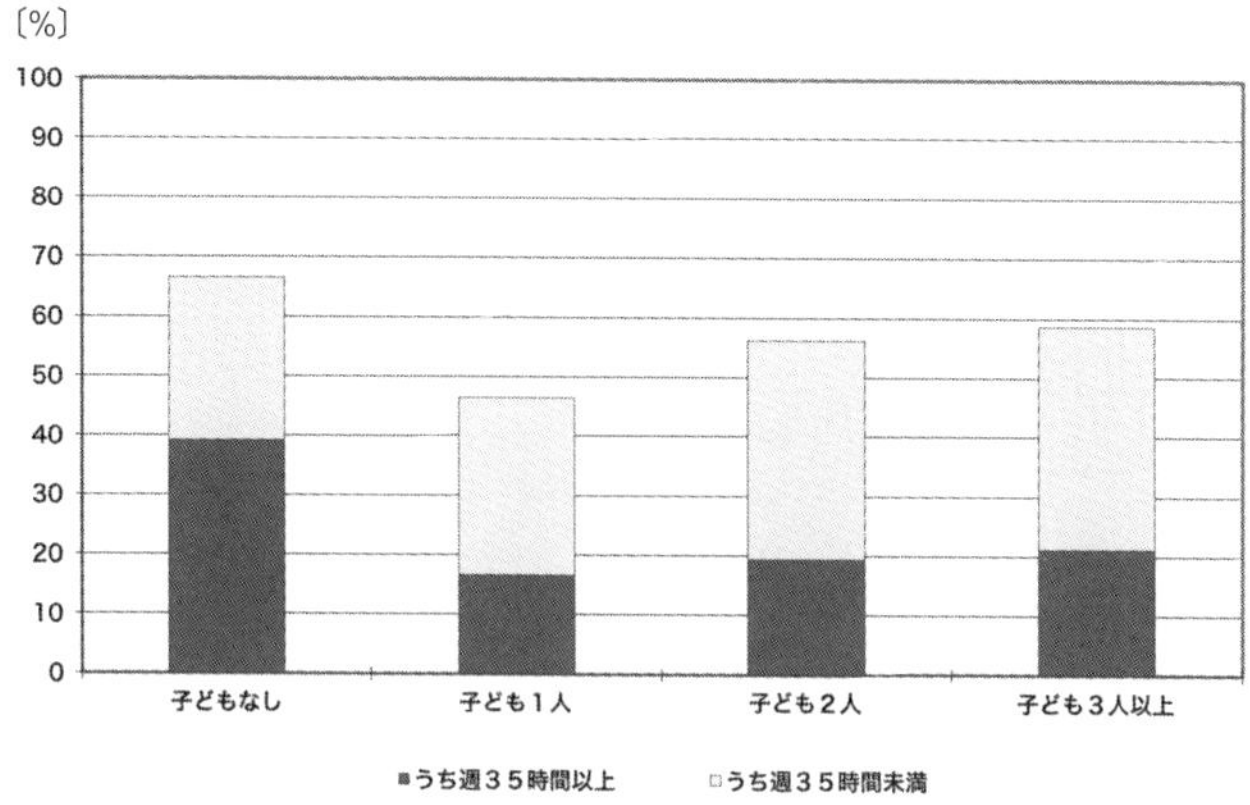

図2　子どもの数別にみた女性の労働力率（25～44歳）

出所：平成21年度　労働力調査より作成

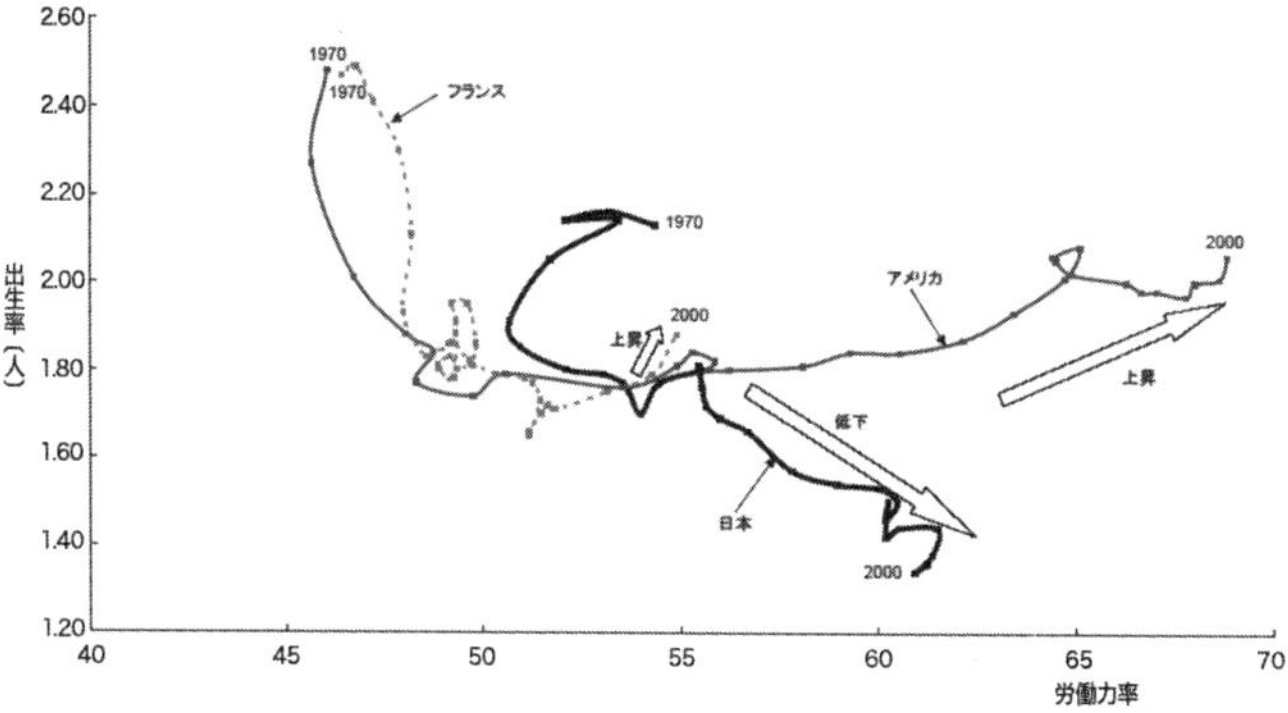

図3　女性の労働力率と出生率との関係

出所：平成17年厚生労働省職業安定所資料

が、一九九〇年代後半から二〇〇〇年にかけて労働力率、出生率ともに増加しました。つまり、アメリカとフランスでは「仕事も子どもも」という状況になっていることがわかります。日本とは対照的です。

先ほど非正社員の話を少ししましたが、再度、より詳しく非正社員が抱える問題について述べたいと思います。

（1）まず、経済的自立が困難である、給料が低いということです。ワーキングプアという言葉を聞いたことがあると思いますが、年間収入が一二五万円以下という人がけっこういます。さらに雇用が不安定で、来年も契約されているかどうかわからない状況の人も少なくありません。

（2）二つ目は、職場においてキャリア形成の機会が少ないことです。それなら自分で勉強したらいいじゃないかと思われるかもしれませんが、生活するので精一杯という場合、自分でお金を出して何かの資格をとろうというのは金銭的に厳しいと思います。

（3）それから、社会保障制度へのアクセスが制限されていることです。正社員であれば、厚生年金、つまり会社の年金制度に加入して、保険料を会社と折半で払っていくわけですが、非正社員の場合は労働時間と労働日数が正社員の四分の三以上でなければならないという条件があります。

その条件にあてはまらない場合は、国民年金に加入しなければなりませんが、月々の保険料一万五二五〇円を支払わなければなりません。フリーターで月に一二万円ぐらい稼いでいたとして、その中から月一万五二五〇円の保険料を払うのはけっこう厳しいと思います。また、雇用保険というのがあって、失業したときに失業手当が支給される制度ですが、非正社員の場合、一週あたりの労働時間が二〇時間以下の場合、雇用保険には加入できません。このように社会保障制度から部分的に排除されています。

（４）四つ目に、両立支援へのアクセスから排除されていることです。先ほどいいましたように、非正社員に対して出産や育児をサポートする仕組みが非常に乏しいのです。妊娠がわかった人を一〇〇％として、正社員女性の六〇％が育児休業を取得して、その後復帰しています。それに対して非正社員の人では、その割合がわずか一二％です。また、非正社員では育児休業をとらずに出産して、すぐに職場復帰する人が一九％もいます。これは、育児休業が使いにくいということもありますが、そもそも育児休業をとれば所得が半分になりますから、ただでさえ所得が低いのに、さらに半分になったら生きていけないということで、取得しないケースもあるのでしょう。

まとめますと、いろいろな取り組みは行ってきたけれども、正社員（とくに出産・育児を担う女性）においては、未だに両立が難しい状況にあるということ、非正社員の場合はさらに悲惨な状況にあるということです。

6　ワーク・ライフ・バランスが導入された経緯（ＥＵのケース）

ここからは、ＥＵにおけるワーク・ライフ・バランスについて考えます。もちろん、加盟国によって現状や政策はさまざまですが、ここでは個々の国のことには触れずにＥＵの政策としてワーク・ライフ・バランスを見ていきましょう。

出発点は一九九七年に出された欧州雇用戦略です。日本の場合は、少子化対策の流れからワーク・ライフ・バランスが出てきましたが、欧州の場合は、非常に高い失業率、それも構造的失業がきっかけです。構造的失業とは、景気の良し悪しに関係なく生じる失業のことです。例えば、職場でＩＴ化が進んだために、それまで培ってきたスキルが古くなってしまい、職を失うというケースが考えられます。ＩＴ化は時代の流れですから、使えないと景気にかかわらず失業のリスクが高まります。

ヨーロッパの平均失業率は一〇％です。失業率の高いケースは、スペインの一八％、フィンランドの一五％でした。とくに若い人の失業率が高く、これを何とかしなければいけないということで、欧州雇用戦略が打ち出されました。

欧州雇用戦略の目的の一つは、雇用情勢を改善することです。それから、古い産業から新しい産業へと労働者たちをスムーズに移行させて、ＥＵ加盟国の国際競争力の強化を目指すことにあります。

欧州雇用戦略が打ち出される前は、市場原理主義でした。つまり、競争により経済を拡大させることを目指していました。その中で競争に敗れた、恵まれない仕事にしかつけなかった人に手を差し伸べることなく、市場原理を推し進めようとしていたのですが、一九九七年あたりから競争による効率性だけではなくて、公平、平等というものにも目を向けるようになりました。その流れを受けた欧州雇用戦略は、市民の福祉に重点を置き、高齢者や社会的弱者、そして労働市場から排除された人を社会的に統合する、いわゆるソーシャル・インクルージョンが非常に特徴的です。ソーシャル・インクルージョンのためにたてられた四つの柱があります。

まず、①雇用可能性です。英語ではエンプロイアビリティーですが、直訳すると「雇われる力」となります。その時代のニーズに合った技術を身につけると、雇われる力が高まります。二つ目は、②起業家精神です。失業したら、ほかの会社に就職する方法もあるけれども、自分でビジネスを起こすという方法もあります。三つ目は、③適応可能性です。転職などによる環境の変化に順応することが大切だということです。これはフレキシキュリティーという政策と関連があります。フレキシビリティーとセキュリティーの造語です。フレキシビリティーは、労働市場の柔軟性を意味します。企業が業務量に合わせて社員の数を増やしたり減らしたりすると、リストラされる可能性が高まります。リストラされたら別の会社へ行かなければいけません。このように入職、退職が増えると流動性が高まります。フレキシビリティーは企業にとっては効率的でよいものですが、これだけでは雇われるほうはたまりません。リストラされた後、次の勤め先を見つけるまでのセキュリティー（所得保障・職業訓練）がちゃんと提供されている必要があります。つまり、フレキシキュリティーは、企業のフットワークを軽くして、ビジネスのハードルを下げて競争力を高めていく一方で、労働者の生活安全保障のためにセキュリティーを強化するという政策なのです。

最後は④機会均等です。今まで排除されていた人にもチャンスを与えて、働けるようにしようというのが狙いです。

これが四つの柱です。このうちワーク・ライフ・バランスと関係がありそうなのは、①、③、④です。

①雇用可能性にはキャリア形成が必要ですが、その仕組みがないのならば提供しなければなりません。③適応可能性もキャリア形成に関係します。④機会均等については、女性も働けるように保育所を増やしたり、労働時間を柔軟化する必要があります。

以上、欧州においてワーク・ライフ・バランスの取り組みが始まった経緯が日本とかなり違うことがわかりました。

7 ワーク・ライフ・バランスの取り組み（EUのケース）

先に示した四つの柱に基づき、六つの政策としてワーク・ライフ・バランスが講じられています。すなわち、

① 男女均等政策としてのワーク・ライフ・バランス
② 非典型労働者政策としてのワーク・ライフ・バランス
③ 労働時間政策としてのワーク・ライフ・バランス
④ 就業促進政策としてのワーク・ライフ・バランス
⑤ Making Work Pay 政策としてのワーク・ライフ・バランス
⑥ 人口政策としてのワーク・ライフ・バランス

日本でのワーク・ライフ・バランスは⑥にあたります。いかにＥＵがさまざまな観点から取り組みを行っているかがわかります。以下、それぞれについて説明します。

①　男女均等政策としてのワーク・ライフ・バランス

育児休業指令から見ていきましょう。ＥＵにはＥＵ法があって、加盟国はそれに従わないといけないのですが、その下の位置づけにＥＵ指令というものがあります。これは原則、つまり、「こうあるべきだ」ということを示しています。法律とは違って、遵守しなければいけないというわけではなくて、指令によって示された原則をそれぞれの国で法制化しなさいという緩いものです。ですから、どういう形でそれを取り入れるかはそれぞれの国に任されています。非常に厳しい形で取り込んでもいいし、緩い形で取り込んでもいいということです。

ただ、指令が出されてから三年以内に法整備をしなければなりませんので、一定の法的な拘束力はあるといえます。それを無視して、期限を過ぎても国内の法律を整備しなければ、ＥＵ内での立場に影響してきます。例えば、フランスでは、労働時間の指令で手こずりなかなか法律にできなかったときに、ＥＵからのプレッシャーがあったと聞いています。

このＥＵ指令の一つに育児休業指令があります。男女均等に育児休業の権利を保障することを原則として掲げています。ヨーロッパで育児休業が始まった当初から特徴的だったことは、夫婦のあいだで育児休業が譲渡できないことでした。お母さんが三カ月取ってもいいし、お父さんが三カ月取ってもいい。でも、お父さんが三カ月取らないからといって、お母さんが六カ月取ることは認められていませんでした。皆さんはスウェーデンやノルウェーが行っているパパ・クォータ制を聞いたことがあると思いますが、まさに夫婦間で譲渡できない仕組みです。お父さんが割り当てられた部分を放棄しても、お母さんはそれを使えない。日本でも、お父さんが育児休業を取ったら一年、お母さんが育児休業を取ったら一年で、でも、二人が別々に取る場合は一年二カ月というふうになりましたので、少しクォータ制の要素が取り入れられたところです。

育児休業に関するEUと日本との違いは二点あります。一つは誰をサポートするのかという違いです。ヨーロッパの場合は男女平等という考え方があるので、男女問わず親であればサポートしますが、日本の場合は、お母さんのサポートが中心で、お父さんは相変わらず長時間労働で頑張るというスタイルが取られています。

もう一つは、EUではパートタイムの休業が可能である点です。仕事をフルに休んだ場合、復職後仕事についていけなくなるのではという不安があります。ですから、完全に休むのではなくて、キャリアのために部分的に休業することを可能にしているのです。例えば、通常八時間働くところを四時間にする。そうすれば取り残されるのではという不安はなくなります。

もう一つ、EUの特徴として父親の出産休暇があります。父親が出産に立ち会うための休暇です。これは、義務ではなくあったほうがよいという程度の指令です。ですから、EUの中でも、父親の出産休暇についてはばらつきがあります。一生懸命やっている国と、そうでない国があります。

②　非典型労働者政策としてのワーク・ライフ・バランス

いわゆる非正社員の問題です。EUの原則は、パートタイム労働、非正社員労働は労働者による自発的な選択であるべきだとします。つまり、正社員になりたかったけれども、なれなかったから仕方なく非正社員で働くというのは、この原則に反します。

それから、男性、女性にかかわらず、パートタイム労働を選択する道が開かれているということ、非正社員だからといって簡単な業務に限定されないこと、育児中や介護中の人にパートタイムという選択肢があること、フルタイムと同等の権利を有すること（例えば、労働条件、解雇ルール、職業訓練、昇進とか社会保障制度など）が原則として書かれています。これが、先ほどと同じでEU指令となっています。日本での非正社員のイメージとはかなり異なります。

また、パートタイムとフルタイムの相互転換を考慮すべきと書かれています。子どもができたり、親の介護が必要になったら、八時間を六時間にするといった具合にフルからパートへの変更を申し出ることができます。そして、その期間が終わればフルタイムに戻すことができます。これを大々的にやったのがオランダです。これを即、日本に導入するのは難しいです。なぜなら、日本の正社員と非正社員は待遇が違いすぎるからです。

最初に少し話しましたが、正社員として就職する際に、私たちは会社とどんな契約をしているのでしょうか。お給料と引き換えに「この仕事」をしますという契約は少ないです。また、時間で契約しているわけでもありません。では、何と交換しているのでしょうか。一般的には、どんな仕事でもしますし、必要であれば残業もしますし、いわれれば転勤もします（ただし、エリア限定総合職という限定的な働き方があります）。つまり、企業の一員になるという契約です。労働法の専門家、濱口桂一郎先生の言葉を借りると、日本の正社員はメンバーシップ制です。その企業のメンバーになることでお給料をもらっているということです。

一方、非正社員はどうかというと、レジ係というふうに募集しているわけです。つまり、レジという仕事に対して契約している。ここがそもそも正社員と違います。正社員（メンバーシップ制）は仕事で契約しているわけではありませんから、ある仕事が必要なくなったという場合にも首にはできません。しかし、仕事で契約をしていたら、その仕事がなくなればそこで首になるわけです。これはヨーロッパでは普通にあることです。また、非正社員の場合、契約期間が定められています。四年契約の契約社員が五年目に契約が更新されないことはよくあります。いわゆる雇い止めです。このように、日本においては、正社員と非正社員の雇用契約や賃金の決まり方が違いすぎますから、フル（正社員）からパート（非正社員）への転換というのが難しいのです。ヨーロッパでのパートタイムは、時間が短い正社員ととらえるのが一般的です。フランスやオランダでは、週四日働く正社員が多くいます。短時間正社員は日本ではごくわずかしか存在しません。ただし、ヨーロッパでも、一部、単純労働で、条件の悪いパートタイムもあります。スーパーのレジ係などがそうです。

③ 労働時間政策としてのワーク・ライフ・バランス

労働時間指令は比較的緩やかな規定となっています。例えば企業が労働編成を変えるときに、労働者のワーク・ライフ・バランスに配慮するよう求めています。

労働時間に関して、ＥＵはスプリット・シフトなどの課題を抱えています。スプリット・シフトというのは、シフトとシフトのあいだに数時間の待機時間ができてしまう勤務時間のことです。スーパーのレジ係やバスの運転手さんに多い問題です。スプリット・シフトによるワーク・ライフ・バランスの悪影響が指摘されています。これに関しては、加盟国のあいだで意見の対立があり、法整備が遅れているようです。

次に、ＥＵが提唱しているライフサイクル・アプローチをご紹介します。これは、労働時間編成が個人の生活にフレンドリーであるべきだと主張するものです。長い人生の中で育児や介護などにより就業を中断したり、労働時間を短くしたりする時期があります。中断や時間短縮が不利にならないような形で、人生で起こるイベントに対応可能な労働時間制度が必要だということです。

④　就業促進政策としてのワーク・ライフ・バランス

先にＥＵでは失業率を減らさなければならないという課題がありました。ただし、ＥＵの特徴ですが、失業率ではなくて就業率という指標が使われます。なぜなら、失業率というのは微妙なデータだからです。

日本もそうですが、失業者は誰かというと、仕事を探している人です。仕事を探していて、まだ仕事につけていない人が失業者です。つまり、仕事を探すことをあきらめた人や非就業の人は失業者にはカウントされないのです。ですから、できるだけ多くの人が働けるようになっているかをみるためには就業率をみるほうがよいということです。就業率を高めようとする政策はFull employmentと呼ばれています。

その中で主にターゲットとなっているのは、就労意欲のある高齢者、稼働能力のある生活保護受給者、家事・育児・介護のために働けていない人（主に女性）です。ヨーロッパも少子高齢化で年金の財源問題がありますので、支出を抑えるという意味で働きたい高齢者には働いてもらおうというわけです。また、働けるのに生活保護に依存してしまっている人たちには、金銭的援助を行う単なる福祉から福祉と就労支援（職業訓練など）を組み合わせたサービスを提供しようという動きがあります。これは、福祉から就労へということでWelfare-to-WorkとかWorkfareと呼ばれます。家事・育児・介護を担う人々には就労支援としてワーク・ライフ・バランス施策を行います。

⑤ Making Work Pay 政策としてのワーク・ライフ・バランス

Making Work Payというのは仕事が割に合うという意味です。つまり、福祉をもらうよりも、働いたほうが得になるように制度設計をします。

これは、先ほど説明したWorkfare（福祉から就労へ）の一つで、失業手当や生活保護の受給をしている人たちを労働市場へ連れ戻すための政策です。ヨーロッパの場合はよりソフトな形をとります。例えば、職業訓練を受けていることを要件に失業手当を支給したり、まったく働いていないよりも少しでも働いているほうが給付額が多くなるようにしたりします。

これに対して、アメリカはハードなWorkfareを行っています。例えば、いわゆる生活保護にあたる保障は一生に五年間という制限が設けられています。つまり、給付額を切り下げて無理やり働かそうとするハードな仕組みになっています。

話はもとに戻りますが、Making Work Payもワーク・ライフ・バランスと関係します。失業すれば仕事はなくなりますから、ワーク・ライフ・バランスの「ワーク」が欠けるわけですので、この人たちを労働市場に戻すことがワーク・ライフ・バランスにつながるわけです。また、非正社員や失業した人はキャリア形成をしにくい立場にいますが、Making Work Payは職業訓練という形で彼らにキャリア形成のチャンスを提供します。この意味でもワーク・ライフ・バランス施策といえます。

⑥　人口政策としてのワーク・ライフ・バランス

ヨーロッパでも出生率は低下傾向にあります。EU平均の一・五という数値は日本より高いものの、現在の人口を維持するための水準二・一を下回っています。

その背景には、就職時期の遅れ、雇用の不安定さ、住宅費の高さ、子育て費用の高さ、保育・介護サービスの不足があります。そこでワーク・ライフ・バランスが必要になります。

少子化対策としてのワーク・ライフ・バランスは日本と同じですが、日本と違うところは、ここでもライフサイクル・アプローチが提唱されている点です。つまり、子どもが生まれて仕事を中断したとしても、極端にキャリアが目減りしないような、損にならない仕組みが考えられているところが違います。

以上、ＥＵの欧州戦略というところからワーク・ライフ・バランスを見てきました。最後に日本がＥＵから学べることについて考えましょう。

8　日本がＥＵから学べること

ＥＵと日本の違いは、ワーク・ライフ・バランス政策が対象にしている層の厚さです。日本では主に正社員の問題としてとらえられていますが、ＥＵでは労働市場にいる人だけでなく労働市場から排除されている人をも対象にしています。さまざまな人に活躍してもらい、企業の成長につなげようという戦略をダイバシティ・マネジメントといいますが、この発想がなければ、ワーク・ライフ・バランスは進みません。なぜなら、さまざまな人に活躍してもらうためには、いろいろな働き方を認めるワーク・ライフ・バランスが必要になるからです。ＥＵのほうが先進的といえます。以下、学ぶべき点を二つ指摘したいと思います。

①2つの軸

今の点とも関連しますが、日本でワーク・ライフ・バランスが進まない理由として、社員に活躍してもらうためという目的が欠けていることが挙げられます。ワーク・ライフ・バランスを推進しているのは

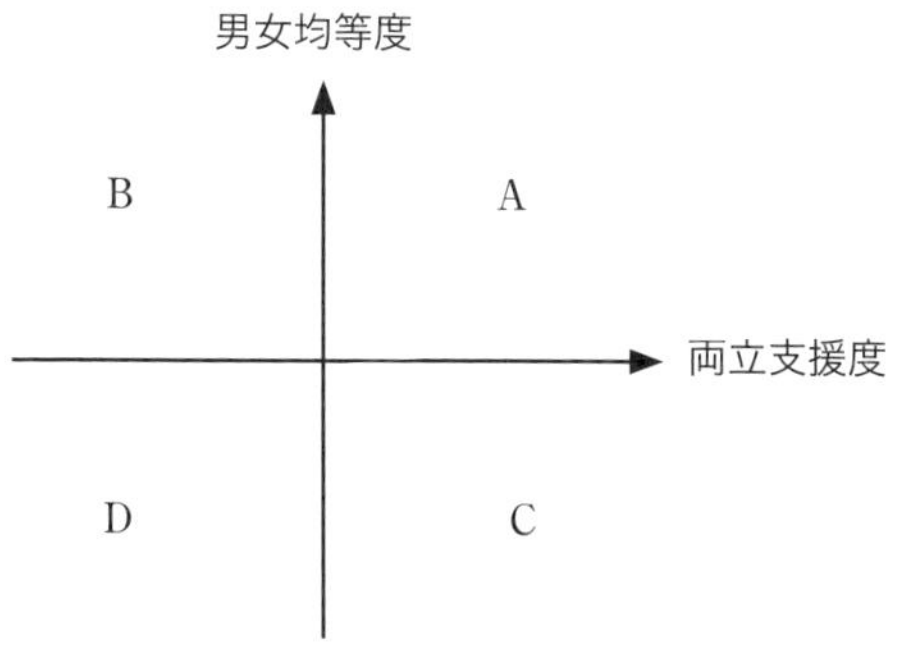

図4　ワーク・ライフ・バランスのための2つの軸

政府ですが、実行するのは企業です。従業員をサポートするだけでは単なるコストでしかありませんから、企業にワーク・ライフ・バランスを進めるインセンティブが働きません。そうではなく、働き続けて企業に貢献してもらうためという目的があり、そのためにサポートをするというのでなければ進みません。

ですから、ワーク・ライフ・バランスを真剣にやろうと思ったら、二つの軸が必要になります。図4をご覧ください。横軸は両立支援度、縦軸は、男女均等度を表しています。第四象限（C）では両立支援度が高いけれども男女均等度が低い。つまり、女性が活躍していません。これでは、企業による施策は単なるコストとなってしまいますので、施策の導入が進みませんし、男性社員は活躍する人という位置づけなので両立支援対象者から外されてしまいます。これに対して、第一象限（A）は、両立支援度も男女均等度も高くなっています。つまり、女性も男性も活躍しています。彼らに辞められてしまうと損失が発生しますので、企業も一生懸命にサポートをします。このように、（A）ではワーク・ライフ・バランスが進みます。ちなみに、第二象限（B）は男女均等度は高いが、両立支援度が低くなっています。これは、企業にとって最も利益を生み出すパターンに見えますが、両立が困難になった社員が離職してしまう可能性が高まりますのでそうともいえません。

日本では縦軸がないためにワーク・ライフ・バランスをお金がかかるだけととらえてしまいがちです。EUではこの二軸がはっきり認識されていますので、目指すところが第一象限（A）になります。これが、日本が学ぶべき重要な点の一つです。

② フレキシキュリティーと積極的労働市場政策

日本では正社員と非正社員の格差が大きいことがワーク・ライフ・バランスの悪化につながっています。先ほど説明したように、正社員はメンバーシップ制ですから、雇用は比較的安定していますが、長時間労働や休日出勤を拒否できません。時間外労働が増えてくるとワーク・ライフ・バランスが困難になります。一方、非正社員は雇用が不安定でキャリア形成が難しいという意味でワーク・ライフ・バランスが困難です。

こういった格差を改善しようと、非正社員の人が連続的に五年を超えて契約更新をされた場合、五年目に無期契約にしてほしいと申し出る権利が認められることになりました。これで非正社員も頑張れば正社員になれるチャンスができたのですが、実際、企業の総人件費は決まっているわけですから、コストのかかる正社員を抱え込んだまま（メンバーシップですから簡単に首にできません）、非正社員を正社員にしていく余裕がないところが多いと思います。おそらく四年での雇い止めが増えると思います。

そこでヨーロッパから学べるのが、フレキシキュリティーと積極的労働市場政策（公的職業訓練）です。グローバル化の影響で競争が激化していますので、企業も柔軟にコストを調整する必要があります。日本の場合は、正社員市場に柔軟性がないわけですが、優秀な非正社員を正社員にするならば、あまり活躍しない正社員を首にすることも同時に必要ではないかと思います。ただし、現行のセーフティーネットのままでは解雇される労働者の負担が大きすぎるので、同時にセーフティーネット（失業手当と公的職業訓練）を強化する必要があります。

第11講

EUのジェンダー政策

1　はじめに

今日は、男女間格差についてEUがどのように取り組んでいるのかを見ていきたいと思います。現在、安倍政権が取り組んでいる成長戦略（アベノミクスの三本目の矢）の中に、女性の活躍推進があります。象徴的なのは「にいまる、さんまる」という政権公約で、二〇二〇年までに指導的地位に占める女性の割合を三〇％にしようというものです。EUは平均ですでに三〇％をクリアしていますが、日本はまだおよそ一〇％です。本日は、EUのジェンダー政策について学びますが、最後に、EUとの対比で日本が取り組んでいる女性の活躍推進についても考えていきたいと思います。

本日のテーマ、ジェンダー政策は非常に幅が広いです。雇用分野だけではなくて、ドメスティック・バイオレンス、教育の分野での平等など、さまざまなテーマがあります。ここでは雇用におけるジェンダー政策にテーマを絞りたいと思います。

2　雇用分野における男女間格差の現状

ライフサイクルを通じた働き方

早速ですが、EU諸国の年齢別就業率を見てみましょう（図1）。これは、OECDによる二〇一二年のデータです。[1] 横軸が年齢、縦軸が就業率を示しています。それぞれに二本の折れ線がありますが、上が男性の、下が女性の年齢別就業率です。

一目でわかることは、男性の就業率はすべての国に共通していて、逆U字型を描いていることです。つまり、卒業後に就職をしてそのまま六〇歳ぐらいまで働き続けて、引退をするというパターンです。一方、女性の就業率は国によって違います。EU諸国を四つのタイプ（厳密には六つのタイプ）に分けてみたいと思います。[2]

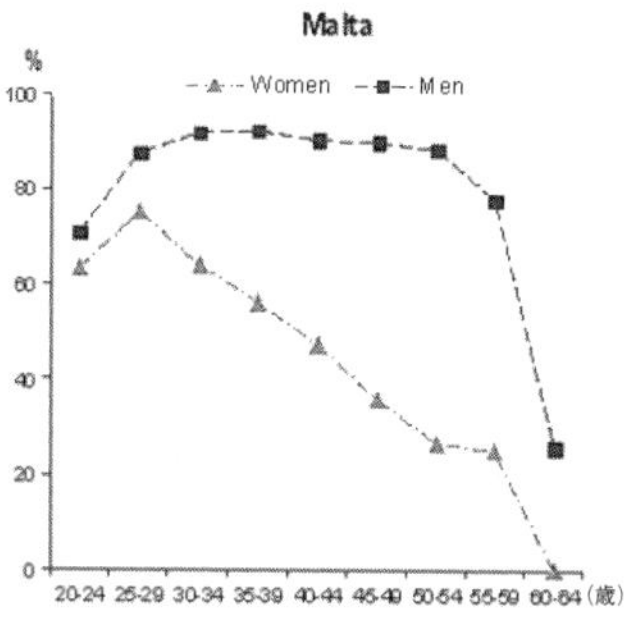

①右肩下がり型（マルタ）

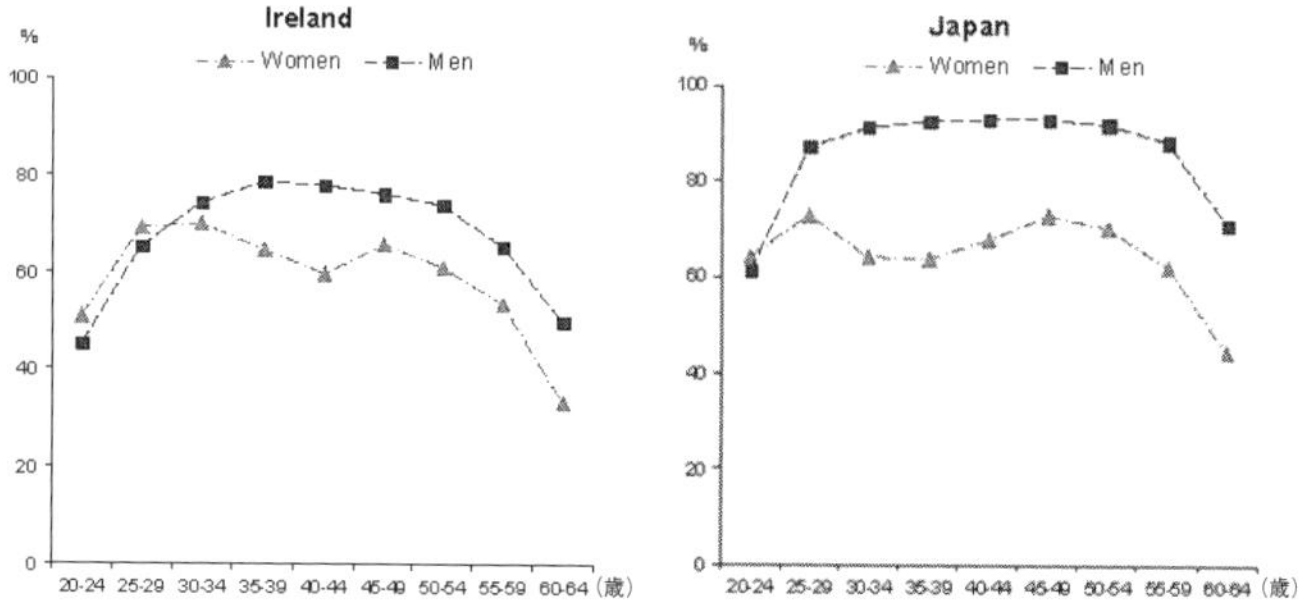

②　M字型（アイルランド、日本）

図1　男女別にみた年齢別就業率

①右肩下がり型

マルタがこれに該当します。就業率が早いタイミングで下がっていき、非就業の女性が増えていくというパターンです。これを右肩下がり型と名づけましょう。

②M字型

アイルランドが該当します。三〇代から四〇代半ばにかけてくぼみがあります。ちょうど出産、子育て期にあたる時期だと思われます。

日本女性の働き方もM字型として知られています。日本の場合は、二〇代後半から三〇代

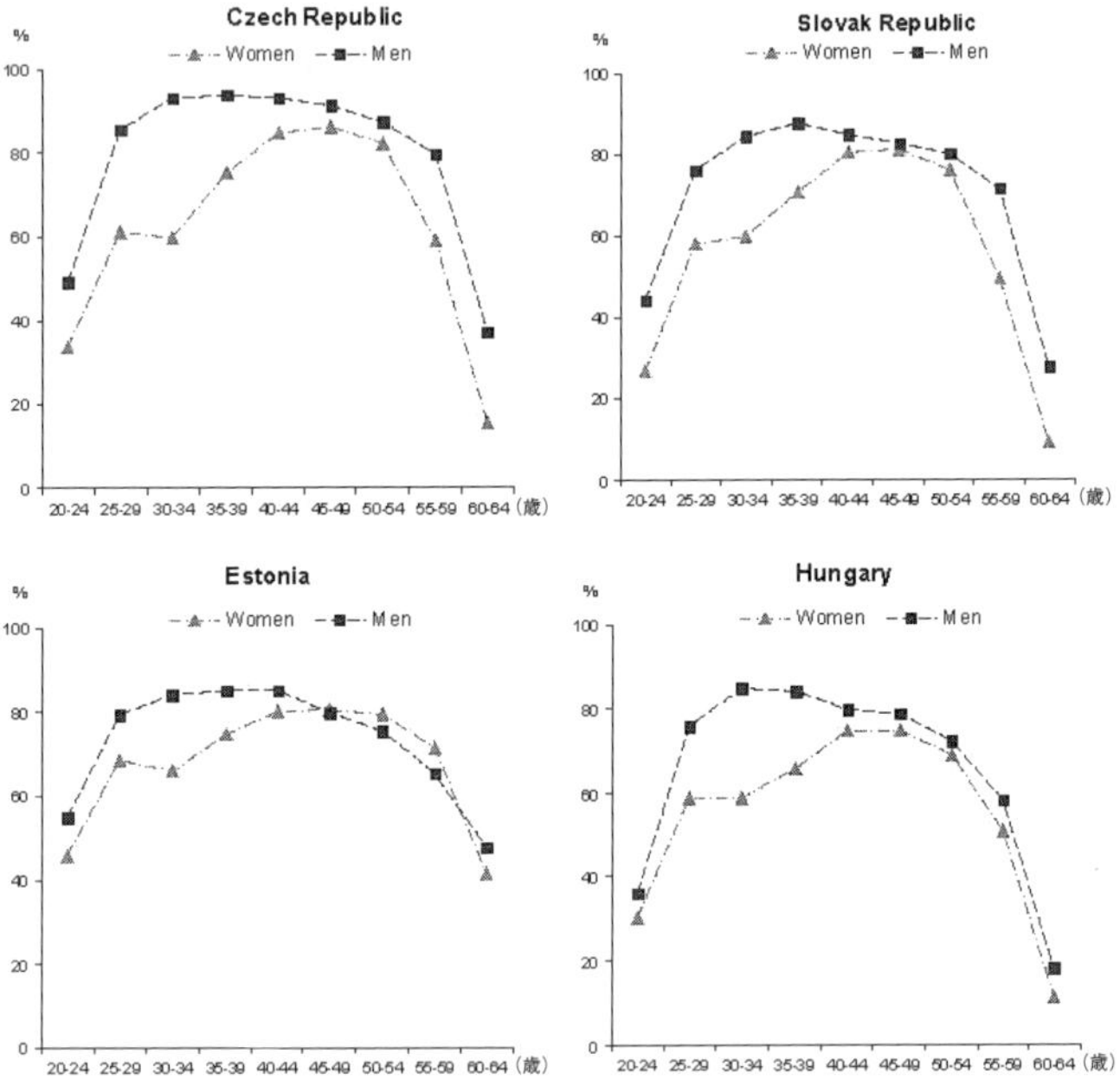

③右肩上がり型（チェコ、スロバキア、エストニア、ハンガリー）

図１　男女別にみた年齢別就業率（続き）

前半が出産、子育て期にあたります。一人目の出産から就業率がぐっと下がります。数年後、子どもが幼稚園に入る、あるいは、小学校に入るタイミングでパートタイム労働者として再就職する人が増えるのでM字型になります。

出産時期がアイルランドのほうが遅いためにくぼみの箇所は若干日本と異なりますが、いずれもM字型を描いています。どちらも育児と仕事を両立させている人の割合が低いといえます。

③右肩上がり型

チェコ、スロバキア、エストニア、ハンガリーが該当します。就業率は、若年期において低いのですが、徐々に上昇し、四〇代、五〇代でピークとなっています。これらの国は、育児サポートが少ないことで知られています。後半になって就業率は上昇しますが、あまりいい働き方ではないと思います。なぜなら、私たちは若いときに就業することで、経験を積み重ねることができ、それによって賃金を上げることができます。しかし、右肩上がり型の場合、女性は男性に比べて相当出遅れることになりますので、男性との賃金格差は大きくなります。

このような意味でこのタイプの働き方にはネガティブなイメージを持っています。右肩上がりといえばポジティブな意味になりますが、右肩上がり型はあくまでも就業率カーブの形状をとらえたネーミングです。

④逆U字型

男性と同じで逆U字型です。ただ、男性に比べて就業率の格差が小さい国と、中くらいの国、そして格差の大きい国があります。

④-1　格差小逆U字型

スウェーデン、フィンランド、デンマーク、スロベニア、リトアニア、ラトビア、ブルガリアが該当します。フィンランドは右肩上がり型にも見えるのですが、ほかの右肩上がり型と比べると若年期の就業率が高いのでこちらに分類しました。北欧諸国と旧共産系の国々といった顔ぶれです。北欧諸国は、育児や介護に関して家族の義務が小さい国々であるといえますが、そのことと女性の働き方が関連しているの

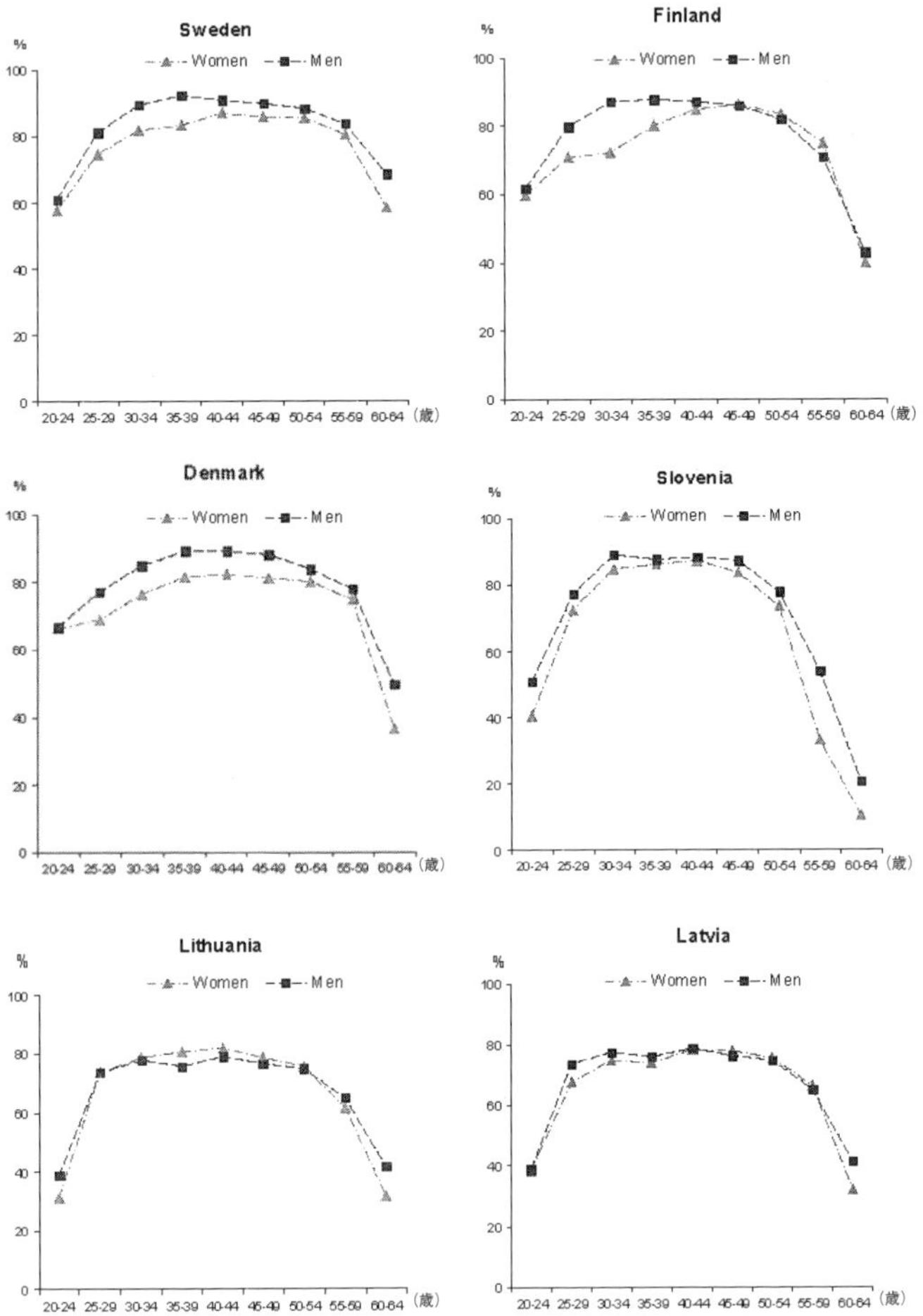

④逆U字型

④－1　格差小逆U字型

（スウェーデン、フィンランド、デンマーク、スロベニア、リトアニア、ラトビア）

図1　男女別にみた年齢別就業率（続き）

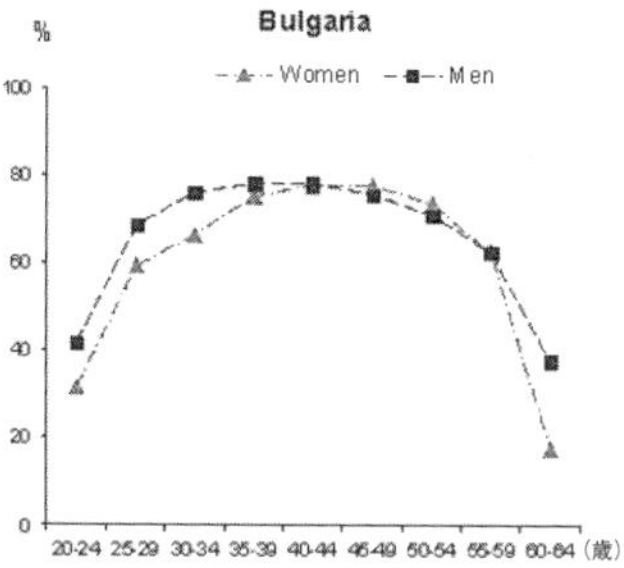

④－1　格差小逆U字型（ブルガリア）

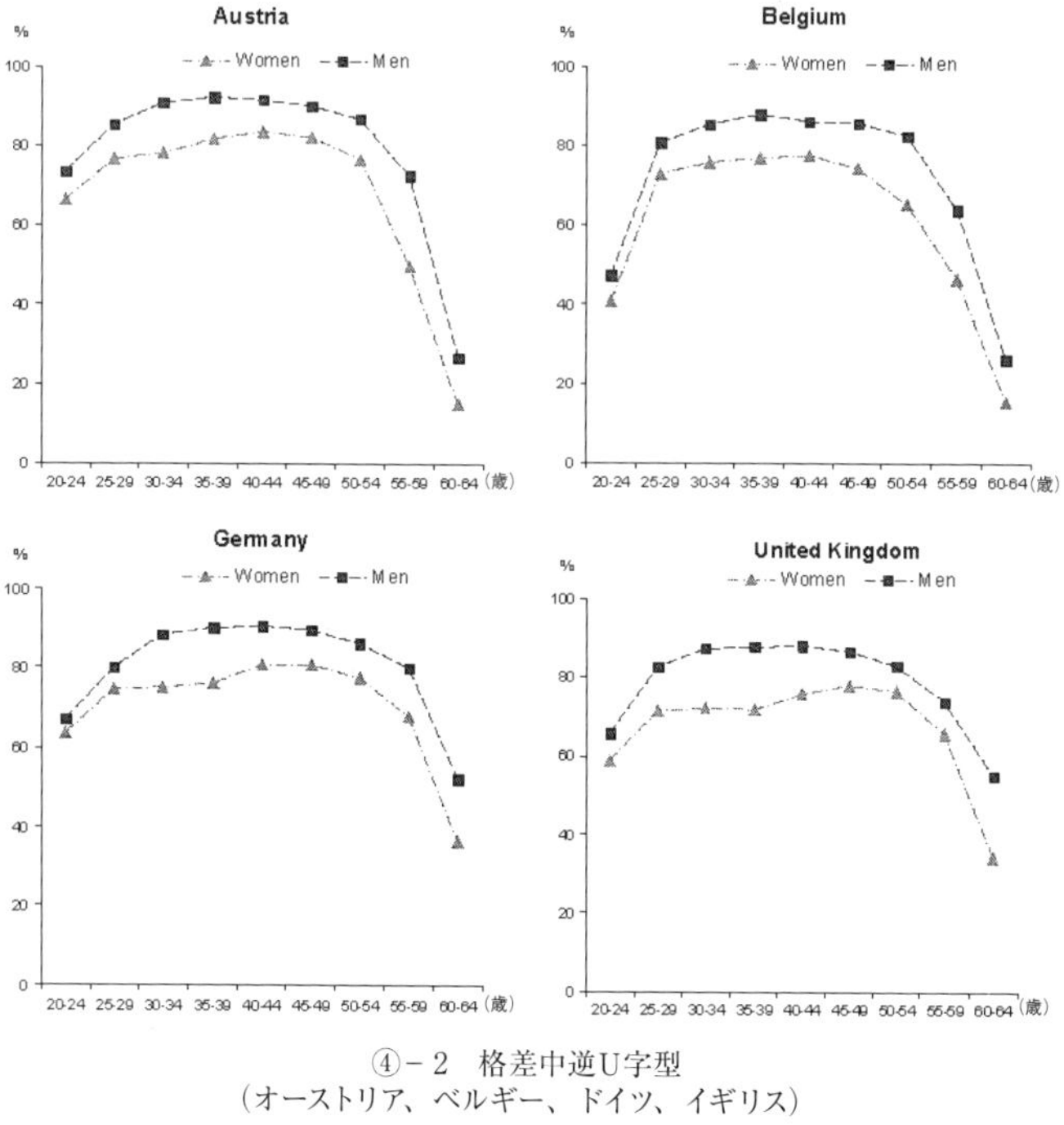

④－2　格差中逆U字型
（オーストリア、ベルギー、ドイツ、イギリス）

でしょう。

④－2　格差中逆U字型

オーストリア、ベルギー、ドイツ、イギリス、フランス、ポルトガル、ポーランド、オランダ、ルーマニア、キプロスが該当します。西ヨーロッパの国が多くみられます。育児や介護に関して家族の義務が中程度の国が多く含まれています。

④－3　格差大逆U字型

格差の大きな国は、ギリシャ、イタリア、スペイン、ルクセンブルクです。育児や介護に関して家族の義務が最も大きい、伝統的な家族主義が根強い南欧諸国が入っています。

柴山先生の本[3]にも同様のグラフがあります。ただし、使用されているデータは二〇〇〇年のものです。それと二〇一二年のデータを使った図1を比べてみると、二〇〇〇年は右肩下がり型がけっこう多いことに気づきます。例えば、ベルギー、ポルトガル、オランダでは、右肩下がり型でしたが、二〇〇〇年から二〇一二年のあいだに逆U字型になっています。つまり、女性の働き方が大きく変わったということです。この背景には、不況により、女性も働かなくては家計を維持できなくなったという事情もありますが、もう一つは、EUのいろいろな指令が効果を発揮したのではないかと思います。スペインやルクセンブルクにおいても、男性との格差はあるものの、右肩下がり型から逆U字型になりました。

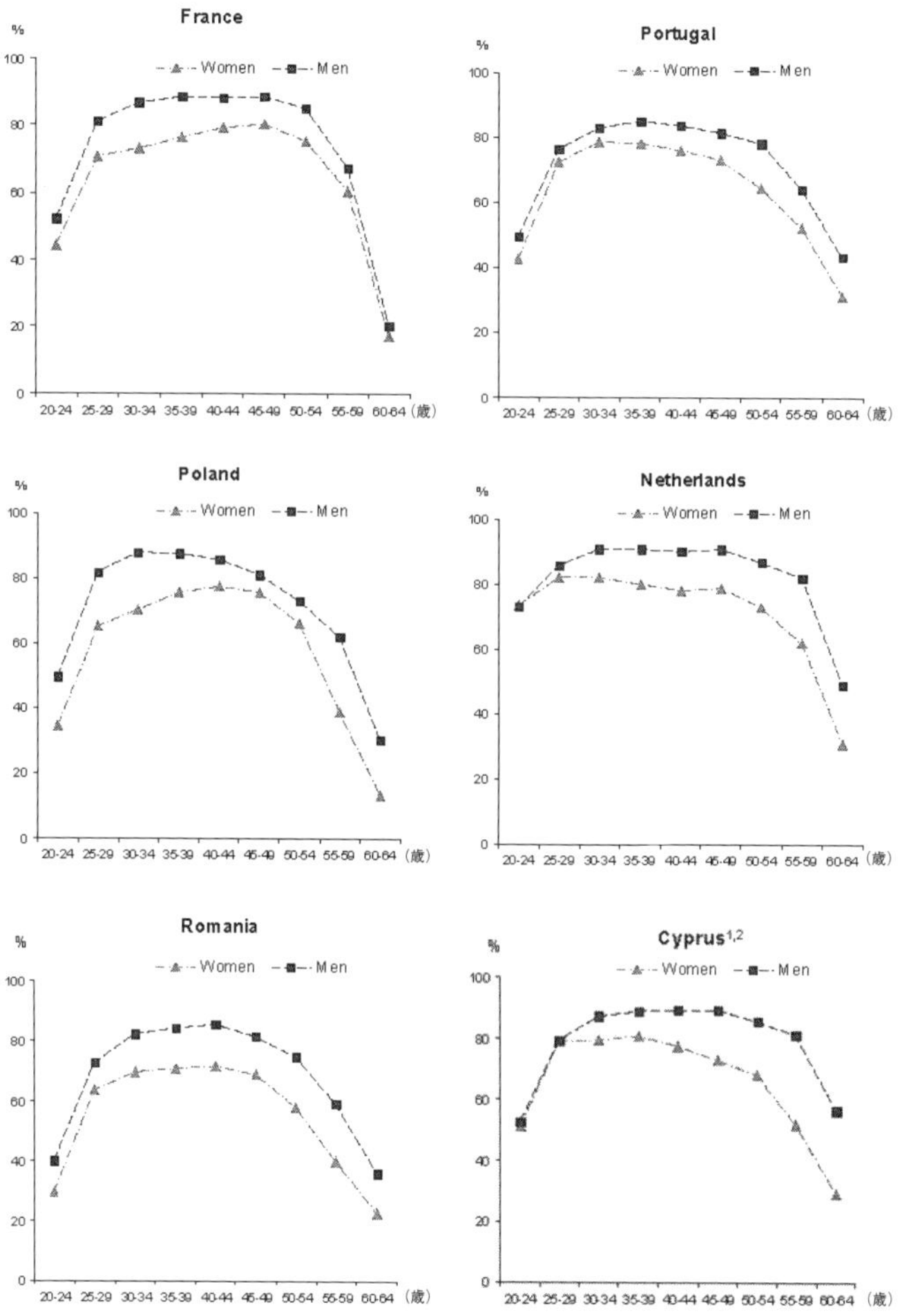

④－２　格差中逆Ｕ字型
（フランス、ポルトガル、ポーランド、オランダ、ルーマニア、キプロス）

図１　男女別にみた年齢別就業率（続き）

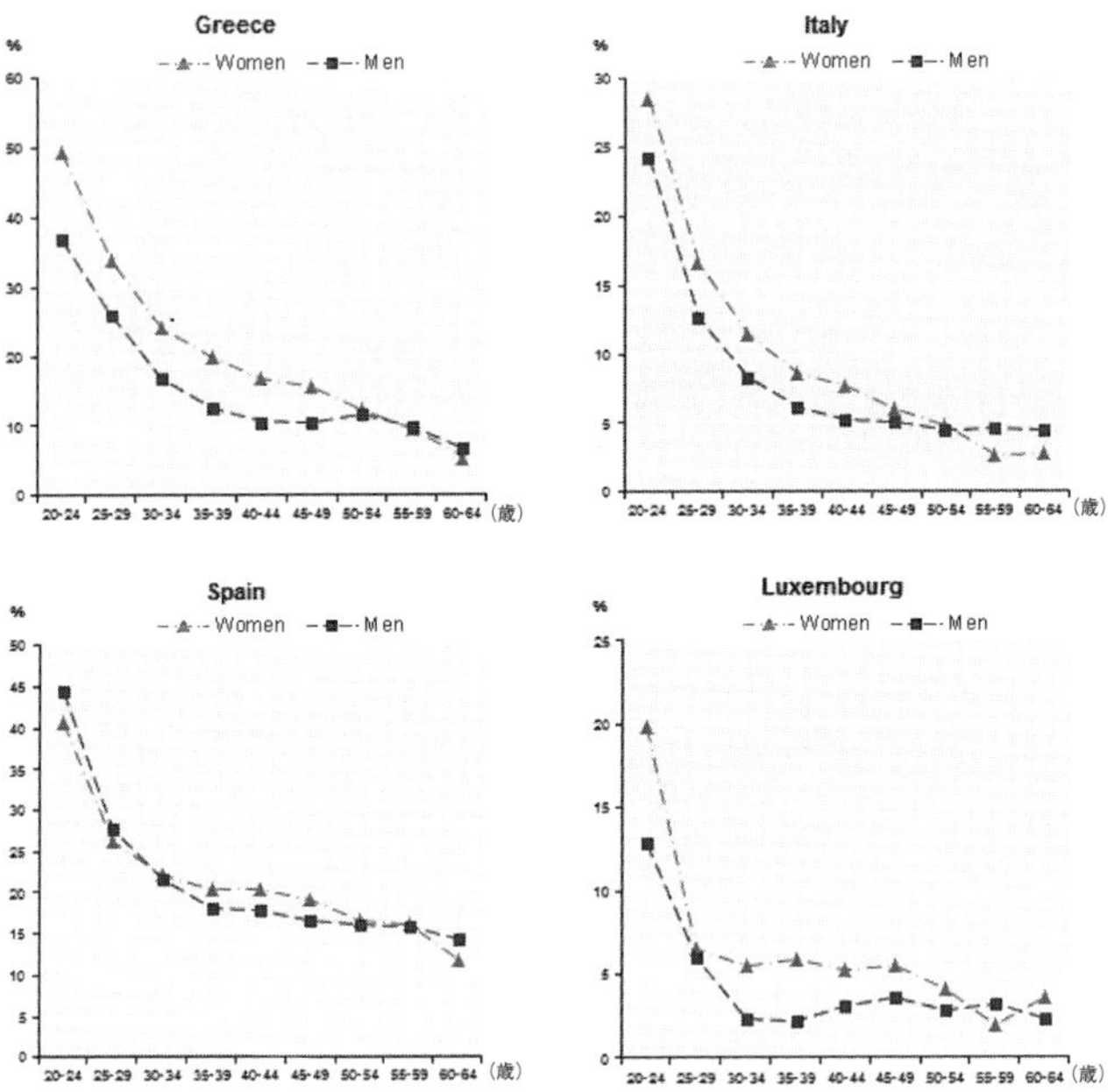

④－3　格差大逆U字型
（ギリシャ、イタリア、スペイン、ルクセンブルク）

図1　男女別にみた年齢別就業率（続き）

なぜ働き方に着目するのかというと、働き方によってキャリアの蓄積ならびに生涯所得が変わってくるからです。先ほど、日本はM字型といいましたが、逆U字型と比べるとどの程度生涯所得が異なるのでしょうか。

逆U字型は中断期間のない働き方です。M字型は一度辞めて、また復帰してくるという働き方です。逆U字型のように、ずっと働いている場合は多かれ少なかれ収入が上がっていきます。一方、M字型のほうはどうでしょう。例えば、二八歳で結婚して、三〇歳で一人目の子どもを産んだとします。その後、子どもが小学校へ入学したあとに仕事を再開しようとしたとして、もとの職に戻れる可能性はごくわずかです。看護師などの専門の資格を持っていれば、辞める前と同じぐらいのお給料で勤め先を見つけることも可能でしょうが、そうでない場合、正社員の仕事を見つけることも難しくなります。家事や育児の負担もあるということで、パートタイマーとして働く人が多くなります。この場合、生涯所得は著しく低下します。内閣府の計算によると二億強低下します。[4]

完全に労働市場から離れるM字型とは違い、逆U字型の場合、出産前後は時間を減らして働きます。ヨーロッパでは正社員の短時間勤務という働き方が普及していますので、通常八時間働くところを六時間にしたり、五日働くところを四日にしたりします。もちろん時間が減った分収入は低下しますが、継続していることに意味があります。何年か完全に仕事を離れてしまったら、休んでいるあいだに自分の持っていた知識が古くなり、新しい知識についていけなくなります。しかし、少しでも働いていたらそのような心配がなくなります。ですから、生涯所得のことを考えたら、継続的な働き方のほうが望ましいのです。

欧州諸国の働き方を四つに分けましたが、先ほどお話したようにここ一〇年間の変化もあり、欧州諸国で最も多いパターンは逆U字型でした。また、育児や介護に国が関与する度合いが大きい国ほど男女間の格差が小さい逆U字であることもわかりました。

職域分離

男女の違いは職域にもあらわれます。男性に偏った職種と女性に偏った職種があります。男性が多いのは、建設、農林業、電気、ガス、水道といったインフラ、運輸、通信、製造部門です。女性が多いのは、家事サービス、健康、福祉に関連する職業、教育、ホテル、レストランなどのサービス業です。男性も女性も同じぐらいの割合である職域は五分の一と少ないです。問題は、女性に偏った職業は低賃金であるということです。

就業形態

三つ目の男女の違いは就業形態です。正社員か非正社員か、あるいは、フルタイムかパートタイムかという違いです。[5] パートタイムの就業者比率を見ますと、EU平均で三一％の女性がパートタイムで働いているのに対して、男性は八・三％です。これも男女間にかなりの違いがあります。

ところで、パートタイムという用語は注意が必要です。文字どおり時間が短いという場合と、地位が低いという場合があるからです。日本のパートタイムは、後者で、時間が短いというよりは従業員上の地位が低いという要素のほうが強いです。ヨーロッパの場合は両方ありまして、一つは勤務時間の短い正社員の働き方、もう一つは、低賃金で簡単な業務を担うという要素が強い働き方です。女性の就業率が高くなった背景に、パートタイム労働という働き方ができたことがあります。誰もが一日八時間働かなければならない時代は、就業できなかったけれども、四時間、五時間でも可能という働き方ができるようになり、女性の就業率が上がってきたわけです。先ほどお話ししましたように短時間正社員は、育児や介護で忙しい時期にも仕事を辞めなくてよいので、非常によい制度です。一方で、地位が低いという意味でのパートタイムは、時給が低く、キャリア形成もあまりできません。パートタイムのような非正社員と正社員とでは、仕事の与え方や育て方が違うからです。また、雇用の安定性が低いといった点でも不利です。日本でもEUでも、こういった不利な立場といえるパートタイムに女性が多く偏っています。

さらに、女性の中でも母親にパートタイムで就業する傾向が強くなります。私が住んでいたフランスは比較的男女平等な国で父親も家事をします。しかし、家事の中身に違いがありました。庭仕事、大工仕事は父親の仕事、炊事・洗濯は母親の仕事といった具合です。育児も母親に偏っています。結果として母親の家事・育児時間が長くなり、パートタイムで働いている人が多くなります。こういう男女の違いが、ヨーロッパでもあるということです。

Eurostat のデータによると、[6] オランダを除いて男性のパートタイム就業率が低いことがわかります。それに対して、女性のパートタイム就業率が三〇%を超える国は二七カ国中一一カ国もあります。

女性のパートタイム就業率がとくに高い国（オランダ、ドイツ、オーストリア、イギリス、ベルギー、スウェーデン）を見て気づくことがありますか？　ここに挙げたすべての国は図1の逆U字型に属していました。そして、これらの国では、子どもがいない女性に比べて、子どもがいる女性のパートタイム就業率が顕著に高くなっています。これらのことから、子どもが小さいあいだはパートタイムという働き方をすることで育児と仕事の両立を図っていることがわかります。逆U字型はM字型に比べて、男女格差ができにくいという意味でよい働き方であるといいましたが、逆U字型の国でもパートタイム就業率における男女格差が大きいところは賃金にも顕著に差が出てくるようです。

賃金格差

それでは、男女間賃金格差について見てみましょう。ＥＵ平均で、男性の賃金（時給）を一〇〇％とした場合、女性は一六％賃金が低いです。ちなみに、日本では約三〇％低くなっています。

では、ヨーロッパで、なぜ男女間の賃金格差が起きるのかというと、次の四つの理由が挙げられます。

一つ目は、直接差別および間接差別です。直接差別というのは、女性であることを理由に差別的な賃金を支払うということです。しかし、今は差別を禁止する法律もありますので、あからさまな差別は難しいです。一方、間接差別というのは、あからさまに女性だからとはいわないが、結果的に女性を排除する差別です。例えば、募集の際に身長一七五cm以上を条件に置くと、結局、男性しかいらないということになります。日本にはコース別人事制度があります。昔はあからさまに男性職、女性職としていましたが、今は男女雇用機会均等法があるのでできません。そこで、総合職、一般職と看板を変えて、表向きは男性にも一般職の門戸を開いているわけですが、実際にはほとんど来ません。このように、女性だからとはいわないけれども、間接的に男女を区別している。これも間接差別にあたると指摘されています。

二つ目は、職域分離です。女性は低賃金の家事サービスなどの仕事につくことが多いためです。

三つ目は、パートタイム就業です。たとえ短時間正社員だとしても、週五日働いている人と四日働いている人とを比べた場合、五日働いている人のほうが昇進には有利だと聞きます。ですから、短時間正社員という働き方はキャリアの連続性という意味では素晴らしいと思いますが、どうしても男性とのあいだに昇進格差ができてしまうようです。

四つ目はキャリアの中断です。逆U字型の国でも子ども数が増えるに従ってキャリアを中断する女性が増えてきます。

図2は、国別の男女間賃金格差が、男性の平均賃金を一〇〇としたときの割合で示されています。棒グラフが長いほど格差が大きいということになります。

オランダ、オーストリア、スウェーデン、ドイツなど、パートタイム就業率が高いところで賃金格差が大きいことがわかります。図1の就業率において、スウェーデンの女性は男性とほぼ同じ働き方をしていました。それにもかかわらず、一五％を超える賃金格差がある理由として、女性のパートタイム就業率が高いことが挙げられます。

以上をまとめると、ＥＵでは男性同様、女性が逆Ｕ字型という継続的な働き方をしている国が多いけれども、国によっては女性がパートタイムという働き方に偏っており、それゆえに男女間の賃金格差が存在するということです。

家庭の中の男女間格差

なぜパートタイムに女性が偏るのかを考えるために、最後に生活時間に着目してみたいと思います。Eurofound（二〇一〇）のデータを使って、家事・育児・介護に使われる平均時間をみると、女性が週二六時間に対して男性は週九時間です。一方、外での有償労働に使われる平均時間は、女性が三四時間に対して、男性は四一時間です。つまり、家事や育児が女性に偏っているために、女性はパートタイムとし

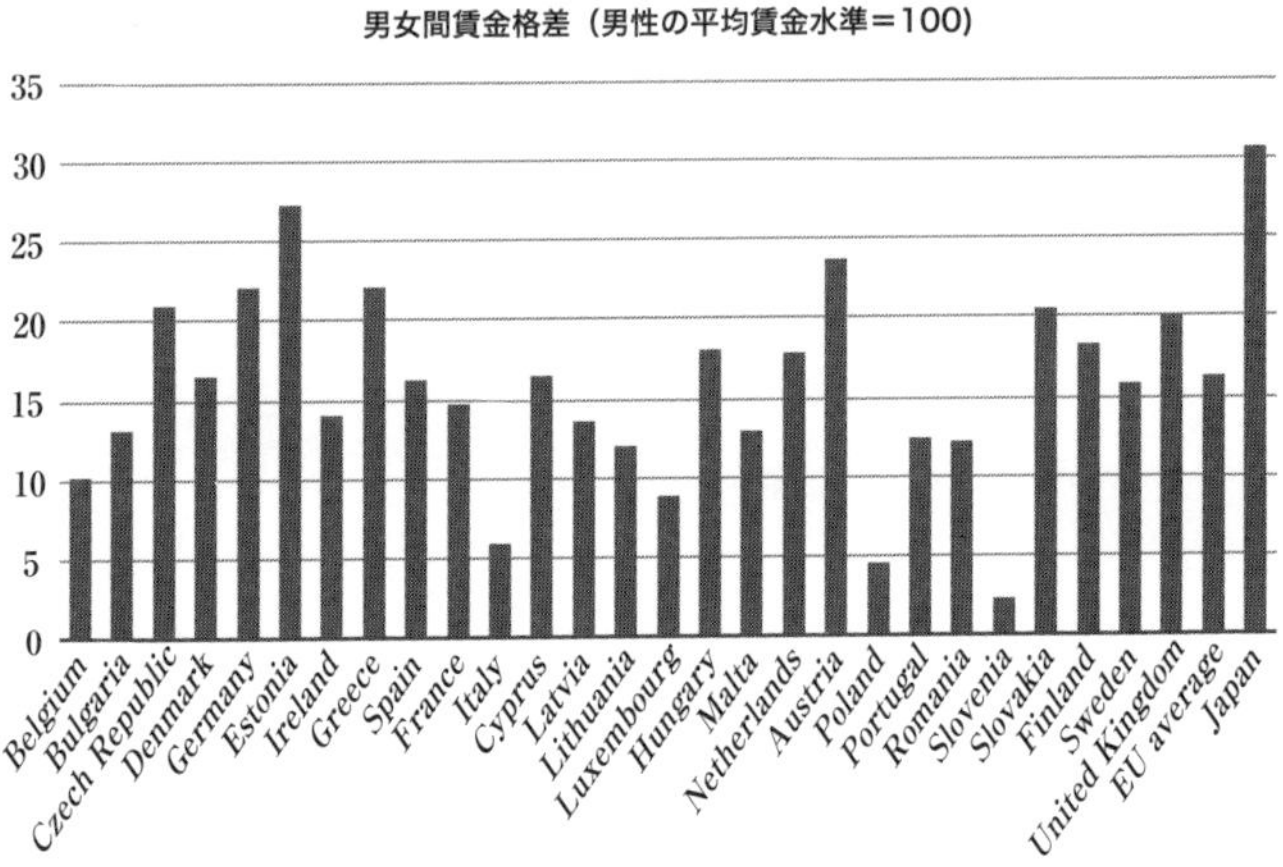

図2　男女間賃金格差

Source: Eurostat 2010

て労働供給を行っていることがうかがえます。

日本も同じですが、会社では男女間格差があります。ただ、ここだけを改善しようと思っても難しいです。多くの国では、家庭における性別役割分業がありますので、女性は家事や育児の負担が増してくると仕事を辞めたり、パートタイムで働かざるを得なくなります。そうすると、会社では、女性に重要な仕事を任せられないということになって、どうしても男女間格差がついてしまいます。職場や家庭の両面において取り組まないと男女間格差の問題は解決されません。

3　EUの男女均等政策

それでは、労働市場における男女格差についてEUがどのような施策を講じてきたのかについて見ていきたいと思います。

現在、ＥＵ法がありますが、これはローマ条約、アムステルダム条約、リスボン条約に影響を受けています。最初のローマ条約は一九五七年、第二次世界大戦が終わってから一〇年余りしかたっていない時代に締結されたものです。このローマ条約の一一九条で、男女同一労働同一賃金の原則が規定されています。これは、同じ仕事をしている者には同じ賃金を支払わなければいけないという、文字どおりの原則ですが、今の時代からみると少し物足りないと感じます。といいますのは、これと前後して、国際的な労働機関であるＩＬＯが一〇〇号条約を打ち出していまして、そこでは男女同一労働同一賃金だけではなく、同一価値労働同一賃金ということをうたっているのです。同一価値労働同一賃金というのは、ある基準で持って評価した場合に、違う仕事であっても同じ価値があると認められる場合、同じ賃金にしなければならないというものです。同一価値を決めるというのは非常に難しくて、例えば、一方が美容師さん、片方がとび職のケースを考えてみてください。評価には、肉体的な疲労度とか感情的な疲労度とか、さまざまな基準を置いて考えるわけですが、違う仕事を比べるのはなかなか難しいです。しかし、これをやらないと、男女が同じ仕事についている場合は比較ができるけれども、そうでない場合は比較ができません。そして、後者のケースが圧倒的に多いのです。だから、違う仕事でも比べなければなりません。今から思えば、戦後一〇年余りで、同一価値労働同一賃金の原則が規定されたというのはすごいことだと思います。

時代が進み、一九七五年に、ＥＵレベルでも同一価値労働同一賃金の原則が導入されました。通称、男女同一賃金指令というものです。ようやくＩＬＯの一〇〇号条約が適用されたのです。

次いで、一九七六年には男女均等待遇指令というものが採択されまして、これは、賃金だけではなくて、昇進とか職業訓練のチャンスなども均等にしなければならないというものです。

このように、一九七〇年代にさまざまな形で法整備が進みました。一方、一九八〇年代はあまり指令が出されることのない時代でした。ただ、一九八〇年代は女性の社会進出がより目覚ましくなってくる時代でした。

一九九〇年代になると、すべての政策決定のプロセスにおいて、男女平等という軸をすえる取り組み（ジェンダー主流化といいます）が積極的になされます。一九九九年、アムステルダム条約が発効された年には、EUレベルでのジェンダー主流化、つまり何をするときにも男女平等の軸をすえるという法的な基礎が確立されました。

前回授業ではワーク・ライフ・バランスの話をしましたが、そのときに日本とヨーロッパの違いを見ました。日本では、両立ができているかどうかという軸だけで取り組みを評価しますが、ヨーロッパの場合はもう一つの軸、つまり、男女均等の軸があるといいました。この軸があるかないかで、両立支援の目的が変わってきます。両立支援にはお金がかかりますから、女性の活躍がなければ、企業にとってそのお金は単なるコストでしかありません。しかし、両立支援を利用して女性が活躍し、企業に貢献すれば、両立支援はコストではなく、投資になります。企業は投資のほうにより魅力を感じるので、両立と男女均等の二つの軸があって初めてワーク・ライフ・バランスの取り組みが進むと説明しました。実は、この男女均等の軸は、今日の話、EUのジェンダー主流化から来ているのです。

一九九〇年代以降、男女均等に関する指令がいろいろつくられてきましたが、二〇〇六年にはそれらを統合しようということで一本化されました。二〇〇九年にはリスボン条約発効という形で、男女雇用機会均等に関する条項がＥＵの機能条項一五七条として規定されました。

そして、二〇一〇年には女性憲章が採択されました。そこにはヨーロッパおよび世界において、男女平等へのかかわりを強化していく旨が書かれています。それをもとに、ジェンダー行動計画が採択されて具体的な目標が掲げられました。前回授業で紹介しましたが、欧州雇用戦略の中で、今まで働きにくい状況にある人たちも働けるようにしようという内容が盛り込まれました。

二〇一二年、明確な数値目標が掲げられました。上場企業の社外取締役における女性の割合を四〇％に引き上げることを目指そうという内容でした。

ヨーロッパにおいて、政治の分野では早くからクォータ制が取り入れられて、女性議員の割合が数値目標とされてきましたが、経済分野のほうではあまりなされてきませんでした。そういう意味で、二〇一二年の数値目標は新しいものであるといえます。

以上、ＥＵがどういう取り組みをしてきたのかを見てきましたが、特徴的なのは、あらゆる分野に男女均等の軸がすえられていることです。これは非常に大事なポイントです。なぜなら、一見、男女均等と関係のなさそうな分野でも、実際の運用レベルでは、政策同士が関連し合っているので無関係ではなくなってくるのです。例えば、女性が働くと支払う税金の額が変わってきますので、男女均等は税制にも関係してきます。ですから、一部の分野にだけ男女均等政策を行うと、政策間に矛盾が出てくる可能性があります。

日本では、ワーキングマザーを支援するために、育児休業法を整備し保育所を拡充してきましたが、その一方で専業主婦でいるほうがお得な制度を保持してきました（配偶者控除や現行の年金制度）。つまり、政策間で女性労働に対するスタンスが異なるのです。これでは、効果が相殺されてしまいます。ヨーロッパがあらゆる政策分野に男女均等の軸をすえることにしたのは、政策間の矛盾をなくし、均等政策がその効果を十分発揮できるようにするためです。

4　EUからみた日本の女性政策

EUの男女均等政策を見てきましたが、最後に、アベノミクスの成長戦略を考えてみようと思います。女性が輝く日本をつくるための政策には、四つの具体的な取り組みが挙げられています。まず、待機児童の解消です。具体的に何をするかというと、保育所あるいは保育士を増やすということです。とくに新しいのは、保育の資格を有さない子育て経験者を活用しようという点です。フランスやスウェーデンでは、子育てを経験した人に研修を施して、政府から認定されたベビーシッターとして働けるようにしています（保育ママと呼ばれています）。一人の保育ママが三人の子どもを預かるので価格もリーズナブルです。保育所が終わる時間に間に合わなければ、保育ママがお迎えに行ってくれるといったつなぎ的な役割も果たしています。日本政府の取り組みはこういった国をモデルにしているようです。それから、現行の保育園だけではなくて、グループ型小規模保育を制度化しようという話も出てきております。これは保育の多様化といえます。これも、フランスのミニ保育園からアイデアを得たのだと思われます。

二つ目が女性の役員、管理職の増加ということです。先ほどいいましたように、役員に女性一人は登用しようということです。内閣府のサイトでは、「見える化」ということで上場企業一二三一社の管理職と役員に占める女性比率が掲載されています。

三つ目が、職場復帰、再就職の支援ということで、企業が再就職をするお母さんに能力開発の支援をした場合は助成金をつけようというものです。

四つ目に、子育て後の起業支援です。自分でビジネスを起こすケースもあるだろうということで、そういう方に対して費用を助成したり、金融機関からお金を調達しやすくしようというものです。

さて、これらでより男女均等な社会になるでしょうか。EUと比較しながら少し考えてみましょう。まず、EUの特徴であるジェンダー主流化ができているかというとノーだと思います。すべての政策にジェンダーの軸が入っていないので、一方でワーク・ライフ・バランスといっておきながら、残業代ゼロ制度といった長時間労働を促すような法案が提案されています。これにより父親の労働時間が長くなる可能性があります。そうなると家庭の中での性別役割分業は解消されず、せっかくの女性の活躍も進まなくなってしまうでしょう。このように、政策間に矛盾があってはせっかくの取り組みも効果が相殺により減少してしまいます。

次に、キャリアの継続性や賃金面から逆U字型が望ましい働き方であること、EUの多くの国で逆U

字型が確認されることを見ました。M字型から逆U字型に移行するためには、正社員の短時間勤務制度を普及させることがよいことも学びました。アベノミクスでも限定正社員（勤務地、職種、勤務時間のいずれかが限定されている正社員）を増やそうという政策が議論されていますが、勤務時間が限定された正社員はまだまだ少ない状況です。そして、それに対する政府による取り組みはそれほど熱心なものとは思えません。

また、日本のパートタイムは短時間正社員ではなく、低賃金で身分の低い就業形態です。そして、その三分の二は女性によって占められているという事実があります。正社員と非正社員の格差を解消しない限り、女性の地位も低いままであるといえます。しかし、この点に関する政府の取り組みは弱いといわざるを得ません。前述の政府の取り組みを見ても、正社員女性のみを念頭に置いているのがわかります。このままではM字型から逆U字型への移行は見込めない、あるいは、男女間格差が大きいまま逆U字型に近づく可能性が強いでしょう。

一つ評価できるのは、管理職と役員に占める女性比率を上げようとしている点でしょうか。この点については賛否両論があるでしょう。誰が昇進するのかは競争によって決めるべきで、最初から女性の役職比率を決めるのはおかしいという人がいるでしょう。しかし、現在、すでにフェアーな状況で競争が行われているわけではないのですから（女性は出産や育児があるから能力が高くても雇われなかったり、教育訓練の量が少なかったりします）、競争を論拠にするのもおかしな話です。数を目標にするのは、そうでもしなければ意識が変わらないからという意味合いが強いのです。フェアーになってきたら、当然、数値目標設定は止めればよいのです。

このように、ＥＵのジェンダー政策と比べるとまだ課題が多いのが事実ですが、政府によって女性政策が積極的に取り組まれるようになったことはよいことであると思います。今後の取り組みにも期待しましょう。

【注】

1　OECD Family database. www.oecd.org/social/family/database OECD-Social Policy Division - Directorate of Employment, Labour and Social Affairs.

2　クロアチアは情報がないために含まれていない。

3　柴山恵美子・中曽根佐織（二〇〇四）『ＥＵの男女均等政策』日本評論社。

4　内閣府『平成一七年度版国民生活白書』。

5　ＥＵの場合、パートタイムは短時間勤務をする正社員を含む。いずれにせよ短時間勤務をするのは女性の方が多い。

6　Eurostat（Lavour Force Survey, 2009）.

第12講

EUの資本市場と規制

これまでの講義でも、EUの成立の話がありました。ここでの題材の資本市場については、とくにEUの成立の中の経済的側面なのですが、第一次世界大戦および第二次世界大戦でヨーロッパが荒廃してしまったことを繰り返さないという政治的な意図や、資本主義を急速に復興させて荒廃したヨーロッパを立て直していくという方向性の中で、経済的にどうしたらいいかが問題になるわけです。

EUの形成と社会経済環境

一九五一年に調印されたパリ条約が一九五二年に発効し、欧州石炭鉄鋼共同体（ECSC）が設立されました。この段階で現在のEUに結びつく調印をした加盟国は、ベルギー、フランス、ドイツ、イタリア、ルクセンブルク、オランダの六カ国です。イギリスは入っていません。EUへの流れは、経済的な領域からスタートしているわけです。以下では発効年を基本として述べますが、同様に、一九五八年に今のEUになる一番の基本になった条約であるローマ条約が発効し、欧州経済共同体（EEC）と欧州原子力共同体（EURATOM）を組織化しました。これもいくつかの意図はあれ、極めて経済的な結びつきの関係を持ち込んだ条約になっています。一九六七年にはブリュッセル条約が発効し、欧州共同体（EC）が設立されました。この段階では、新たな組織をつくり上げたというよりは、従来から存在していたECSC、EEC、EURATOMの三つを総称してECというい方をしました。一九七三年に、デンマーク、アイルランド、イギリスが加盟して九カ国になり、一九八一年にギリシャ、一九八六年にポルトガル、スペインが加盟して、この段階で一二カ国になっています。一九八二年の段階で単一欧州議定書が発効し、最終的にはEUに結びつく単一市場の成立を、一九九二年を目標としてつくり上げていくということを決めました。そして、一九九三年に発効したマーストリヒト条約でEUが成立しました。EUは一二カ国で成立したのですが、その後、一九九五年にオーストリア、フィンランド、スウェーデンが加盟して一五カ国になりました。この一五カ国の段階までは、もともと、いわゆる西側といわれていた資本主義陣営に属する国々によって構成されていました。ところが二〇〇四年から東欧諸国、つまり旧社会主義国に拡大していきました。

資本主義というのは、活動の自由ということを一番の基本にしています。大きく資本、商品、労働力の三つの市場がありますが、それぞれの自由な活動を通じて効率的な資源配分を行おうとします。それに対して、社会主義というのは計画を活動の基本とします。幅はありますが、一番厳格な社会主義の場合は、すべての資源配分を国家計画によって行っていきます。資本主義の国でも政府はありますので、政府が所得の再配分機能などを果たすために、いくつかのことを行っています。その中で、政府自体が会社、企業、いわゆる公営企業、国営企業というものを持っていることもあります。例えば、日本だと、現在のＪＲは旧国有鉄道です。そしてＪＰ、日本郵便は昔は郵政公社でしたし、ＪＴ、日本たばこ産業も半国営の公社でした。そうだとしても、民間を中心とした活動で経済の運営が行われているのが資本主義の国ということになります。

ＥＵは、二〇〇四年から一気に東欧諸国へ地域が拡大していきます。市場が効率的に運営されるためには情報公開が必須の条件なのですが、東欧諸国は旧来は社会主義で、例えば企業をめぐる情報公開ということも、もともと存在していなかったわけです。また、日本だと、企業を規制する一番根本的な法律として、会社法という法律がありますが、東欧諸国には会社の自由活動は存在しないので、会社法という規制法律すらない国もあるという状況でした。

二〇〇七年にはブルガリア、ルーマニア、二〇一三年にはクロアチアが加盟して、全部で二八カ国になりました。旧西側諸国が一五カ国、二〇〇四年以降のものがすべて旧東側といういい方はできないかもしれませんが、新たに一三カ国が加わっています。

一九九五年までの加盟国は、資本主義という形態の国々で構成されていましたが、東側諸国が資本主義陣営に入ってくる形で移行が行われているということになります。そこで、一九九五年までの加盟国の経済的な側面と、二〇〇四年からの旧社会主義経済諸国が加わってきた段階での側面は、少し変化が見られても当たり前ということになります。

通貨統合　ユーロの導入と拡大

まず、EUが当初、経済的な側面で重点的に動いたのはユーロの問題です。EUとアメリカは、どう違うのでしょうか。アメリカは五〇の州が集まって合衆国をつくっています。例えば、州ごとに税制の自由が認められていますので、日本の消費税にあたる売上税は、アメリカの場合は州によって税率が違います。ですから、州自体が独立性を持っているけれども、五〇州が集まって一つの国になっているのがアメリカです。ところが、EUというのは一つの国ではなく、欧州地域での国の集団であり、独立国の集まりです。その中で通貨を統合していくのは、今でもまだ実験段階であるとよくいわれています。

通貨に関していえば、一九四五年にブレトン・ウッズ協定が発効しました。ブレトン・ウッズはアメリカの地名ですが、第二次世界大戦後、世界的な為替の調整を行うために、USドルを基軸通貨としたわけです。つまり、USドル一に対して、ほかの通貨がいくらという、その基準となる通貨としてUSドルを置いて、かつ、金一グラムについて三五ドルという金本位制をとった固定為替相場制度が設けられました。このとき日本は、一ドル三六〇円です。よほど大きな経済的変動がない限り、今のように、瞬間的に為替相場が変わっていくのではなくて、ずっと固定です。これが固定為替相場といわれるものです。戦後、長い間、一九七一年まで、この仕組みが続いてきました。日本の場合は経済成長が続きましたので、三六〇円のままではなくて、途中で三〇八円に変更されたこともありますが、日々、変わるということではなく、ある特定の時点でレートが変えられるという固定為替相場がとられていました。

ところが、一九七一年、アメリカの金準備が減ってきて、当時の大統領であったニクソンが、ＵＳドルについて金本位制をやめると表明します。金本位制というのは、ドル紙幣をＵＳの連邦準備銀行に持ち込むと金と交換できるということですが、交換停止の発表をしました。これをニクソンショックと呼んでいます。例えば、リーマンショックのように、どこかの会社がどうというのではなくて、アメリカの大統領が基軸通貨としてのドルの金本位制をやめるということを表明して起きたのがニクソンショックです。その二年後にはブレトン・ウッズ体制が終焉し、変動相場制に移行していきました。ただ、この段階では、今のように瞬間的に為替相場が成立するような仕組みは存在しないので、試行錯誤的なやり方がとられていましたが、一九七六年に合意して、一九七八年に発効したキングストン合意で変動相場制に完全に移行しました。これは世界的な為替のメカニズムです。

それに対してＥＵでは、ＥＣ当時の一九七九年に欧州通貨制度（ＥＭＳ）が発足しました。一九七九年の段階の加盟国は九カ国ですが、イギリスが入らなかったので、八カ国で発足しました。一九七九年から一九九八年までは、まだユーロではありません。エキュといいますが、欧州通貨単位（European Currency Unit）で為替相場メカニズムを運営していました。一日の最大変動幅が二・二五％で、イタリアのリラだけ六％が認められていました。その幅の中で為替相場制度をやっていくということです。イギリスは、一九九〇年から一九九二年のあいだに、一時的にこのシステムに参加しましたが、結局は離脱しています。

一九九九年一月一日にユーロが導入されました。一九九八年一二月三一日に為替相場メカニズム（ERM）を停止し、ユーロが導入されたのは翌日の一九九九年一月一日からということになります。当初は市中通貨ではなく決済用の通貨でした。確かに通貨として存在していたけれども、記録上で決済するときにだけ使われました。例えば、証券取引所において資本取引等をするときにはユーロが決済記録上だけで使われる。ところが、実際には、市中では従来の各国の通貨が使われるという状況でした。

二〇〇二年一月一日に、ユーロが市中通貨として流通し始めました。ユーロがいつから市中通貨として導入されたかを国別に書きますと、一九九九年から当初は決済通貨として適用して、二〇〇二年から市中通貨としての紙幣と硬貨の流通が始まったのが、ベルギー、ドイツ、フィンランド、フランス、ポルトガル、スペインで、ここまではEUの加盟国です。さらに、もともとドイツマルクを使っていたコソボとモンテネグロ、これはドイツの関連国であって、ドイツマルクがユーロになったので、EUの国ではありませんが、ドイツマルクからユーロに変わりました。またアンドラはもともと二つの通貨があって、フランス・フランとスペインのリラでした。この両通貨がユーロになったので、自動的にユーロになりました。モナコもEUの非加盟国ですが、フランス・フランでしたので、ユーロに変わりました。サンマリノとバチカンは、イタリア・リラを市中通貨としていたので、ユーロに移行しました。

同じく二〇〇二年にはギリシャでも市中通貨としてのユーロの流通が実施されましたが、ギリシャが決済通貨制度として加わっていたのは一九九九年からではなくて、二〇〇〇年からです。二〇〇七年にスロベニア、二〇〇八年にキプロスとマルタ、二〇〇九年にスロバキア、二〇一一年にエストニア、二〇一四年にラトビアが、ユーロを決済通貨と市中通貨としました。その結果、ＥＵ二八カ国中、一八カ国がユーロになっていますし、ＥＵではない関連の国々でもユーロが使われているところがあります。

欧州ソブリン危機　ユーロのゆらめき

ユーロをめぐる壮大な実験というい方がされているのはなぜかというと、まだ必ずしも安定的ではないからです。その代表例が、欧州ソブリン危機といわれるものです。今は少し鎮静化していますが、二〇〇九年から二〇一〇年、およびそれ以降の欧州ソブリン危機です。ソブリンという用語は Sovereign というスペルになります。もともとは当事者という意味です。それが資本市場、資本の領域に入ってくると、国債とか国の借金を意味します。欧州ソブリン危機は、国の借金をめぐって起こった問題でした。二〇一〇年の危機に結びついた典型例が、二〇〇九年一〇月のギリシャ問題でした。ギリシャが新政権へ政権交代をした途端に、前の政権が財政赤字を粉飾していたことがわかったのです。粉飾というのは、文字どおり、粉で飾ること（Powder dressing）です。これには、よく見せかける、悪く見せかける、の二つがあります。例えば、会社がお金を借りたいと思うと、銀行は危ない会社には貸しませんから、少し危なくても、危なくないように見せかける。これは、もともと悪いものをよく見せかける、これを粉飾といいます。逆に、もうけに対して税金がかかりますので、会社はもうけを小さく見せかけようとする、悪く見せようとする。これを逆粉飾といいます。

当時のギリシャの前政権は、財政赤字を粉飾していた。つまり、大きな赤字があるのを、それほど大きくないと見せかけていた。ユーロの加盟条件は、対GDP費で財政赤字が三％以内です。ただ、多くの国が三％以内に収まっていないので、厳密に三％という条件は適用されていません。ギリシャの前政権のときに発表されていた情報では、ギリシャの財政赤字は対GDP比三・七％ということでした。これも三％という枠からは外れていますが、許容される範囲です。ところが、実際には三・七％ではなく、一二・五％だという発表を新政権が行ったわけです。後にこれは一二・五％ではなくて、一三・六％であると修正されました。その結果、どういう問題に発展したでしょうか。

国債というのはどういうものでしょうか。国とか地方が借金をしているのです。国は国債を発行しています。これを打出の小づちのように思うかもしれませんが、国が紙切れを発行して外部からお金を借りるのです。日本でもその残高が膨らんできて、一人一人の肩に一〇〇〇万円が乗っていることになります。皆さんは「自分には関係ないよ」と思うかもしれませんが、国はもともとお金を一銭も持っていません。税金がすべてではありませんが、我々の税金によって国は運営されています。それで不足すれば、国は借金をします。その借金を誰が返すかというと、これは国の借金だから国が返すだろうと勘違いしないでいただきたいと思います。国の借金は、国民が返します。つまり、一〇〇〇万円は、皆さんがいずれ返さないといけないのです。

ギリシャでは、財政赤字が三・七％ではなくて一二・五％だとわかって、二〇一一年には国債の市中金利が二〇％を超過しました。日本だと、一〇年後にお金を返す一〇年物の国債を、今、国が発行すると、金利は〇・四％ぐらいです。日本は非常に低いです。水野和夫さんの『資本主義の終焉と歴史の危機』という本の中で、一桁以下というのは、資本主義としては異常な状態だと書いてありますが、現実論として〇・四％であれば、利息をそれなりに払っても何とかやっていけます。ところが、どこの国の国債でも、国がしている借金だから返してもらえるという保証はありません。かつてアルゼンチンは破綻して、一〇〇の借金のうち、八〇ぐらいが帳消しになってしまったことがあります。つまり、ギリシャは危ないということで、一気に金利が上がりました。それだけの高い金利がつかなければ、借金には応じられないということです。

こういう状況でＰＩＩＧＳの国々、ポルトガル、イタリア、アイルランド、ギリシャ、スペインについて、ユーロの加盟条件に抵触するのではないかというおそれが出てきました。スペイン自体は、国の問題というよりも、不動産投資が大々的に行われて、二〇一二年には不動産バブルが崩壊したのです。そして景気が後退するという状況になって、ＰＩＩＧＳの格付けが低下していきました。格付けというのは何かというと、民間格付会社が、主に企業などが借金をするために発行する債券の返済能力を審査したものです。元本も利息も確実に返済できると審査した場合、これを最大三つのアルファベット、例えば、ＡＡＡであらわします。この会社はほとんどだめだという場合は、ＣとかＤという評価がつきます。段階的に安全性についてのレートをつけます。ＰＩＩＧＳの国は、格付会社による格付けがどんどん下がっていきました。そうすると、先ほどのように金利が上がります。安全な借金、つまり確実に元本が戻ってくる、確実に利息が払われるのであれば低い金利でもかまわないという投資家でも、危ない場合は、低い金利では借金に応じられません。したがって、危ないところの金利は高くなります。これは、リスク・リターンの関係ですが、そういう状況になります。

ＥＵ二八カ国の中で、ドイツのような債権国、つまりほかの国にお金を貸している国と、債務国、つまりほかの国からお金を借りているところで思惑の差があり、ドイツ国民などが、なぜ自分たちのお金でギリシャを助けなければいけないのかと問題にしたことも、ご存知かと思います。

三つの市場と資本市場のグローバル性

ＥＵの資本市場の問題に移ります。一九八七年に単一欧州議定書（ＳＥＡ）が発効しました。これはローマ条約を修正し、一九九二年末までに単一の欧州市場をつくることを目標としました。もちろん、ローマ条約を修正したわけですから、市場統合の問題だけではなく、ヨーロッパの政治協力についても、単一欧州議定書の中に組み込まれていますが、ここで扱うのは市場統合の問題です。何をしようとしたかというと、一九九二年末までを目標に、ＥＵ域内の市場を統合する、市場で扱われるものの移動の自由化です。その対象となるのは、人間、財およびサービス、資金あるいは資本の移動の自由化をしようとしたわけです。

市場は何かを交換する仕組みですが、大きく三つが存在します。一つは商品市場で、物やサービスをやりとりする市場です。それから資本市場、これはお金をやりとりします。さらに、労働市場・労働力市場です。ここでは人の労働力をやりとりします。これらの市場のやりとりの一極には、必ずお金があります。商品市場においては、物やサービスとお金が交換されます。資本市場では、お金それ自体がやりとりされます。労働力市場では、労働力とお金がやりとりされることになります。

資本市場は一番グローバルでハイスピードです。人間は自由化されたからといって、今日、明日と職場を転々と変わることはできません。家がついて回ることもありますので、毎日、毎日、動くことは簡単ではありません。また、物も最近は流通が勝負になってきて、物流のスピードも速くなっていますし、店頭在庫商品はすぐに手に入りますが、生産から流通にはラグがあることが一般的で、特殊なサービスを除いて、商品市場には瞬時性はありません。ところが、資本市場は瞬時です。つまり、電子的な取引で、資本・資金は世界を瞬間的に移っていきます。ですから、ほかのものに比べて資本市場はタイムリーであることが非常に重要で、資本の移動、資金の移動は瞬時です。

ＥＵ市場統合の意図と制度整備

ヨーロッパが、資本市場を整備する意図はどういうところにあるでしょうか。皆さんにちょっとした質問をします。お金は、どういうところに集まりますか。個人が日々、財布の中に持っているお金を使う場合は微妙ですが、例えば企業が投資をする、あるいは個人が余ったお金を算段する場合に、どこにお金が集まりますか。最近はＮＰＯのように、ボランティア的なところにお金を出そうという動きもありますが、この答えは非常に簡単です。もうかるところに集まります。資本がもうかるところに集まるのはなぜか、なぜもうかるかというと、効率がいいからです。ヨーロッパは、ヨーロッパにお金を集めることを意図しました。そうすると、ヨーロッパの経済活動が大きくなっていきますし、活発化する。そのためには、お金をやりとりする市場が整備されていることが重要な要件になります。

そこで早い時期に一九九三年五月（一九九六年一月発効）の理事会指令で、証券市場の統合のための基本規制を設けました。この指令は、投資サービス指令（ＩＳＤ）と呼ばれます。資本市場、あるいは金融市場という場合には、大きく三つの領域があります。銀行、証券、保険です。証券市場が資本市場ですが、そこを通じて一般の投資者から企業などがお金、資本を集めます。企業が活動していくうえでお金を調達する手段は、大きく二つに分かれます。一つは、銀行から借金をしてお金を集めることと、もう一つは、株式や社債を発行して資本を集めることです。後者を機能させるのが証券市場です。

その際、フランスでお金を集めたい、ドイツでお金を集めたいというときに、フランスではこの方式でお金を集めることができたのに、同じ方式をドイツに持ち込んだら、ドイツでは集められないということは、国ごとに異なる規制がある限り、存在していました。ＥＵ全体で市場自体を一つに統合するわけではありませんが、そういう相違をなくして、どこの市場でも同じ仕組みでお金を集められるようにしようとしたのです。ＥＵの域内で投資サービスをするときに、例えば、フランスではフランスの証券取引の免許、ドイツではドイツでの証券取引の免許が別々に必要でしたが、投資サービス指令は、投資の仲介をする会社が、ＥＵのある国で免許をとれば、免許はＥＵ域内のどこでも通用するようにしようとしました。例えば、フランスにある企業がフランス（母国）で免許をとれば、域内他国で支店の設立が可能になります。域内単一免許で、母国主義です。

もちろん、世の中にＥＵだけが存在しているわけではありませんから、ＥＵ以外の投資サービス業者の取り扱いは相互主義です。例えば、日本の証券会社がＥＵで証券業務を営むときには、日本の免許でかまわない。その代わり、ＥＵの取引サービス会社が日本で証券業を営むときには、ＥＵの免許でかまわないというように、お互いに認め合うのが相互主義です。ＥＵでは近年まで相互主義が優勢でしたが、次講のテーマに含まれる会計基準のように、必ずしも相互主義ではなくなってきている領域も出てきてはいますが、原則は相互主義です。

投資サービス指令が最も重視しているのは、取引情報を透明にすることです。透明にするとは、隠しごとがないようにする、情報を出すという意味です。取引内容を報告させることが指令の重要な課題になっています。そして、この指令で規制された市場、つまり単一免許で、かつ、各加盟国の規制を全体的に充足するような市場を域内に設け、一つの仕組みのもとで資本市場を整備していくことが意図されました。ただ、金融商品の種類や、状況が変わってきたのにともない、二〇〇四年に、投資サービス指令は後述する金融商品市場指令（Ｍ·ｉＦＩＤ）に改正されました。

金融サービス行動計画による単一資本市場の形成

ＥＵは、一九九三年に、域内に資本を集めるという意図のもとで、単一市場レビューという、一種のワーキングペーパーを出しました。このワーキングペーパーでは、投資サービス指令で域内の市場を統合することを決めたにもかかわらず、成果があらわれておらず、統一された単一市場が実現していないという指摘をしました。そのような状況では、ヨーロッパにお金を集めるといっても実現しないので、一九九九年に金融サービス行動計画（ＦＳＡＰ）を策定しました。これは単一市場レビューが指摘した事項の改善のために策定され、改めて単一市場の構築を意図しました。かつて一九七八年のＥＥＣへの三カ国の追加加盟が行われた段階から、本来的に経済的な意味合いでは、単一市場の構築がＥＵの基本にあったのに、一九九九年当時でも市場は国によって分断されており、国境を越えた金融機関への直接的なアクセスができないままであることが指摘され、統一通貨ユーロの便益を享受して、ＥＵ金融市場・資本市場の安定性と競争力を保持するための行動計画として、金融サービス行動計画が定められました。そして、一九九九年から六年間にわたって、プログレス・レポートが一〇号まで発行され、このレポートで、ほぼ年に一回ないし二回、行動計画の実現状況を検証しました。

金融サービス行動計画では、戦略目標と一般目標がありました。戦略目標は、まず、単一のＥＵホールセール市場を設けることです。これはプロ同士の資金のやりとり、例えば、証券会社同士、あるいは機関投資家と呼ばれる、会社組織での資金のやりとりを仲介する市場です。広域の、ＥＵベースでの資本調達を行えるようにし、証券とデリバティブについて、統合された市場を形成するために、各国の法制度をそろえることを意図しました。そして、次講で取り上げますが、上場会社の単一セットの財務諸表、いわゆる決算書を共通にしていくことも計画されました。また、証券決済におけるシステミック・リスク、これは重大リスクということですが、思わぬことが起こって資本市場が混乱するリスクを阻止したり、市場が国境をまたいで再編できるように、確実で透明な環境を整備していくことも計画されました。最終的な目標は、投資者に役立つ単一市場をつくろうということです。つまり、EUの証券市場へ投資してもメリットがないということになれば、例えば、アメリカへ投資しようとする。そうすると、お金がアメリカへ逃げていきます。投資者に役立たないと、単一市場といっても、誰もそこで取引をしてくれないわけです。また、個人投資家がオープンで安全な金融取引ができる市場にすることと、資本市場の健全性も戦略目標としました。そして、全体的な一般目標として、最適な単一市場のための広範な条件を定めることを意図しました。

EUの金融監督制度

資本市場の自由化のために、二〇〇一年にラムファルシー報告書が出ました。この報告書では、三つの金融の業界について、欧州証券規制当局委員会（CESR）、欧州銀行監督者委員会（CEBS）、欧州保険・企業年金監督者委員会（CEIOPS）という監督機関を設けて、立法手続きを柔軟化すると同時に迅速化していくこと、および本国監督主義を徹底することを提唱しました。既述の単一免許にも言及しています。また、資本を調達する際、その意図などを説明する目論見書を出しますが、これも域内で単一のものに統一し、さらに、国際会計基準の適用を提示しました。

そして、二〇〇七年から、前述の投資サービス指令を改定した金融商品市場指令が施行されました。この指令は、投資サービス業者および規制市場について適用され、投資サービス業者の認可・運営条件と、規制市場とは何で、どういう当局がそれを所管するのかについての規定と雑則で構成されていて、諸規定を通じて、リテール顧客やプロの顧客、およびプロ中のプロとされる適格取引先という、各種の投資者を保護しようとします。そのことを通じて、域内の市場統合の高度化を図ることを目指しています。

さらに、EUの監督制度の現状を示しておきます。二〇一〇年に、欧州システミック・リスク理事会（ESRB）が設けられました。そして、ESRBの下部組織として従来のCESRは証券市場監督局（ESMA）に、CEBSは銀行監督局（EBA）に、CEIOPSは保険・企業年金監督局（EIOPA）に改組されました。ラムファルシー報告書によって組織された三つの監督機関はそれぞれ個別の金融業界についての独立組織だったので、その上にESRBを設け、重大リスクに備えて、金融の安定を担保し、金融監督制度の機能を強化する制度になっています。

EUの資本市場

資本市場の典型が証券取引所ですが、近年、国際的な統合が進んでいます。一番代表的なものがNYSE Euronextです。もともとパリとアムステルダム、ブリュッセルの三つの証券取引所が合併してEuronextという一つの会社になりました。取引所自体は三つのままですが、会社として一つになったのです。そして、二〇〇二年にリスボンを買収し、ロンドンのオプション取引所も買収しました。この段階でかなり大きなEuronextになっていたのが、二〇〇七年に世界最大の取引所であるニューヨーク証券取引所（New York Stock Exchange: NYSE）と合併して、NYSE Euronextになりました。上場する会社が多いのがVME、英語ではSpanish Exchangeといわれるもので、これも取引所自体は別々にありますが、二〇〇二年にバルセロナ、ビルバオ、マドリッド、バレンシアなどを統括する一つの会社になりました。また、ヨーロッパで最も大きい取引高を持っている取引所はロンドン証券取引所（London Stock Exchange: LSE）です。ここは二〇〇五年にＮＡＳＤＡＱから買収提案を受けましたが、それを拒否し、二〇〇六年にイタリア証券取引所を買収しています。ＮＡＳＤＡＱと統合したのは、ＯＭＸですが、これは、二〇〇三年にスウェーデンのＯＭ ＡＢがフィンランドのＨＥＸ ｐｌｃを吸収合併してできています。そして、二〇〇八年にＮＡＳＤＡＱと統合し、ＮＡＳＤＡＱ ＯＭＸになりました。

取引所自体が株式会社になり、株式を上場するようになりました。二〇〇一年にＬＳＥ、Euronext がそれぞれ株式を上場しています。株式会社としては取引所自体の業績の向上が必要になります。つまり、株式市場で取引所それ自体の株を買ってもらうためには業績を上げていかなければなりませんので、取引高を増大する方策が必要となります。また、取引を迅速に、確実に処理するために、システムなどへの巨額の投資も必要になってきます。取引量を増やすと同時に、投資の余裕を生むために、統合が進んできたわけです。これはＥＵと関係ありませんが、日本でも二〇一三年に東京証券取引所と大阪証券取引所（現、大阪取引所）が経営統合し、日本取引所グループになりました。日本取引所グループは東京証券取引所に上場しています。

最後に、現状の資本市場はどうなっているかを見ておきます。ここに書いているのは国際取引所連合（World Federation of Exchanges, WFE）の年次報告からとったものです。まず、表1は時価総額です。時価総額とは何かというと、取引されている金額ではなく、会社が発行している株式の数に、その会社に

表1　証券取引所の取引規模…時価総額ベース

	取引所	10億US$		US$	Local
		2013年末	2012年末	変化率	
1	NYSE Euronext (US)	17 950	14 086	27%	27%
2	NASDAQ OMX (US)	6 085	4 582	33%	33%
3	Japan Exchange Group	4 543	3 681	23%	50%
4	London Stock Exchange Group	4 429	3 397	30%	25%
5	NYSE Euronext (Europe)	3 584	2 832	27%	21%
6	Hong Kong Exchanges	3 101	2 832	9%	10%
7	Shanghai Stock Exchange	2 497	2 547	-2%	-5%
8	TMX Group	2 114	2 059	3%	10%
9	Deutsche Börse	1 936	1 486	30%	25%
10	SIX Swiss Exchange	1 541	1 233	25%	21%

Source: World Federation of Exchanges, *2013 Annual Report & Statistics*, p.29.から作成。

ついている株価をかけ合わせた金額の総計値のことです。市場における上場会社の市場価値総額です。圧倒的に大きいのがNYSE Euronext（US）ですが、Euronextではなくニューヨーク証券取引所の部分です。二位がNASDAQ（US）です。これもUSの部分ですので、OMXは入っていません。それから、今のところ第三位は日本取引所グループ、四位がロンドン、五位がEuronextです。六位が香港、七位が上海、八位がカナダ、九位がドイツ、一〇位がスイスです。四位、五位、九位がEUということになります。

表2は、外国会社の上場数が多い順番です。二〇一三年の年次報告ではロンドンが掲載されていないため、二〇一二年の調査です。外国会社が上場している数が最も多いのはロンドンです。また、EU範囲のEuronextが六位に入っています。ちなみに、圏内に日本は出てきません。市場規模は大きいものの、ほぼ国内会社で構成されるのが、日本の状況です。資本を

表2　国外会社上場数

	取引所	2012			2011		
		計	内国	外国	計	内国	外国
1	London SE Group	2 767	2 179	588	2 886	2 288	598
2	NYSE Euronext (US)	2 339	1 815	524	2 308	1 788	520
3	Singapore Exchange	776	472	304	773	462	311
4	NASDAQ OMX	2 577	2 287	290	2 680	2 383	297
5	Luxembourg SE	293	25	268	298	27	271
6	NYSE Euronext (Europe)	1 073	939	134	1 112	969	143
7	Australian Securities Exchange	2 056	1 959	97	2 079	1 983	96
8	TMX Group	3 970	3 874	96	3 945	3 845	100
9	Hong Kong Exchanges	1 547	1 459	88	1 496	1 472	24
10	Deutsche Börse	747	665	82	746	670	76

Source: WFE, *2012 Annual Report & Statistics*, p.65から作成。

EUに集めるというEUの意図が成功しているかどうかは、市場の状況からだけではわかりませんが、ロンドンは海外の会社の上場が多いことがわかりますし、Euronext（Europe）も十傑に入っています。

第13講

EUの企業情報開示

情報表現とルール

はじめに、簡単なクイズをします。図1を見てください。これは交通信号機です。世界で多い信号機は、日本ではあまり見られませんが、縦の信号機です。まん中は黄色ですが、赤は上でしょうか、下でしょうか。市中にある交通信号は、上が赤です。これは世界標準です。日本に多い横の信号はどうでしょうか。右が赤でしょうか、左が赤でしょうか。日本では右が赤です。日本全国で同じです。ところが、横型の信号機は、国によって違うのです。イギリスや日本のように車が左側通行の国は右側が赤、アメリカや韓国のように右側通行の国は左側が赤と決まっています。そういう国際標準です。横型も二つの国際標準ですけれども、縦の信号機が世界共通というところからすると、相違があります。また、例えば阪急電

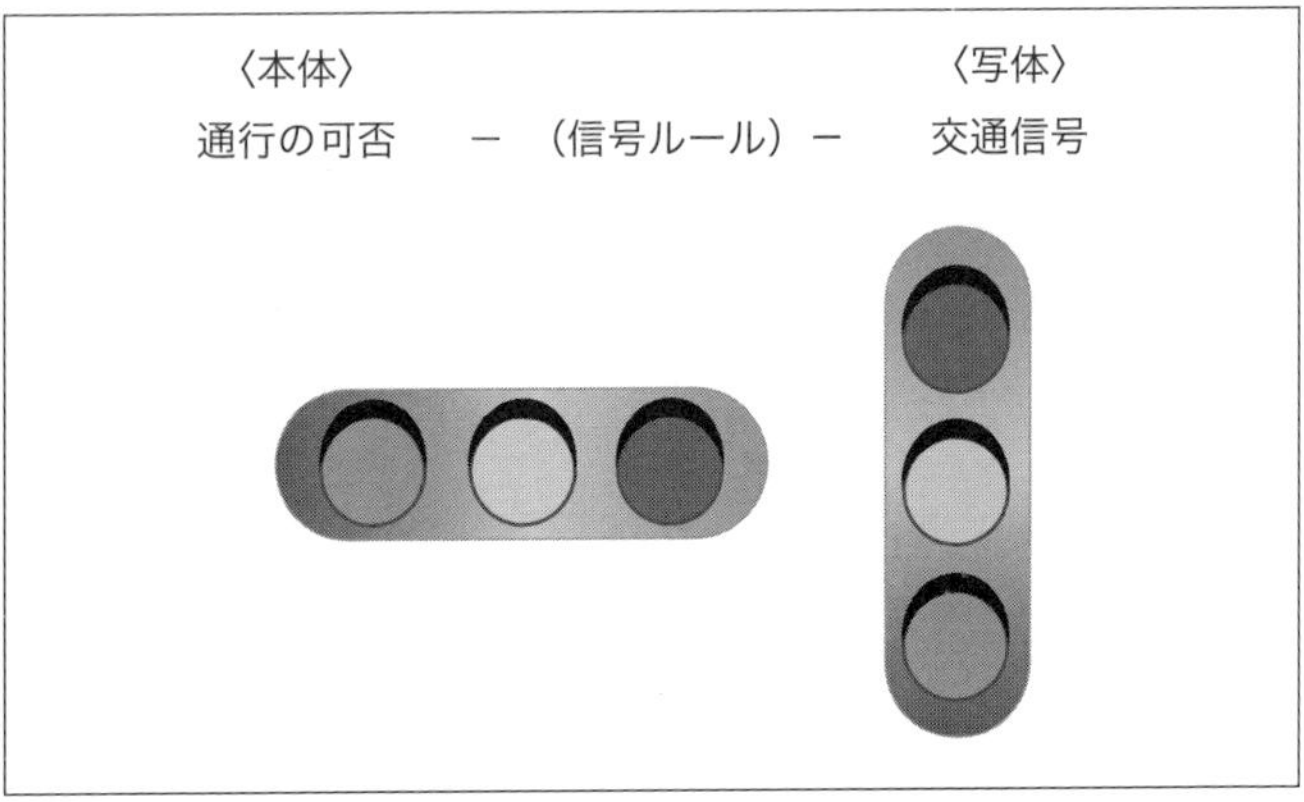

図1　信号機とルール

車の信号は上が青です。これは、鉄道業界で、ある程度は共通で決まっていますが、本来は阪急電車以外には走りませんから、独自に決めればいいことです。通常の交通信号と比べると、ローカル・ルールでもよいということになります。信号機は通行の可否をルールに従った点灯状態によってあらわします。

もう一つ、図2を見てください。これは地図です。この楕円形は等高線と考えてみてください。そうすると、AとBは同じ高さにあります。Cはどうですか。Cは窪地かもしれませんん。もし、Cに三角のマーク（三角点の記号）があると、A、Bよりも高いという判断になります。Cが高いとします。ここでAからC、BからCに直線を引いていますが、これは登山道であると考えてください。AからCへ登るのと、BからCへ登るのと、どちらの坂がきついですか。AからCへ登るほうが、坂はきついです。ところが、いくら見ても、この地図は平面に描いてあります。実際にでこぼこしていません。でも、皆さんが等高線のルールとか、若干の地図

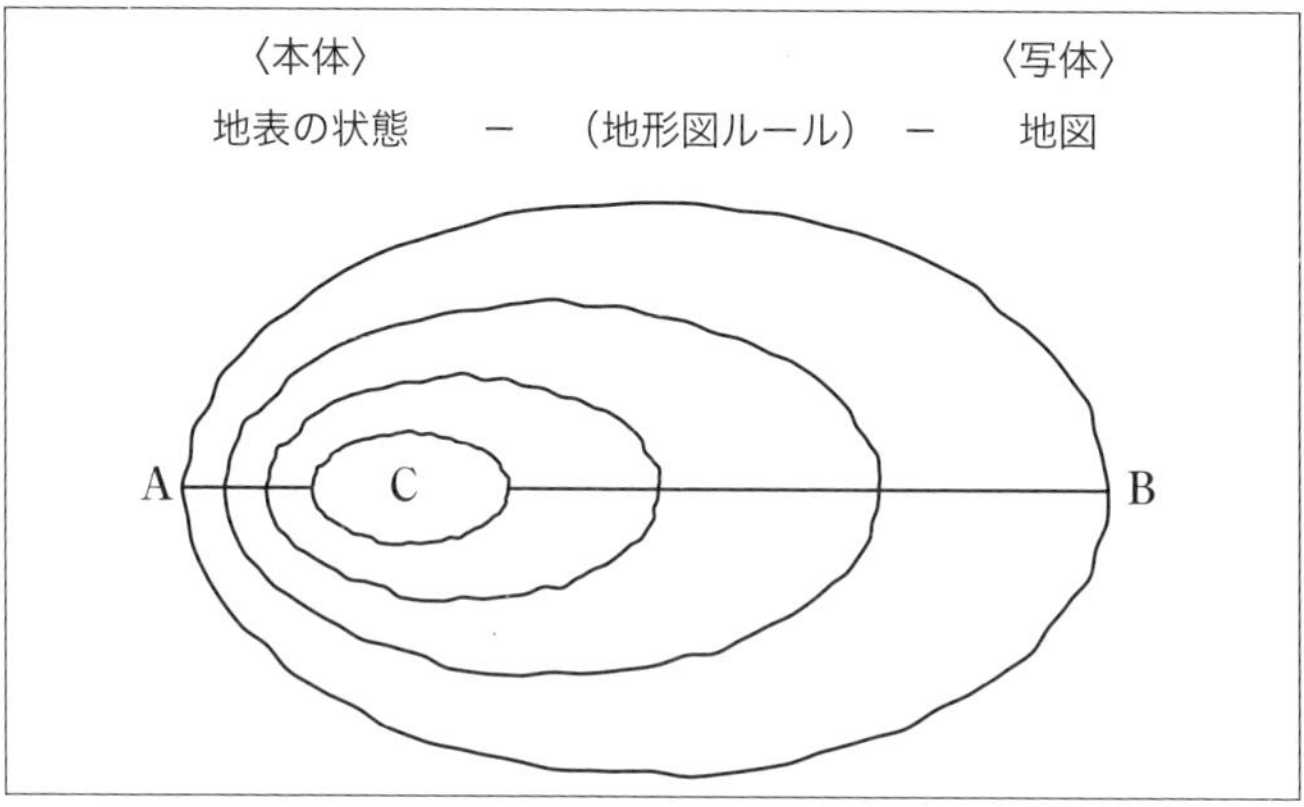

図2　地図とルール

のルールを知っていると、平面に描かれた絵から実際の地表の状態を判断することができます。

前置きが長くなりましたが、信号機や地図だけでなく、こういう仕組みは、社会にたくさんあります。記号論の領域ですが、一種の人工言語です。写し取りたい、表現したい対象を本体といいます。写し取られたものを写体といいます。本体というのは被写体のことです。例えば、通行の可否という、表現したい対象があって、それを信号のルールに従って交通信号にあらわしたり、地表の状態という、表現したいあらわしたい対象があって、それを地図のルールに従って地図に写し取るのと同様、企業の状況を会計のルールに従って表示した情報として、会計情報が存在します。

一般にいわれる決算書が、会計情報の代表例です。ただし、会計情報が企業のすべての側面をとらえているわけではありません。投資者が、もうかっているところへお金を出そうとするとき、どこがもうかっているのかをみるのに、損益計算書という会計情報を見ます。会計情報とは、あとで触れ

〈本体〉		〈写体〉
企業の状況　－	（会計ルール）　－	会計情報

図３　会計情報とルール

る複数の計算書で構成される財務諸表を指すのが一般的です。現状の会計では、信号機で見られたのと同様、共通点は多いものの、微妙に異なるローカル・ルールも存在しています。会計ルールの一つである国際会計基準にかかわる事項をここでは扱います。

ＥＵの拡大と会計制度の調和化

前講でも述べたように、ＥＵは、二八の別々の独立国が一つの連合を組織しています。ＥＵでは、構成国それぞれの歴史や体制の相違があります。そして、財政の運営は国ごとに行われているので、税制や税率は国ごとに決まっています。さらに、国ごとの法律の体系を持っていて、例えば会社の仕組みや制度にも相違があります。とくに、旧東側の国には民間企業・私企業が存在せず、国営企業であった時代もあります。そういうところの企業に適用される法律体系と、自由経済を前提にした中で成立している企業に適用される法律体系は、まったく異なっていました。

会計制度も基本的には各国の国内法の規制を受けています。九カ国でＥＵが始まった当初から、各国で異なっていました。例えば、オランダでは固有の会計制度でした。ある企業が建物を所有していて、その価額はいくらかというときに、いくつかの価額決定・計上方法があります。買ったときの値段で計上する方式を取得原価主義といいます。これに対して、今の価額である時価で計上する時価主義もあります。時価といっても、売るときの価額と、買うときの価額は違いますから、同じ建物を金額で表現するときにも、取得原価、購買価額、販売価額という違いが出てきます。オランダのフィリップス社の場合は、購買価額である時価で評価する方法をとっていました。この時代には国際的な会計基準はありませんでしたが、多くの国々で採られていたのは取得原価主義でした。そしてＥＵを形成して、その中で、資本、人、物の移動を自由にしていこうとすると、資本・資金の移動を自由にするためには、企業の状況、例えば、もうけの状況を判断するための情報である会計情報が必要です。ところが、ある国では、買ったときの値段で書いている、ある国では売るときの値段で書いているということになると、比較ができず、判断が難しくなります。そこで、少なくともＥＵの中で一定の比較可能性を保つために、会計に関する規定を含んだ法律、とくに会社法の調和化が意図されました。ＥＵで一律の法律ではなく、各国の国内法を調和化する方向です。ＥＵでは理事会や委員会が、各国で、国内の法律を調整するための指令を出します。もちろん、それに対する決定権は各国にあるので、完全にそれが反映されるとは限りませんが、人、物、金の移動にかかわるところについては、各国が協調して取り組んできました。一九六八年三月から一九八九年一二月、いわゆるＥＵの成立前夜には、表1のような会社法の調和化のための指令がありました。この指令番号をみるとわかるように、ＥＵではなくてＥＥＣです。つまり、欧州経済共同体の時代にいくつかの調整を行ったわけです。

表1　EUの会社法指令

第1号指令（68/151/EEC）	1968年3月	構成国その他の利益の保護のためのセーフガードの調整
第2号指令（77/91/EEC）	1976年12月	公開株式（有限責任）会社の設立と資本の変更および維持
第3号指令（78/855/EEC）	1978年10月	公開株式会社の合併
第4号指令（78/660/EEC）	1978年7月	株式会社の（個別）財務諸表
第6号指令（82/891/EEC）	1982年12月	株式会社の会社分割
第7号指令（83/349/EEC）	1983年6月	株式会社の連結財務諸表
第8号指令（84/253/EEC）	1984年4月	会計書類の監査人の資格
第11号指令（89/666/EEC）	1989年12月	他国法下の会社による域内の支店に関する情報開示
第12号指令（89/667/EEC）	1989年12月	一人会社

企業会計に関する二つの指令

指令は、一部不採択のものもありますので番号が飛んでいますが、ここでのテーマで重要なのは第4号指令と第7号指令です。第4号指令は株式会社単体の決算書である財務諸表について、第7号指令は株式会社のグループ決算書である連結財務諸表についての指令です。企業の情報を広く開示することをディスクロージャーといいます。その基幹的な情報として会計情報があります。企業の財産の状況である財政状態を貸借対照表であらわしますし、業績を意味する経営成績は損益計算書であらわします。また、資金の状況をキャッシュ・フロー計算書であらわします。つまり、企業情報開示の一番根底にあるのは、財産や業績を表示するというところにあります。第4号指令は、一九七八年に出ました。これは何度か修正されましたが、二〇一三年まで有効でした。そして、一九八三年の第7号指令も、二〇一三年まで有効でした。基本になった考え方は、貸借対照表や損益計算書などを総称する財務諸表と、それらの補足情報を通じて、会社の状況についての true and fair view

（真実かつ公正な概観）を表示することです。

そして、財務諸表に計上される金額の決定を評価といいますが、その一般原則は、取得原価主義ということになりました。ところが、オランダのように、時価を容認している国もあったので、一律に取得原価を適用する方式はとりませんでした。ＥＥＣの成立の段階でしたから、各国の固有の法律的な仕組みを完全に変えようとはしていません。したがって、原則論はあるけれども、離脱してもよいという離脱の許容が、指令の中には組み込まれていました。統一ではなく、調和化を図る方向です。本来的に相違していて混沌とした状況から、徐々に調和化していく、近づけていく方向をとりました。

第７号指令は第４号指令をほぼ踏襲しましたが、第４号指令が個別会社の財務諸表を扱ったのに対し、第７号指令は連結財務諸表に関するものでした。例えば、トヨタ自動車株式会社という個別会社を写し取った決算書が個別財務諸表であり、第４号指令の対象となります。ところが、トヨタはトヨタ自動車株式会社という会社を中心として、多くのグループ会社で構成されています。例えば、ダイハツ工業はトヨタが支配している会社です。また、トヨタ車体とか豊田合成とか、多くのトヨタグループの会社がありま す。支配会社を親会社、被支配会社を子会社といいますが、親会社がグループ全体を統括して、グループとして一体的な運営をしています。かつては第４号指令が対象とする親会社の財務諸表だけが公開されていました。その場合、親会社をよく見せるために何をしがちかというと、決算日である三月三一日の間近に親会社は子会社に対して大量に商品を売ります。そうすると、親会社は売上高が増えて、好調そうな決算を迎えます。ところが、子会社は四月一日以降に返品する。伝票のやりとりをするだけです。紙一枚で、そういうごまかしが考えられがちな状況でした。そのため、グループを一つの会社と見なして行う決算が導入されました。それによって作成されるのが、第7号指令が対象とする連結財務諸表です。ただし、利益が出たときに配当金を支払うのは個々の会社が行いますので、第4号指令の対象になる財務諸表と第7号指令の対象になる連結財務諸表の両方を公開することになっています。日本はEU同様、両方を出しています。アメリカは、連結財務諸表だけを公開します。

後述のように、企業の情報は、必ずしも業績とか、もうけの状態だけをあらわすわけではありませんが、ディスクロージャーの特質はどこにあるかというと、基本的には、資本市場との関連が強いということにあります。

ディスクロージャーの意義

企業情報が開示される理由は大きく二つあります。まず、経営者は資本拠出者から経営を委ねられており、委ねられた資本の運用顛末を資本拠出者に報告する義務があります。これをアカウンタビリティ、報告責任または会計責任といいます。これは、経営者から株主への報告が代表例です。

これに対して、近年、会計上で重視されているのは投資者へのディスクロージャーです。企業の場合は、その会社にお金を出す人たちである投資者がいます。投資者は投資判断を行うために公開されている情報を利用します。ところが、その企業については、経営者が圧倒的に多くの情報を持っています。会計情報だけでなく、情報には非対称性があります。情報の非対称性というのは、情報の作成者と利用者とのあいだで情報が不均衡だということです。作成者である経営者が多くの情報を持っていて、自分の会社へお金を集めたいときに、粉飾を行って、よく見せかけるための情報を出すことも起こりがちです。また、これもよく聞く言葉ですが、インサイダー取引があります。これは経営層や情報に近い内部者（インサイダー）が、自分たちしか知り得ない情報を使って投資行動を行うことをいいます。インサイダー取引をすれば確実にもうかります。ところが、インサイダー取引が露呈すれば、その会社に誰もお金を出さなくなります。資本市場で効率的に資本がやりとりされるためには、タイムリー・ディスクロージャーと呼ばれる、生じた事実について、早急に広く、情報を出していくことが求められます。合わせて、会計情報については、公認会計士という職業の人たちが監査を行います。監査とは、公表されている財務諸表に虚偽がないかどうかについて意見表明することをいいます。

EUによる国際会計基準の適用

調和化方式には限界がありました。第4号指令を採択したときには、西側九カ国でEECが構成されていました。もともと調和化が徐々に進んでいった国々であり、資本主義の国々です。ところが、ある時期から旧東側諸国へ拡大していきました。そうすると、経済的な存立基盤が相違しています。もともと民間企業がない、国営企業しかない国に拡大していき、東側の国々も自由体制のもとで民間企業をつくり上げていきますが、その中で調和化方式を続けていけるかどうかが問題になりました。会計制度の相違の調整や、会計情報の比較可能性に制約がありますし、大幅に違う会社法を調整していく、あるいは西側的な会社法自体が存在しない国に、新たに西側的な会社法を早急につくることは、基本的に不可能でした。

そこで、二〇〇〇年の特別首脳会議であるリスボン理事会で、二〇〇五年までに域内の金融サービス市場を完成する方向を推進することとし、その一環として企業の状況を示す財務諸表の透明性と、比較可能性の確保が重要課題とされました。それを受けて、域内の資本市場の統合、あるいは欧州へ資本を呼び込むことを徐々に前面に押し出してきた段階で、前講で扱ったラムファルシー報告が、国際会計基準を適用することを課題の一つにしました。そして、二〇〇二年五月に、第4号指令と第7号指令、その他、保険に関連する指令の修正指令を提案しました。当時、有効のまま残存していた第4号指令および第7号指令と、当初の国際会計基準（International Accounting Standards: IAS）との不一致を二〇〇五年までに解消するための課題を提示した修正指令の提案でした。そして、二カ月後の二〇〇二年七月にRegulation（EC）No 1606/2002という規則で、国際会計基準の適用を採択しました。その規則の目的は、「当規則は財務諸表の高度の透明性と比較可能性を確保し、そこから共同体の資本市場および国内市場の効率的な機能を確保するため、第四条で言及する会社が提供する財務諸表を（これは公開会社の連結財務諸表のことです）調和化する観点から（この段階でも統一といういい方をせずに、調和化です）共同体における国際会計基準の採択と使用を目的とする規則である」というものです。

ＥＵではＥＵ域内にある規制対象の証券取引所に上場し、かつ、本拠地がＥＵ域内にある会社に対して、二〇〇五年一月一日以降に開始する年度から国際会計基準を適用することになりました。適用の範囲は、公開会社の連結財務諸表です。個別財務諸表には依然として各国の国内法が適用されます。

国際会計基準の意義

ここで国際会計基準がどういうものかに言及しておきます。もともとは直接ＥＵとかかわっていたわけではありません。一九七三年六月に国際会計基準委員会（ＩＡＳＣ）が設立されました。これは、有力な国々の公認会計士の団体の代表者が集まって、各国で大きく相違している会計基準について、昔のエスペラントのような統一言語としての会計を導くための会計基準の開発を志向する任意団体として成立しました。最初はそれほど注目されなかったのですが、世界的に波及していく事情はありました。新興国が台頭してきますが、そういう国々は整った会計の仕組みを持っていません。ところが、企業が発展していくためには、企業の状況を財務諸表として表現する必要があるので、会計の仕組みを持っていない国々では、会計に対する典拠がなく、典拠として国際会計基準が採用されるようになりました。そうした広がりを受けて、先進国側も、資本市場を規制する重要な機関としての証券監督者国際機構（ＩＯＳＣＯ）が二〇〇〇年に国際会計基準を承認しました。そのようにして、任意団体がつくる基準から、世界的に認容される基準になってきました。

国際会計基準が有力になってきた段階で、二〇〇一年四月にＩＡＳＣは国際会計基準審議会（ＩＡＳＢ）という、各国から理事を出し、資金を拠出して、世界的なポジションで国際会計基準を開発する組織に改組されました。もともと国際会計基準という言葉の原語はInternational Accounting Standards (IAS)で、ＩＡＳＣが開発していたのですが、ＩＡＳＢが開発している基準は国際財務報告基準（International Financial Reporting Standards: IFRS）です。通常はＩＡＳ／ＩＦＲＳといういい方で、総称して国際会計基準と呼び、新聞記事などでも、IFRSを含めて国際会計基準というい方をしています。IASとIFRSの関係あるいは違いは次のとおりです。もともとIASが存在していました。ところが、経済的な現象が変わってくると、これまでの基準が現実に適合しなくなってきます。そうすると、それに代わる基準が出てきます。新たに出てくる基準はすべてIFRSです。IFRSが出てきてIASから置き換わるという関係になっています。そのため、経済的現象に大きな変化がなく、昔からのIASがそのまま通用するような課題の領域のものは、IASのままです。したがって、現状では、従来のIAS、IASからIFRSに置き換わったもの、そして、これまで取り扱われていなかった領域について新たにIFRSが出てきたものという形で混在しています。混在している状況から、徐々にIFRSに移り変わっていくことになります。

また、IASC時代には、IASと並んでSICがありました。SICというのは解釈指針委員会(Standing Interpretations Committee)ですが、ここがIASの運用上の解釈について解釈指針書を出していました。この指針書は組織名と同じSICと呼ばれます。IASBもIFRSについてIFRIC、解釈委員会(International Financial Reporting Interpretations Committee)によるIFRICという解釈指針書を出しています。これらも国際会計基準の構成要素です。

EUによる国際会計基準の適用の日本への影響

日本のようにEU域外に本拠地がある会社で、EUの証券取引所で資金調達をしている会社は、二〇〇五年からではなく、当初は二〇〇七年から国際会計基準を適用することが要請されていましたが、途中で二〇〇九年に延期されました。また、二〇一一年までに国際会計基準に移行することを公約すれば、それまで延期することができるということになりました。すでに二〇一一年は経過して二〇一四年になっていますが、ＥＵは国際会計基準と同等と認められる基準を使っている場合、つまり同等性評価に適合した基準であれば認めるとしています。日本の基準は同等性評価に適合しました。日本は旧来はアメリカの基準の進展を参考にした会計基準を使っていましたが、二〇〇〇年以降はコンバージェンスという国際会計基準と日本の基準をほぼ同じにする作業を行ってきました。その結果、日本の基準は今のところ国際会計基準と同等であると認定されました。ところが、国際会計基準は変わっていきますから、日本の基準もそれに追随して合わせていかないと同等性評価から外れてしまう可能性があります。そのため、国際会計基準を採用すればいいという方向と、なお日本固有の基準の必要性があるという方向の、せめぎ合いになっています。

国際会計基準について、よくこういういい方がされます。アメリカにはアメリカの会計基準がある、ヨーロッパには国際会計基準がある、日本には日本基準がある。この中には一つ間違いがあります。今も、日本の企業がアメリカで上場しようとすると、アメリカの基準か国際会計基準かが要求されます。日本の国内では、自由にというわけではありませんが、アメリカの基準でもいいし、国際会計基準でもいいのですが、大半の企業が適用している日本の基準がある。ところが、ヨーロッパにはヨーロッパ会計基準はありません。国際会計基準はヨーロッパが開発した会計基準ではないのです。アメリカ会計基準はアメリカのＦＡＳＢという機関が開発しています。日本の会計基準は、日本の財務会計基準機構の企業会計基準委員会（ＡＳＢＪ）という機関が開発しています。国際会計基準は、ＩＡＳＢという国際的な独立機関がつくっています。ＥＵは、その基準を採用しているわけです。この点に注意してください。

国際会計基準を採用しているのはＥＵだけではありません。日本でも一部、採用していますし、前に述べたように、新興国の多くは国際会計基準を採用しています。

ＥＵの企業情報開示に関する指令

会計に関する会社法指令は失効しましたが、企業情報の開示に関するＥＵの指令は有効です。ＥＵ構成国で国際会計基準を使うか使わないかを決めるのはＥＵではなく、各国が自らの国の法律、とくに会計に関する規定を含んだ会社法などで定めます。例えば、フランスには会計法というものがあり、当国は国際会計基準を上場会社の連結財務諸表に使うということを会計法で定めます。したがって、各国の制度を調整するためのいくつかの指令があります。

前講でも述べたように、最も根本的なものとして二〇〇四年に出て二〇〇七年に発効した金融商品市場指令があります。また、二〇〇三年に出て二〇〇五年に発効した目論見書指令があります。この指令は、有価証券の公募または取引認可に際して企業の状況についての説明文書で、目論見書を出すことを要請しています。目論見書には、資産・負債、財政状態、損益や将来展望などを記載することが求められます。目論見書は、新たに資本を公募したり、取引認可を受けるときに作成されるので、定期的に出されるものではなく、臨時報告書です。それに対して、翌二〇〇四年に透明性指令が出て、二〇〇七年に発効しました。この指令は、該当する上場会社などが、一年ごとの年次報告書と六カ月の中間段階での半期報告書を出すことを要求する指令です。それらの報告書には、会計情報としてグループの連結財務諸表と親会社の個別財務諸表の双方を掲載すること、かつ、毎年、定期報告書として出すことが求められています。

開示される企業情報の拡充

企業の情報は会計情報だけではありません。新聞記事、テレビニュースなどのメディアを含めると、多種多様に存在します。企業情報の分類方法は一様ではありませんが、会計の観点からの情報の類型は、一つが財務情報、ファイナンシャル・インフォメーションです。金融情報といういい方をする場合もありますが、会計の場合は財務情報といいます。これは、金額による情報です。もう一つ、非財務情報といわれる金額によらない情報があります。つまり、金額情報と金額以外の情報という分類です。別の類別は、金額を含めて数値であらわされている数量情報である定量情報と、数値であらわされない叙述情報を中心とした定性情報という分類です。このような分類のうち、財務諸表を中心とした金額情報である財務情報を会計情報と呼んでいます。財務情報は、比較可能性や信頼性を担保するために法規で規制された定量情報が主体となります。非財務情報には金額値によらない数量による定量情報と数量によらない定性情報があります。

近年、新たに出てきている情報の中で、規制によらない情報が多い非財務情報の例として、ＣＳＲ情報を挙げることができます。Corporate social responsibility、企業の社会責任に関連する情報です。日本でも、多くの会社が、財務情報の報告書と並んでCSR報告書を出しています。例えば、経団連が加盟の企業に対して、CSR報告書を出す方向性を打ち出してきていましたので、加盟の会社は、ほぼすべての会社が出しています。その類型として、例えば、企業が地球環境に与える影響などに関連する環境報告書、地域や社会に企業がどういう貢献をしたかについての社会貢献報告書、さらに、そういうものも含めて企業活動の持続可能性だけではなくて、企業の活動が社会の持続可能性に影響するような事柄について記載する持続可能性報告書が最近では出てきています。これらは規制による報告書ではなく、企業の任意による報告書です。ところが、ヨーロッパでは、例えば、フランスには特有の規制による情報があります。ビラン・ソシアル（bilan social）です。企業内社会報告書あるいは労働関連報告書に該当し、雇用、報酬および付随費用、衛生と安全の状況、その他の労働条件、教育訓練、職業上の関係、当該企業に関するその他の生活条件という項目について、法律で定められた事項を記載して、公開します。フランスの場合、法律によって、この情報を出すことになっています。

会計に関していえば、前に述べたように、会社法に関する第4号指令と第7号指令が長い間、有効でしたが、2013/34/EUという規則が、企業の財務諸表、連結財務諸表および関連報告に関する新しい会計指令を定めたので消滅しました。ところが、まだ案ですが、EUは、二〇一四年四月一五日に、非財務情報について各国で統一したものを出そうという新たな会計指令の改定案を出しました。この指令では、経営者が経営の状況について説明する経営報告書（management report）を採用することにしています。この報告書には、財務諸表と並んで、非財務情報を載せる方向がすでに決まっています。そこには主要業績指標（key performance index）として、社会と従業員、環境、人権、腐敗防止に関する方針や実績などを記載します。そして、従業員五〇〇人以上の会社ですから、中堅以上の会社が対象になります。

そして、近年、統合報告（integrated report）もよく取り上げられます。これには統合報告と統合報告書というふういい方があって、一般的に両者は違うといわれますが、ここでは厳密な区別はせずに基本事項に触れておきます。従来の企業の報告書は、財務情報を中心とした規制情報が主体の報告書と、先ほどのＣＳＲ報告書のような非財務情報の報告書が、別々の報告書として存在しています。ところが、統合報告というのは、一つの報告書に財務情報と非財務情報を統合していこうという考え方です。ＥＵでは、非財務情報について経営報告書を出すけれども、その中で財務情報も含んだ説明をしてはどうかという意見もあります。したがって、統合の形態は多様で、財務報告書が終わったら、次から非財務情報が始まるという、合冊というもともと二冊あったものを一冊にくっつける統合から、情報を相互にやりとりする、あるいは説明の方式自体を統合的な内容に切り替えるという方向まであります。ところが、現状では統合報告書が想定している利用者はあくまでも投資者であって、その方向からは現在の財務報告にはあらわれないが、企業の財務的な業績に影響を与える可能性のある非財務情報を織り込む方向が基本的な視点になります。また、統合報告書は、ＥＵが何らかの方向性を出したり、採用を検討したりしている報告書ではありません。ところが、先ほどの新たな指令で要請されている経営報告書は、ＥＵが発行することを意図している非財務情報に関して、指令によって規制を設けて発行される報告書であり、ステークホルダーを拡充した新たな方向性を示す企業情報になる可能性があります。経営報告書は、この領域の報告書がＥＵ以外では任意情報となっていることと対照的であることからも、今後の動向に注目できる報告書であるといえます。

第14講

EUはいかなるパワーか

標準と規範

今日、私がお話したい話は、いったいEUは、この世界をどういう形で秩序立てていきたいと考えているのか、ということです。皆さんは一年生、二年生が多いと思いますし、人文系の学生も社会科学系の学生もいらっしゃいますから、易しめにお話をしますと、少なくともグローバル化した社会において「何らかの形」で秩序が保たれなければなりません。その際に、私たちの頭に一番簡単に浮かぶ秩序のあり方というのは、例えば世界史で学んだ勢力均衡であったり、一九九〇年代以降、ソ連が崩壊して以降のアメリカの一極支配であったり、つまり何らかの形で軍事力を使った世界の秩序立ての仕方でしょう。

いや、軍事力だけではないかもわかりません。最近の中国の台頭、一九七〇から一九八〇年代の日本を思い起こせば、実は経済力というのも非常に大きなパワーで、世界の秩序立てに役に立ってきた時代もあるじゃないかと。なるほど、秩序というのは軍事によって形づくられたり、経済によって形づくられたりするかもしれません。では、二〇一〇年代の今日、アメリカ、EU、中国といった大国・地域がひしめく中、EUはどのように世界に対する秩序立てをしたいと考えているのだろうか。それをお話していきたいと思うわけです。

そこで、今日はまず標準（スタンダード）というところから話を始めていきたいと思います。皆さんも標準という言葉は間違いなく聞いたことがあると思いますが、標準というのはいったい何なのでしょうか。（遠藤　二〇一二、一―二頁）によれば、標準という言葉は、古代フランス語を語源として、軍勢を集める場所や、その目印のことだったという説明があります。そして、それは現代では、「幅広く認知され、共通性を持ち、反復的に使われるルールや要件のセット」であると考えられています。私たち、七〇億人の人間が、そして一九〇を超える主権国家が秩序を保っていくためには、何らかの共通認識が必要になります。その共通認識の礎になるのが標準といわれるものです。

問題は、この標準というものが世の中でこれまでどうやってつくられてきたのだろうかということです。（遠藤　二〇一二、三頁）によると、標準には二通りのつくられ方があります。

一つ目のつくられ方は、デファクト・スタンダードというものです。これは市場において競争に勝利して、事実上、支配的になったもののことです。例としては、少し古いかもしれませんが、ビデオの録画の企画であるVHSや、PCのOSのWindowsなどが、これにあたります。これらの企画は、市場を通じた競争の結果、事実上、支配的になりました。このような標準のことをデファクト・スタンダードと呼びます。

他方で、もう一つのつくられ方があります。それはデジュール・スタンダードと呼ばれます。このデジュール・スタンダードというのは、デファクト・スタンダードのように市場の競争の結果として独占的地位を勝ち得るのではありません。何らかの形で権威に基づいて文書化され、規範性を帯びて、その意味で何らかの形で法的な規制をともなう標準ということです。その例としては自動車の排ガス規制や国際会計基準などが挙げられます。デファクト・スタンダードにおいては、市場ではなくて、政府機関や国際機関など、何らかの権威をもつものが、こういうものを標準にすると決めるわけです。それに従って標準化が進んでいくということです。

その際に重要なのは規範性です。これは、これまであまり耳にしなかった言葉かもしれません。今日はこれから、規範という言葉がたびたび出てきますので、のちのちの理解のために申し上げておきますと、規範というのは「何々をすべきだ」とか「何々をすべきでない」ということです。「何々すべきだ」と皆さんが考えれば、法律やサンクション、つまり刑罰、を与えなくても、みんなが同じ行動をとって共通性ができます。つまり「こうあるべきである」「こうあってはならない」という規範のもとに、上からの標準化を進めていく場合、これをデジュール・スタンダードと呼ぶわけです。

ですから、デファクト・スタンダードは市場に端を発しますので下からの標準化と呼ばれます。他方、デジュール・スタンダードの場合は、何らかの規範性をもって、社会というのはこうあるべきだから規制をかけますといった形となりますので、上からの標準化と呼ばれるわけです。

EUとデジュール型標準化

さて、ここからは、デジュール型の標準化について話をしていきたいと思います。デジュール型の標準化をしていくためには、「こうあるべきだ」「こうあってはならない」という何らかの規範のもとに、上から標準化が行われます。上からというのは、公的機関、政府や国際機関が中心となる、ということです。その際に重要なのは規制（レギュレーション）です。

例えば、どうして自動車の運転手はスピードオーバーをしようという気持ちを押しとどめるのか、といったときに、車というのは交通強者だから、道路上、最も注意を払って運転しなければいけないという規範だけではなくて、二〇—三〇キロオーバーしたら、これだけ罰金を払わなくてはいけない、という規制のもとにもさらされているからかもしれません。つまり、標準と、何らかの制裁をともなう規制は、セットになっているわけです（遠藤　二〇一二、二頁）。デジュール型で標準化がされる場合は、規制というものが必ずついて回るということです。

それでは、今度は、標準という概念と規制という手段、ここまでが理解できたところで話をヨーロッパに戻していきたいと思います。今日、欧州連合は二八カ国あります。そして、もともとは六カ国から始まりましたが、一九五一年からですから、六〇年余の歴史を持っています。ヨーロッパにおいては、一九世紀以来、国際行政というものが発展し、第二次世界大戦後は石炭鉄鋼共同体から徐々に市場の統合というものを深化させていきました。そこで注目すべきは、その際に各国がもつ標準や規制というものを調和させる作業を延々と繰り返してきたということです。単一市場にするためには、標準や規制というものをそろえていかなければいけないからです。ですから、ヨーロッパにおいては二〇世紀後半から、市場統合を深めていくというプロセスの中で、各国で異なる標準や規制というものが調和されていく、そういう作業をＥＣＳＣから始まって今日のＥＵに至るまで、ずっと行ってきたということです（遠藤二〇一二、五—六頁）。

そして、一九八〇年代以降になりますと、域内市場が徐々に完成していきます。そうなると、ＥＵに巨大な市場が生まれてきます。そして、ＥＵ市場に参入したいという、まわりの企業なり人々をひきつける引力というものがＥＵに出てきます。ＥＵというのは各国で異なる標準や規制を調和させる努力を六〇年近くやってきた。そうやって、今日のＥＵというものをつくり上げてきた。共通市場をつくり、ヒト・モノ・カネの流れを自由にして、人の移動の障壁とか、両替の障壁といったむだなコストを削減して、経済を活性化してきた。そうであるならば、ＥＵの外に対しても標準や規制をそろえていこうという発想が生まれてきてもおかしくないわけです。

そして、ＥＵの標準や規制の影響力というのは、今日、世界各国に大きな影響を与えるに至っています。皆さんは飛行機で一一時間かかる遠い場所だから、ＥＵの規制なんかに自分は関係ないのだ、と思うかもしれませんが、一時期、日本の化学メーカーを震撼させたＥＵの規制があります。ＲＥＡＣＨ規則というものです。ＲＥＡＣＨ規則では、化学製品をつくる会社は、ここに使われている化学物質が安全であるということを先に証明し、それをＥＵに届け出て、その化学物質を登録しなければなりません。化学物質に関する新しい基準をつくったわけです。そして、ＥＵ域内に輸出するあらゆる企業にＲＥＡＣＨ規則が適用されることになりました。皆さんが日本のリーディング・カンパニーの化学会社に就職したとします。何らかの製品を欧州に輸出するとします。そのときに、皆さんは、自分の会社が使っている製品の中に含まれる化学物質について、それが安全であることを事前に検査し、そして、欧州委員会に届け出て、登録をしなければならないということです。ＲＥＡＣＨ規則というのは、ＥＵ内の規制です。しかしながら、これだけグローバル化した世の中で、ＥＵというのは世界の貿易額の約三〇％を握っているわけですから、ＲＥＡＣＨ規則はＥＵの規制ですが、世界中に影響力を及ぼすわけです（鶴岡二〇〇七、三三二頁）。このように、標準や規制の観点からすると、ＥＵは国際的な影響力を持っていることを、皆さんに認識してもらいたいわけです。

ＥＵはいかなるパワーか

さて、今日、ＥＵは世界の貿易の三〇％を占め、そしてＧＤＰと人口はアメリカのそれよりも大きいことは以前確認しました。このことが、ＥＵが、エコノミック・ジャイアント、つまり経済的巨人、といわれる所以です。そうだとすると、世界においてＥＵがもつパワーというのは何だろうか、という議論が、二一世紀に入る頃からされるようになってきました。国際関係論では、一般に、国際社会を動かすパワーというのは第一に軍事力で、第二に経済力だと考えてきたわけですが、ＥＵが世界に及ぼすパワーは、軍事力でも経済力でも十分な説明がつかない。では、いったい何だろうか。ということで、多くの研究者がＥＵのパワーの源はどこにあるのかについて研究を始めたわけです。

そこで、早稲田大学の中村民雄先生はこういうことを書かれています（中村　二〇一二、五八頁）。二〇〇〇年代以降、とくに二〇一〇年代以降のＥＵというのは、ＥＵ域内のマーケットが世界経済に占める経済的重みが大きくなった、と。そして、それゆえＥＵ域内での経済的規制力を中心とした規制力の実効性に気づいた、というのです。先ほどＲＥＡＣＨ規則の話をしました。ＲＥＡＣＨ規則はＥＵ域内の化学物質を取り締まるための規制です。でも、世界中の化学製品をつくる企業は、ＥＵ市場にアクセスする限りにおいて、その化学製品について欧州委員会に届け出なければいけません。つまり、ＥＵ域内での規制が世界的に影響を及ぼしている、というわけです。したがって、ここに「規制力」というパワーが生まれていることになります。

軍事力という言葉も、経済力という言葉も聞いたことがあると思います。軍事力というのは軍事をもとにしたパワー、経済力というのは経済規模をもとにしたパワーで、これはすんなり受け入れられる言葉です。ところが、ＥＵは「規制力」というものを持ち始めている。それは何かというと、ＥＵの価値の共有を法的拘束力がある形で認めるように迫ってくる、こういう力の行使のやり方をＥＵは始めているということです。

例えば、昨日、こんなことがありました。皆さんご存知のように、昨日、日本で死刑囚の死刑執行が行われました。そうしたら、二―三時間後に、私のフェイスブックの画面に欧州委員会の声明があがってきていました。「欧州連合はいかなる理由があっても死刑の執行に反対する」という声明が送られてきたわけです。つまり、死刑をしてはいけない、するべきではない。「すべきではない」というのは規範です。EUがもつ規範、これを世界中に法的拘束力のある形で認めるように迫ってきているわけです。ですから、民主主義であり、市場経済であり、法の支配があり、政治の体制が似ていて、ベストパートナーになりうる存在である日本に対してでさえも、彼らが持っている規範的価値を強く主張してきていることがわかります。

つまり、EUのパワーの源というのは、単に市場が大きいということだけではなくて、貿易なら貿易、商売なら商売の裏に、EUが求めている社会のあり方、規範をすり込んでくるところにあります。したがって、EUの価値の共有を迫ってくる、ソフトにじわじわ迫ってくるというところが、EUを観察し、EUのパワーを分析していくと、見えてくるということです。

EUとISO

さて、今日の講義の最初に標準の話をしました。そこで、少し視野を広げて、標準化について考えてみたいと思います。皆さんも、標準化ということは聞いたことがあるのではないかと思います。例えば、電化製品をつくるとき、ねじ一本から、ディスプレイ、液晶に至るまで、すべてをパナソニックやソニーがつくっているわけではありません。こういう規格のねじを使おう、ということで、一つ一つの製品を標準化して、規格化して、それをアセンブルして製品ができ上がるわけですから、今日の産業社会には標準化が不可欠だということになります。

つまり、世界中のメーカーがグローバルに製品を組み立てていくとき、世界標準というものが欠かせないことになります。そして、世界標準というのは、ねじの規格といった製品の規格から、どういうプロセスを踏んで物をつくるかという工程に至るまで、標準化がされていることになるわけです。なぜ国際標準化が進んでいるのかというと、マーケットは拡大規模の経済の論理が働いている。グローバル化によって、グローバルな標準が必要とされてきた。そして、技術的障壁を除去することは消費者の信頼を獲得することにおいても非常に有効なわけです。また、国境を越えたマーケットというのはすでにでき上がっている。貿易、投資の持続的な拡大のためには、世界が一つの標準であってくれたほうが望ましい。こういう理由から、国際標準化が必要とされているわけです（臼井　二〇一二、八七頁）。

そこで、国際標準化の中でも、おそらく皆さんが聞いたことがあるのはＩＳＯでしょう。ここでＩＳＯの国際標準というのはどうやって決まっているのだろうか、これはあまり考えたことがないかもしれません。例えば、皆さんも企業のパンフレットを見れば「当社はＩＳＯ一四〇〇一を取得しています」と出てきて、世界標準に合った環境対応をしていますと書いてあるわけですが、いったいＩＳＯの国際標準はどうやって決まっているのだろうかということです。このＩＳＯの標準化プロセスを、皆さんの前で先日プレゼンテーションをしてくれた新潟国際情報大学の臼井先生が二〇一二年の論文の中で明らかにしています。ＩＳＯの国際標準化のプロセスには、一六二カ国が参加していて、その中に膨大な数の委員会があるそうです。そして、その委員会の中には専門委員会、分科委員会、作業グループという三層の委員会があって、専門委員会は二一四、分科委員会は五一〇、作業グループは二四七八もあるそうです。つまり、ありとあらゆる分野において、どんな国際標準をつくり上げていくべきかを考えるために、これだけの国が参加し、これだけの委員会がある。そして、二〇一〇年までに一万八五三六の国際標準というものがつくられて、二〇一〇年単年で一三一三の国際標準がつくられたそうです（臼井　二〇一二、九九頁）。

さて、ＩＳＯではこれだけ多くの国際標準が決まっているのですが、それはどうやって決まっているのかというと、各国政府の代表が集まって決めています。つまり、私たちはこれまでの授業で、ＥＵ、ＥＵといってきましたけれども、ご存知のとおり、ＥＵの中に二八カ国があるわけです。ですから、ＩＳＯの国際標準化プロセスの中では、ＥＵとして動いていなくて、各国として動いているわけです。そうすると、例えば、委員会に参加する上位の国を挙げたときに、一位フランス、二位イギリス、三位ドイツ、四位中国、五位韓国、六位ルーマニア、七位日本、八位イタリア、九位ポーランド、一〇位ロシアとなる。上位一〇カ国に六カ国もＥＵ加盟国があります。これで何がわかるかというと、ＩＳＯの国際標準を決めるプロセスにおいて、ＥＵ加盟国が非常に多くのところに顔を出しているということです（臼井　二〇一二、一〇〇頁）。

その結果として何がいえるかというと、ＥＵは自分たちが持っている標準を世界的に広めようとしている、つまり、ＥＵ域内の標準をＩＳＯなどを通じて世界標準にしよう、世界標準をとりにいこう、とする標準化戦略を持っているということです。なぜでしょうか。ＥＵはグローバルな「規制力」というものが自分のパワーであることを認識しているからではないでしょうか。そして、ＥＵの標準が世界標準になることで、ＥＵはそれに対応するためのコストをほとんど払わなくてよくなるわけです。でも、ＥＵ標準をこれまで取り入れていなかった国、企業にすれば、ＥＵ標準にアジャストするためにコストが必要になる。そうすると、当然、ＥＵ加盟国、ＥＵ加盟国の企業が優位になって競争力をもつことになります。

したがって、欧州の標準化戦略としては、ＩＳＯなどの国際機関を通じて欧州域内の標準が世界標準になるようにという戦略をとっていることが臼井先生の研究でいわれているわけです。

パワーとは何か

さて、ここまで「規制力」について話してきたので、では、パワー（力）とは何かということに立ち戻って話をまとめていきたいと思います。（明田　二〇〇七、二九〇頁）では、政治学者のダールの分類を参考にして、パワーについて定義しています。そこでは、パワーとは以下のようなものだといいます。ＡがＢに対して、さもなければ行わないであろう行為を行わせる能力がパワーだと。つまり、パワーというのは、さもなかったらやらなかったであろう行為を相手にさせる力です。このダールの定義にはいくつかの前提があって、一つ目には、ＡがＢに影響力を与えようという明確な意図を持っている。二つ目に、ＡとＢのあいだには意見の対立が存在する。そして三つ目に、ＡはＢの行為を変更させるために有効な物質的・理念的資源を有している。ここで重要なのは、理念的資源です。物質的資源というのは経済力であったり、軍事力であったり、目に見えるものです。ダールがここで理念的資源と掲げているのは、注意すべきことだと思います。

ダールは、このようにAがBに対して、さもなければ行わないであろう行いをさせることがパワーであって、その前提としては、(一) Aは影響力を及ぼしたいと思っている、(二) AとBのあいだには意見の対立がある、そして (三) その行いを変更させる際には、物質的なものだけではなくて、理念的なものもそのパワーの源になるのだといっているわけです。

そこで (明田　二〇〇七、二九三―二九八頁) では、パワーというのは四つに分類できるという議論をしています。一つ目のパワーというのは構造的パワーです。これは、経済力とか軍事力を持っているとパワーがある、と。アメリカはなぜパワーがあるか、それは世界において突出した軍事力を持っているからでしょう。北朝鮮はなぜ核開発をしたのか、それは核をもつことによって構造的パワーを増やしたかったからかもしれません。どうして最近の中国はあれだけのパワーを身につけたのだろうか、それは世界の工場といわれ、今日、先進国をしのぐまでの経済力を持ったからでしょう。これは、一番理解しやすいパワーです。

次に、二つ目のパワーがあります。これは手続き的パワーといいます。これはシンプルにいうと、交渉のときのパワーです。交渉をするのがうまい人／下手な人がいます。相手から妥協を引き出すのがうまい人／下手な人。相手を説得するのがうまい人／下手な人。つまり、手続き的パワーというのは、交渉のプロセスにおいて、どれだけうまく立ち回れるか、どれだけ交渉能力、合意形成能力、妥協を導き出す能力を持っているかということです。

三つ目のパワーは、制度的パワーです。これは、A国が強い、B国が強いということだけではなくて、制度そのものがパワーの構造になっているのだと。ある制度が形づくられたら、その制度によって人々は影響を受けるわけです。もし関西学院大学が、講義開始時間前までに学生証を教室に備えつけれた機械にかざさなければ出席にならない、という制度を取り入れたとしましょう。そうすると、皆さんは「出席」を手に入れるために、今よりも早く、必ず講義開始前に教室に来なければなりませんね。これまでのように、二─三分遅れてでものんびりと歩いて教室に向かうことができなくなることでしょう。つまりこれは、出席をとる制度が皆さんの行動に対してパワーを行使しているわけですから、制度的パワーとみなすことができるわけです。

ここまでのパワーは、皆さんにとってわかりやすかっただろうと思いますが、ＥＵが追求しているのは、四つ目の、規範的パワーだといわれています。あるアクターが、自分の考える規範、自分の考えるアイデアの魅力によって、ほかのアクターの行動に影響を与えようとするのが規範的パワーです。つまり、自分たちが持っている規範「こうすべきだ」「こうすべきではない」、アイデア「そのためには、こういう政策をとったらいいんじゃないか」といった考え方の魅力によってパワーを行使しようとする。これが規範的なパワーであり、後で説明する規範パワー論につながっていきます。

ここが、ＥＵを勉強するうえでは最もおもしろく、最も現実的なところです。つまり、ＥＵというのは、ずっと申し上げていますが、エコノミック・ジャイアントです。アメリカ以上のＧＤＰや人口を持っています。アメリカの三倍の貿易高を持っています。でも、これまでは“political dwarf”つまり政治的小人と呼ばれていました（鶴岡　二〇〇七、三三一頁）。つまり、経済的には大きいけど、政治的には小人だと、ずっと揶揄されてきたわけです。

ところが、このEUのあり方は二〇〇〇年代ぐらいから、先ほど申し上げた規範的パワーによって変わってきているということです。例えば、これは私が研究している領域、地球環境問題、とくに気候変動の領域でいわれていることですけれども、EUというのは転換スタイルのリーダーシップを持っているといわれます。皆さんご存知のとおり、EUはもっともっと気候変動に対応していこうとしています。二〇五〇年までに八〇%から九五%、一九九〇年比で温室効果ガスの排出量を減らそうとしているわけです。そして、ほかの先進国が乗り気でない中、自分たちは二〇二〇年までに温室効果ガスを二〇%減らすのだということをわざわざ法制化して、自分を縛りつけています。

したがって、気候変動政治において、EUは転換スタイルのリーダーシップ、つまり、これまでの考え方を変えるリーダーシップをとっているといわれています。では、どうしてそういうリーダーシップをEUがとれるのでしょうか。ワーゼルとコネリーは以下のように説明します（Wurzel and Connelly 2011: pp. 14-15）。

まず、EUは巨大な市場というハードな市場パワーを持っている、そして、ソフトな認識パワーを持っている、と。ハードな市場パワーとは大きな域内経済のことです。そして、ソフトな認識パワーとは、気候変動というものをどう認識し、どう対応しなければならないと認識しているのか、を意味します。ここでも「しなければならない」があらわれます。そうです、規範です。そして、この二つのパワーの混成体がEUであると彼らは考えるわけです。そして、これまでのあり方を転換する（つまり転換スタイルのリーダーシップを発揮する）ためには、このような混成体である必要があると彼らは考えているのです。つまり、巨大な経済市場と、世界の先を行く規範的なものの考え方、この二つがセットになっているから、ヨーロッパは気候変動政治において変換スタイルのリーダーシップがとれていると説明するわけです。

規範パワー論

そこで、少し規範パワー論という議論を紹介しましょう。この議論は、二〇〇二年にイアン・マナーズという、デンマーク・ロスキルド大学教授であるイギリス人の研究者がいい出したところから始まりました。ＥＵが及ぼしているパワーを規範パワーとしてとらえようじゃないかというイアン・マナーズの議論は、彼が最初に論文を発表してから一〇年以上たつ今日においても、非常に大きな影響力を持っています。

マナーズは、国際社会におけるアクターとしてのＥＵは規範的パワーを持っていると考えました。ＥＵ自体が規範的な基盤の上に立っていて、その結果、ＥＵは国際関係においても規範的に行動するように仕向けられているのだと主張するわけです。ＥＵは域内においても規範的なもののいい方で、域内の標準・規制を調整してきたわけです。そして、今日においては、その規範というものを利用して、域外の国にＥＵと同じような標準や規制を採用するように迫ってきているというのが、マナーズの規範パワー論の中心です（鶴岡　二〇〇七、三三五―三三六頁）。したがって、ＥＵが依拠する価値・規範を世界に広めるということが、規範的パワーとしてのＥＵ外交の特徴であるといわれているわけです。

これまでこの講座では、いろいろな先生がお話をしてくださいました。山口先生が小企業憲章の話をされて、西村先生が男女雇用機会のワーク・ライフ・バランス憲章についてお話をされて、そして、補講の講演会に出席した人は、臼井先生がマルチレベル・ガバナンス憲章について話をされていたのを聞いたと思います。

EUが域内でつくり上げている○○憲章というのは、EU域内の規範をまとめたものです。何があっても中小企業が大事だということにしようという規範。男女は平等に仕事ができるように、女性のキャリアも考える社会制度をつくっていこうという規範。ヨーロッパの政治のシステムはEU、国家、サブリージョンといった多層の政治が協調して一つのガバナンスとしてまとまっていくべきだという規範。つまり、EUの域内を見ていくと、そういった憲章という形で、EUはどんどん域内の国をまとめ上げるための規範をつくり上げてきています。その規範というのは、EU域内だけで通用しているわけではなくて、EUの外交においても、EUの影響力を域外に行使する手段としても、規範というものが使われているということです。そして、その規範というものは、標準化、そして規制と相まって、おそらく皆さんが三年後、四年後に就職したあと、皆さんの仕事にも大きな影響を与えてくるかもわかりません。

規範パワー論というのは、先ほどもいいましたように、イアン・マナーズが論文を発表して一〇年以上の月日がたちますが、まだこれをめぐる議論は衰えを見せません。もちろん、規範パワー論にはいくつかの批判があります。規範パワーは、どうやってはかるのか。これが規範であると、どうやって決めるのか。いろいろな批判があります。しかしながら、ここが重要ですが、いろいろな人が規範パワー論を批判するけれども、EUが規範的パワーを持っているということ「自体」を否定する議論は皆無（鶴岡二〇〇七、三三六頁）だということです。

ですから、皆さんもご存知だと思いますけれども、日＝EU・EPA／FTA交渉の中に、EUが人権条項を入れようとしている、というニュースがありました。日本でも一カ月前に大きな問題になりましたね。EUは、たとえそれが経済協定であっても、EUがもつ価値を盛り込もうとする傾向を持っています。それが良いか悪いかは、ここでは問いません。そうではなくて、EUは自身の価値や規範を唱え続けることによって、域内に対してもアピールできるし、域外に対しても、EUの考え方と同じ賛同者が多くなればなるほど、EUとしては国際秩序を与えやすくなる、パワーの行使がしやすくなるということです。

これまで各先生方がそれぞれの領域において、EUはどんな活動をしていて、どんな取り組みをしているかという話をされました。海道先生のコーポレート・ガバナンスの話、山口先生の中小企業の話、西村先生のワーク・ライフ・バランスの話、梶浦先生の国際会計基準の話、ブングシェ先生の欧州企業のブランド戦略など。その中で皆さんに気づいていただきたかったのは、EUというのは、社会がこうあるべきだという規範をつくり、それに基づいて、政策として実現していきます。ここが、私がEUを研究して、そして皆さんが大学生としてEUを学ぶうえで、一番おもしろいところだと思います。この講座も残念ながら終わりますけれども、「なるほど、EUというのは、こういう理念のもとに、こうあるべきだと思って、こういうふうに順序立てて憲章をつくったり、政策をつくっていったんだな」ということをかみしめながらテスト勉強をしていただければ、よりEUに対する理解が深まるのではないかと思います。春学期のあいだ、ありがとうございました。皆さんのご協力のおかげで、充実した講座になったと思います。感謝致します。

参考文献

青柳由香（二〇一二）「EU競争法の対外的な規制力」、遠藤乾・鈴木一人編『EUの規制力』日本経済評論社、一一一―一二八頁。

明田ゆかり（二〇〇七）「縛られた巨人――GATT／WTOレジームにおけるEUのパワーとアイデンティティ」、田中俊郎・小久保康之・鶴岡路人編『EUの国際政治――域内政治秩序と対外関係の動態』慶應義塾大学出版会、二八七―三二一頁。

臼井陽一郎（二〇一二）「EUの　と規制力」、遠藤乾・鈴木一人編『EUの規制力』日本経済評論社、八七―一〇七頁。

遠藤乾（二〇一二）「EUの規制力――危機の向こう岸のグローバル・スタンダード戦略」、遠藤乾・鈴木一人編『EUの規制力』日本経済評論社、一―一四頁。

鶴岡路人（二〇〇七）「EUの変容とEU研究の新しい課題――日本からの視点」、田中俊郎・小久保康之・鶴岡路人編『EUの国際政治――域内政治秩序と対外関係の動態』慶應義塾大学出版会、三三一―三四四頁。

中村民雄（二〇一二）「EUの規制力と法」、遠藤乾・鈴木一人編『EUの規制力』日本経済評論社、三七―

六二頁。
Wurzel, Rüdiger K.W. and James Connelly (2011) "Introduction: European Union Political Leadership in International Climate Change Politics", in Wurzel, Rüdiger K.W. and James Connelly, *The European Union as a Leader in International Climate Change Politics* (London and New York, Routledge), pp. 3-20.

マ行

ヤ行

ラ行

ワ行

サ行

タ行

ナ行

ハ行

索　引

【執筆者紹介】（執筆順）

市川　　顕（いちかわ・あきら）　はじめに・第１講・第２講・第３講・第14講
関西学院大学産業研究所准教授

Holger Bungsche（ホルガー・ブングシェ）　第４講・第５講
関西学院大学国際学部教授

海道 ノブチカ（かいどう・のぶちか）　第６講・第７講
関西学院大学商学部教授

山口 隆之（やまぐち・たかゆき）　第８講・第９講
関西学院大学商学部教授

西村　　智（にしむら・とも）　第10講・第11講
関西学院大学経済学部教授

梶浦 昭友（かじうら・あきとも）　第12講・第13講
関西学院大学商学部教授

産研レクチャー・シリーズ

EUの社会経済と産業

2015年3月31日初版第一刷発行

編著者　市川　顕
発　行　関西学院大学産業研究所
発　売　関西学院大学出版会
〒662-0891
兵庫県西宮市上ケ原一番町1-155
電　話　0798-53-7002

印　刷　株式会社クイックス

Printed in Japan by Kwansei Gakuin University Press
ISBN 978-4-86283-193-4

関西学院大学出版会への私信

田《た》中《なか》　きく代《よ》
関西学院大学名誉教授

私は出版会設立時の発起人ではありませんでしたが、初代理事長の荻野昌弘さん、初代編集長の宮原浩二郎さんから設立のお話をいただいて、気持ちが高まりワクワクしたことを覚えています。発起人の方々の熱い思いに感銘を受けてのことで、「田中さん、研究発進の出版部局を持たないと大学と言えないよね」という誘いに、もちろん「そうよね!!」と即答しました。皆さんの良い本をつくりたいという理想も高く、何度も会合がもたれました。ことに『理』の責任者であった生協の書籍におられた谷川恭生さんのご尽力は並々ならないものであったと感謝しております。谷川さんを除けば、皆さん本屋さんの出版にはさほど経験がなく、苦労も多かったのですが、苦労よりも新しいものを生み出すことに嬉々としていたように思います。

私は、設立から今日まで、理事として編集委員として関わらせていただき、一時期には理事長の要職に就くことにもなりましたが、荻野さん、宮原さん、山本栄一先生、田村和彦さん、大東和重さん、前川裕さん、田中直哉さん、戸坂美果さんと、指を折りながら思い返し、多くの編集部の方々のおかげで、やってくることができたと実感しています。五〇〇冊記念を機に、まずは感謝を申し上げ、いくつか関西学院大学出版会の「いいとこ」を宣伝しておきたいと思います。

「関学出版会の『いいとこ』は何?」と聞かれると、本がとても「温かい」と答えます。出版会の出版目録を見ていると、それぞれの本が出来上がった時の記憶が蘇ってきますが、どの本も微笑んでいます。教員と編集担当者が率先して一致協力して運営に関わっていることが、妥協しないで良い本をつくろうとすることからくる真剣な取り組みとなっているのです。出版会の本は丁寧につくられ皆さんの心が込められているのです。

また、本をつくる喜びも付け加えておきます。毎月の編集委員会では、新しい企画にいつもドキドキしています。私事ですが、私は歴史学の研究者の道を歩んできましたが、同時にどこかでいつか本屋さんをやりたいという気持ちがあったことは否定できません。関学出版会では、自らの本をつくる時など特にそうですが、企画から装丁まですべてに自分で直接に関わることができるのですよ。こんな嬉しいことがありますか。

皆でつくるということでは、夏の拡大編集委員会の合宿も思い出されます。毎夏、有馬温泉の「小宿とうじ」で実施されてきましたが、そこでは編集方針について議論するだけではなく、毎回「私の本棚」「思い出の本」「旅に持っていく本」などなどの議題が提示されました。自分の好きな本を本好きの他者に「押しつけ?」、本好きの他者から「押しつけられる?」楽しみを得る機会が持てたことも私の財産となりました。夕食後には皆で集まって、学生時代のように深夜まで喧々諤々の時間を過ごしてきたことも楽しい思い出です。今後もずっと続けていけたらと思っています。

記念事業としては、設立二〇周年の一連の企画がありましたが、記念シンポジウム「いま、ことばを立ち上げること」では、田村さんのご尽力で、「ことばの立ち上げ」に関わられた諸氏にお話しいただき、本づくりの大切さを再確認することができました。今でも「投壜通信」という「ことば」がビンビン響いてきます。文字化される「ことば」に内包される心、誰かに届けたい「ことば」のことを、本づくりの人間は忘れてはいけないと実感したものです。

インターネットが広がり、本を読まない人が増えている現状で、今後の出版界も変革を求められていくでしょうが、大学出版会としては、学生に「ことば」を伝える義務があります。ネット化を余儀なくされ「ことば」を伝えるにも印刷物ではなくなることも増えるでしょう。だが、学生に学びの「知」を長く蓄積し生涯の糧としていただくには、やはり「本棚の本」が大切だと思います。出版会の役割は重いですね。

『いま、ことばを立ち上げること』
K.G.りぶれっとNo. 50、2019年
2018年に開催した関西学院大学出版会設立20周年記念シンポジウムの講演録

ふたつの追悼集

田村《たむら》　和彦《かずひこ》
関西学院大学名誉教授

荻野昌弘さんの原稿で、一九九五年の阪神淡路の震災が出版会誕生の一つのきっかけだったことを思い出した。今から三〇年前になる。ぼく自身は一九九〇年に関西学院大学に移籍して間もなくだった。震災との直接のつながりは思いつかないが、新たな出発に向けての思いが大学に満ちていたことは確かである。

ぼく自身と出版会とのかかわりは、当時関学生協書籍部にいた谷川恭生さんに直接声をかけられたことから始まる。谷川さんの関西学院大学出版会発足にかけた情熱については、本誌で他の方々も触れているとおりである。残念ながら、出版会がどうやら軌道に乗り始めた二〇〇四年にわずか四九歳で急逝した谷川さんには、翌年に当出版会が出した追悼文集『時（カイロス）の絆』に学内外の多くの方々が思いを寄せている。出版会についていえば、前身には発足の十年近く前から谷川さんが発行していた書評誌『みくわんせい』があったことも忘れえない。『みくわんせい』のバックナンバーの書影は前記追悼集に収録されている。出版会を立ちあげて以来発行されてきたこの小冊子『理』にしても、最初は彼が構想する大学発の総合雑誌の前身となるべきものだったと記憶している。「理」を「ことわり」と読むことにこだわったのも彼である。谷川さんのアイデアは尽きることなく広がり、何度かの出版会主催のシンポジウムも行われた。そんななか、出版会が発足してからもいつもは外野のにぎわわせ役を決めこんでいたぼくに、谷川さんから研究室に突然電話が入り、「編集長になりませんか」という依頼があった。なんとも闇雲な頼みで、答えあぐねているうちにいつの間にやら引き受けることになってしまった。その後編集長として十数年、その後は出版会理事長として谷川さんが蒔いた種から育った出版会の活動を、不十分ながら引き継いできた。

関学出版会を語るうえでもう一人忘れえないのが山本栄一氏で

教員・研究者による著作も見受けられる。その後も「学内を中心としながら、学外の著者にも広く開かれている」という当初の方針は今日まで維持され、それが刊行書籍の増加や多様性の確保にも少なからず貢献してきたように思う。

他方、新刊学術書の専門分野別の構成はこの三〇年弱の間に大きく変わってきている。たとえば出版会初期の五年間と最近五年間の新刊書の「ジャンル」を見比べていくと、現在では当初よりも全体的に幅広く多様化していることがわかる。「社会・環境・復興」（災害復興研究を含むユニークな「ジャンル」）や「経済・経営」は現在まで依然として多いが、いずれも新刊書全体に占める比重は低下し、「法律・政治」「福祉」「宗教・キリスト教」「関西学院」「エッセイその他」にくわえて、当初は見られなかった「言語」や「自然科学」のような新たな「ジャンル」が加わっている。何よりも目立つ近年の傾向は、「哲学・思想」や「文学・芸術」のシェアが顕著に低下する一方、「教育・心理」や「国際」、「地理・歴史」のシェアが大きく上昇していることである。

こうした「ジャンル」構成の変化には、この間の関西学院大学の学部増設（人間福祉、国際、教育の新学部、理系の学部増設など）がそのまま反映されている面がある。ただ、その背景には関学だけではなく日本の大学の研究教育をめぐる状況の変化もあるにちがいない。思い返せば、関西学院大学出版会の源流の一つに、かつて谷川さんが関学生協書籍部で編集していた書評誌『みくわんせい』（一九八八—九二年）がある。それは当時の「ポストモダニズム」の雰囲気に感応し、最新の哲学書や思想書の魅力を伝えることを通して、専門の研究者や大学院生だけでなく広く読書好きの一般学生の期待に応えようとする試みでもあった。出版会草創期の新刊書にみる「哲学・思想」や「文学・芸術」のシェアの大きさとその近年の低下には、そうした一般学生・読者ニーズの変化という背景もあるように思う。関西学院大学出版会も着実に「歴史」を刻んできたことにあらためて気づかされる。これから二、三十年後、刊行書「一〇〇〇点」達成の頃には、どんな「ジャンル」構成になっているだろうか、今から想像するのも楽しみである。

『みくわんせい』
創刊準備号、1986年

この書評誌を介して集った人たちによって関西学院大学出版会が設立された

草創期をふり返って

宮原《みやはら》　浩二郎《こうじろう》　関西学院大学名誉教授

関西学院大学出版会の刊行書が累計で五〇〇点に到達した。ホームページで確認すると、設立当初の一〇年間は毎年一〇点前後、その後は毎年二〇点前後のペースで刊行実績を積み重ねてきたことがわかる。あらためて今回の「五〇〇」という大台達成を喜びたい。

草創期の出版企画や運営体制づくりに関わった初代編集長として当時をふり返ると、何よりもまず出版会立ち上げの実務を担った谷川恭生氏の面影が浮かんでくる。当時の谷川さんは関学生協書籍部の「マスター」として、関学内外の多くの大学教員や研究者を知的ネットワークに巻き込みながら、学術書を中心に本の編集、出版、流通、販売の仕組みや課題を深く研究し、全国の書店や出版社、取次会社に多彩な人脈を築いていた。谷川さんに連れられて、東京の大手取次会社を訪問した帰りの新幹線で、ウィスキーのミニボトルをあけながら夢中で語り合い、気がつくともう新大阪に着いていたのをなつかしく思い出す。

数年後に病を得た谷川さんが実際に手にとることができた新刊書は当初の五〇点ほどだったはずである。今や格段に充実した刊行書のラインアップに喜び、深く安堵してくれているにちがいない。それはまた、谷川さんの知識経験や文化遺伝子を引き継いだ、田中直哉氏はじめ事務局・編集スタッフによる献身と創意工夫の賜物でもあるのだから。

草創期の出版会はまず著者を学内の教員・研究者に求め「関学の」学術発信拠点としての定着を図る一方、学外の大学教員・研究者にも広く開かれた形を目指していた。そのためすでに初期の新刊書のなかに関学教員の著作に混じって学外の大学

ある。山本さんは阪神淡路の震災の折、ちょうど経済学部の学部長で、ぼく自身もそこに所属していた。学部運営にかかわる面倒なやり取りに辟易していたぼくだが、震災の直後に山本さんが学部活性化のために経済学部の教員のための紀要刊行費を削って、代わりに学部生を巻きこんで情報発信と活動報告を行う経済学部広報誌『エコノフォーラム』を公刊するアイデアを出したときには、それに全面的に乗り、編集役まで買って出た。それをきっかけに学部行政以外のつき合いが深まるなかで、なんとも型破りで自由闊達な山本さんの人柄にほれ込むことになった。発足間もない関学出版会についても、学部の枠を越えて、教員ばかりか事務職にまで関学随一の広い人脈を持つ山本さんの「拡散力」と「交渉力」が大いに頼みになった。一九九九年に関学出版会の二代目の理事長に就かれた山本さんは、毎月の編集会議にも、当時千刈のセミナーハウスで行なわれていた夏の合宿にも必ず出席なさった。堅苦しい会議の場は山本さんの一見脈絡のないおしゃべりをきっかけに、どんな話題に対しても、誰に対しても開かれた、くつろいだ自由な議論の場になった。本の編集・出版という作業は、著者だけでなく、編集者・校閲者も巻きこんで、まったくの門外漢や未来の読者までを想定した、実に楽しい仕事になった。山本さんは二〇〇八年の定年後も引き続き出版会理事長を引き受けてくださったが、二〇一一年に七一歳で亡くなられた。没後、関学出版会は上方落語が大好きだった山本さんを偲んで『賑わいの交点』という追悼文集を発刊している。

出版会発足二八年、刊行点数五〇〇点を記念するにあたって特にお二人の名前を挙げるのは、お二人のたぐいまれな個性とアイデアが今なお引き継がれていると感じるからである。二つの追悼集のタイトルをつけたのは実はぼくだった。いま、それを久しぶりに紐解いていると関西学院大学出版会の草創期の熱気と、それを継続させた人的交流の広さと暖かさとが伝わってくる。

『賑わいの交点』
山本栄一先生追悼文集、2012年（私家版）

39名の追悼寄稿文と、山本先生の著作目録・年譜・俳句など

『時（カイロス）の絆』
谷川恭生追悼文集、2005年（私家版）

21名の追悼寄稿文と、谷川氏の講義ノート・『みくわんせい』の軌跡を収録

連載

スワヒリ詩人列伝

第8回　政権の御用詩人、マティアス・ムニャンパラの矛盾

小野田　風子

　スワヒリ語詩、それは東アフリカ海岸地方の風土とイスラム的伝統に強く結びついた世界である。そのなかで、内陸部出身のキリスト教徒として初めてシャーバン・ロバート（本連載第2回『理59号』参照）に次ぐ大詩人として認められたのが、今回の詩人、マティアス・ムニャンパラ（Mathias Mnyampala, 1917-1969）である。

　ムニャンパラは一九一七年、タンガニーカ（後のタンザニア）中央部のドドマで、ゴゴ民族の牛飼いの家庭に生まれる。幼いころから家畜の世話をしつつ、カトリック教会で読み書きを身につけた。政府系の学校で法律を学び、一九三六年から亡くなるまで教師や税務署員、判事など様々な職に就きながら文筆活動を行った。これまでに詩集やゴゴの民族誌、民話など十八点の著作が出版されている（Kyamba 2016）。

　詩人としてのムニャンパラの最も重要な功績とされているのは、「ンゴンジェラ」（ngonjera）注1という詩形式の発明である。独立後のタンザニアは、初代大統領ジュリウス・ニエレレの強い指導力の下、社会主義を標榜し、「ウジャマー」（Ujamaa）と呼ばれる独自の社会主義政策を推進した。ニエレレは当時のスワヒリ語詩人たちに政策の普及への協力を要請し、詩人たちはＵＫＵＴＡ（Usanifu wa Kiswahili na Ushairi Tanzania）という文学団体を結成した。ＵＫＵＴＡの代表として政権の御用詩人を引き受けたムニャンパラが、非識字の人々に社会主義の理念を伝えるのに最適な形式として創り出したのが、ンゴンジェラである。これは、詩の中の二人以上の登場人物が政治的なトピックについて議論を交わすという質疑応答形式の詩である。ムニャンパラがまとめた詩集『ＵＫＵＴＡのンゴンジェラ』（*Ngonjera za Ukuta I & II*, 1971, 1972）はタンザニア中の成人教育の場で正式な出版前から活用され、地元紙には類似の詩が多数掲載された。

　ムニャンパラの詩はすべて韻と音節数の規則を完璧に守った定型詩である。ンゴンジェラ以外の詩では、言葉の選択に細心の注意が払われ、表現の洗練が追求されている。詩の内容は良い生き方を諭す教訓的なものや、物事の性質や本質を解説するものが目立つ。詩のタイトルも、「世の中」「団結」「嫉妬」「死」など一語が多く、詩の形式で書かれた辞書のようでさえある。美徳や悪徳、無力さといった人間に共通する性質を扱う一方、差別や植民地主義への明確な非難も見られ、人類の平等や普遍性について

任意団体にすることにした。そして、何よりの懸案事項は、出版資金をどのように調達するかという点だった。あるときに、たしか当時、学院常任理事だった、私と同じ社会学部の高坂健次先生から山口恭平常務に会いにいけばいいと言われ、単身、常務の執務室に伺った。山口常務に出版会設立計画をお話し、資金を融通してもらいたい旨お願いした。山口さんは、社会学部の事務長を経験されており、そのときが一番楽しかったという話をされ、その後に、一言「出版会設立の件、承りました」と言われた。事実上、出版会の設立が決まった瞬間だった。

　その後、書籍の取次会社と交渉するため、何度か東京に足を運んだ。そのとき、谷川さんと共に同行していたのが、今日まで、出版会の運営を担ってきた田中直哉さんである。東京出張の折には、よく酒を飲む機会があったが、取次会社の紹介で、高齢の女性が、一人で自宅の応接間で営むカラオケバーで、バラのリキュールを飲んだのが、印象に残っている。

　取次会社との契約を無事済ませ、社会学部教授の宮原浩二郎編集長の下、編集委員会が発足し、震災から三年後の一九九八年に、最初の出版物が刊行された。

　ところで、当初の私の単著を出版したいという目的はどうなったのか。出版会設立準備の傍ら、執筆にも勤しみ、第一回の刊行物の一冊に『資本主義と他者』を含めることがかなった。新たな出版会で刊行したにもかかわらず、書評紙にも取り上げられ、また、読売新聞が、出版記念シンポジウムに関する記事を書いてくれた。当時大学院生で、その後研究者になった方々から私の本を読んだという話を聞くことがあるので、それなりの反響を得ることができたのではないか。書店で『資本主義と他者』を手にとり、読了後すぐに連絡をくれたのが、当時大阪大学大学院の院生だった、山泰幸人間福祉学部長である。また、いち早く、論文に引用してくれたのが、今井信雄社会学部教授（当時、神戸大学の院生）で、今井論文は後に、日本社会学会奨励賞を受賞する。出版会の立ち上げが、新たなつながりを生み出していることは、私にとって大きな喜びであり、出版会が、今後も知的ネットワークを築いていくことを期待したい。

『資本主義と他者』1998年

資本主義を可能にしたものは？　他者の表象をめぐる闘争から生まれる、新たな社会秩序の形成を、近世思想、文学、美術等の資料をもとに分析する

関西学院大学出版会の誕生と私

荻野《おぎの》　昌弘《まさひろ》
関西学院理事長

一九九五年は、阪神・淡路大震災が起こった年である。関西学院大学も、教職員・学生の犠牲者が出て、授業も一時中断した。この年の秋、大学生協書籍部の谷川恭生さん、岡見精夫さんと神戸三田キャンパスを見学しに行った。新しいキャンパスに総合政策学部が創設されたのは、震災が起こった一九九五年の四月のことである。震災という不幸にもかかわらず、神戸三田キャンパスの新入生は、活き活きとしているように見えた。

その後、三田市ということで、三田屋でステーキを食べた。その時に、私が、そろそろ、単著を出版したいと話して、具体的な出版社名も挙げたところ、谷川さんがそれよりもいい出版社があると切り出した。それは、関西学院大学生活協同組合出版会のことで、たしかに蔵内数太著作集全五巻を出版している。生協の出版会を基に、本格的な大学出版会を作っていけばいいという話だった。

震災は数多くの建築物を倒壊させた。それは、不幸なできごとであったが、そこから新たな再建、復興計画が生まれる。何か新しいものを生み出したいという気運が生まれてくる。私は、谷川さんの新たな出版会創設計画に大きな魅力を感じ、積極的にそれを推進したいという気持ちになった。

そこで、まず、出版会設立に賛同する教員を各学部から集め、設立準備有志の会を作った。岡本仁宏（法）、田和正孝（文）、田村和彦（経＝当時）、広瀬憲三（商）、浅野考平（理＝当時）の各先生が参加し、委員会がまず設立された。また、経済学部の山本栄一先生から、おりに触れ、アドバイスをもらうことになった。

出版会を設立するうえで決めなければならないのは、まずその法人格をどのようにするかだが、これは、財団法人を目指す

書いた詩人と大まかに評価できよう。

一方、ムニャンパラのンゴンジェラは、それ以外の詩と比べて深みや洗練に欠けると言われる。ムニャンパラは「庶民の良心」であることを放棄し、「政権の拡声器」に成り下がったとも批判されている（Ndulute 1985: 154）。知識人が無知な者を啓蒙するというンゴンジェラの基本的な性質上、確かにそこには、人間や物事の単純化や、善悪の決めつけ、庶民の軽視が見られる。人間の共通性や普遍性に焦点を当てるヒューマニズムも失われている。表現の推敲の跡もあまり見られず、政権のスローガンをただ詩の形式に当てはめただけのようである。以下より、ムニャンパラのンゴンジェラが収められている『ＵＫＵＴＡのンゴンジェラＩ』と、一般的な詩が収められている『ムニャンパラ詩集』（*Diwani ya Mnyampala*, 1965）、そして『詩の教え』（*Waadhi wa Ushairi*, 1965）から、実際にいくつか詩を見てみよう。

『ＵＫＵＴＡのンゴンジェラＩ』内の「愚かさは我らが敵」では、「愚か者」が以下のように発言する。「みんな私をバカだと言う　学のない奴と／私が通るとみんなであざけり　友達でさえ私を笑う／悪口ばかり浴びせられ　言葉数さえ減ってきた／さあ、確かなことを教えてくれ　私のどこがバカなんだ?」それに対し、「助言者」は、「君は本当にバカだな　そう言われるのももっともだ／だって君は無知だ　教育されていないのだから／君は幼子、背負われた子どもだ／教育を欠いているからこそ　君はバカなのだ」と切り捨てる。その後のやり取りが続けられ、最後には「愚か者」が、「やっと理解した　私の欠陥を／勉強に邁進し　愚かさから抜け出そう／そして味わおう　読書の楽しみを／確かに私は　バカだったのだ」と改心する（Mnyampala 1970: 14-15）。

一方、『詩の教え』内の詩「愚か者こそが教師である」では、「愚か者」についての認識に大きな違いがある。詩人は、「愚か者はこし器のようなもの　知覚を清めることができる／愚か者こそが、賢者を教える教師なのである」（Mnyampala 1965b: 55）と、ンゴンジェラとは異なる思慮深さを見せる。また、上記のンゴンジェラに見られる教育至上主義は、『詩の教え』内の別の詩「高貴さ」とも矛盾する。

たとえば人の服装や金の装身具／あるいは大学教育や宗教の知識に驚かされることはあっても／それが人に高貴さをもたらすわけではない　そういったものに惑わされるな／服は高貴さとは無縁だ　高貴さとは信心なのだ

高貴さとは信心である　読書習慣とは関係ない／スルタンであることや、ローマ人やアラブ人であることでもない／それは心の中にある信心　慈悲深き神を知ること／騒乱は高貴さには似合わない　高貴さとは信心なのだ（Mnyampala 1965b: 24）

同様の矛盾は、社会主義政策の根幹であったウジャマー村に

ついての詩にも見出せる。一九六〇年代末から七〇年代にかけて、平等と農業の効率化を目的として、人工的な村における集団農業の実施が試みられた。『UKUTAのンゴンジェラ』内の詩「ウジャマー村」では、政治家が定職のない都市の若者に、村に移住し農業に精を出すよう諭す。若者は「彼らが言うのだ　私たちは町を出ないといけないと／ウジャマー村というが　何の利益があるんだ?」と疑問を投げかけ、「この私がどんな利益を上げられるだろう?／体には力はなく　何も収穫することなどできない」、「なぜ一緒に暮らさないといけないのか　どういう義務なのか?／せっかくの成果を無駄にして　もっと貧しくなるだろう」と移住政策の有効性を疑問視し、「私はここの馴染みだ　私の人生は町にある／私はここで丸々肥えて　いつも喜びの中にある／もし村に住んだなら　骨と皮だけになってしまう」と懸念する。それに対し政治家は、「町を出ることは重要だ　共に村へ移住しよう／恩恵を共に得て　勝者の人生を歩もう」、「みんなで一緒に住むことは　国にとって大変意義のあること／例えば橋を作って洪水を防ぐことができる／一緒に耕すのも有益だ　経済的成果を上げられる」とお決まりのスローガンを並べるだけである。にもかかわらず若者は最終的に、「鋭い言葉で　説得してくれてありがとう／怠け癖を捨て　鍬の柄を握ろう／そして雑草を抜いて　村に参加しよう／ウジャマー村には　確かに利益がある」と心変わりをするのである（Mnyampala 1970: 38-39）。

　この詩は、その書かれた目的とは裏腹に、若者の懸念の妥当性と、政治家の理想主義の非現実性とを強く印象づける。以下の詩を書いたときのムニャンパラ自身も、この印象に賛同してくれるはずである。『ムニャンパラ詩集』内の詩「農民の苦労」では、農業の困難さが写実的かつ切実につづられる。

はるか昔から　農業には困難がつきもの／まずは原野を開墾し　枯草を山ほど燃やす／草にまみれ　一日中働きづめだ／農民の苦労には　忍耐が不可欠

忍耐こそが不可欠　心変わりは許されぬ／毎日夜明け前に目を覚まし／すぐに手に取るのは鍬　あるいは鍬の残骸／農民の苦労には　忍耐が不可欠

森を耕しキビを植え　草原を耕しモロコシを植え／たとえ一段落しても　いびきをかいて眠るなかれ／動物が畑にやってきて　作物を食い荒らす／農民の苦労には　忍耐が不可欠（三連略）

いつ休めるのか　いつこの辛苦が終わるのか／イノシシやサルに　怯えて暮らす苦しみが?／収穫の稼ぎを得る前から　疑念が膨らむばかり／農民の苦労には　忍耐が不可欠

キビがよく実ると　私はひたすら無事を祈る／すべての枝が花をつける時　私の疑いは晴れていく／そして鳥たちが舞い

など、焦燥感だけが募る毎日。

　この書籍は、そのような状況にたまりかねた著者が、仲間うちの教育関係者に訴えかけて円卓会議を開いた、そのときに話された内容を記録したものです。まずは、僭越ながら著者が基調講演をおこない、続いて小学校から高等学校までの現場の先生方、そして教育委員会の指導主事の先生方にグループ討議をしていただきました。それぞれの教育現場における課題や懸念、今後やるべき取り組みやアイデアの提示を自由に話し合い、互いに共有しました。そして、それを受けて、大学の異なるご専門の先生方から、大学としていかなる変革が必要となるか、コメントを頂戴しました。実に有益なご示唆をいただくことができました。

　では、私たちはどのような一歩を歩み出すべきなのでしょうか。社会の変化は非常に早い。

　そこで、小学校から高等学校までの学校教育に多大な影響を及ぼしている大学教育に着目しました。それはまた、輩出する卒業生を通して社会に対しても大きな影響を及ぼす存在です。

　一九七〇年にOECDの教育調査団から、まるでレジャーランドの如くという評価を受けてから半世紀以上が経ちました。もはや、このまま変わらずにはいられない大学教育に関して、大胆かつ具体的に、これからの日本に求められる理想としての大学の姿を提示してみました。遠いぼんやりした次世紀の大学ではなく、シンギュラリティが到来しているかもしれない、二〇五〇年を具体的にイメージしたとき、どういう教育理念で、どのようなカリキュラムを、どのような教授法で実施するのか。いま現在の制約をすべて取り払い、自らが主体的に動ける人材を生み出すために、妥協を廃して考えた具体的なアイデアを提示する。この奇抜な挑戦をやってみました。

　このような大学がもし本当に出現したなら、社会にどのようなインパクトを及ぼすでしょうか。消滅しつつある、けれど本来は資源豊かな地方に設立されたら、どれほどの効果を生み出すでしょうか。その影響が共鳴しだせば、日本全体の教育を変えていくことにもつながるのではないでしょうか。

　そんな希望を乗せて、この書籍を世に出させていただきました。批判も含め、大いに議論が弾む、その礎となることを願っています。

自著を語る

未来の教育を語ろう

關谷《せきや》　武司《たけし》　関西学院大学教授

著者は現在六四歳になります。思えば、自身が大学に入学した頃に、パーソナル・コンピューター（ＰＣ）というものが世に現れ、最初はソフトウェアもほとんどなく、研究室にあるただの箱のような扱いでした。それが、毎年毎年数倍の革新的な能力アップを遂げ、あっという間に、ＰＣなくしては、研究だけでなく、あらゆるオフィス業務が考えられない状況が出現しました。その後のインターネットの充実は、さらに便利な社会をもたらし、近年はクラウドやバーチャルという空間まで生み出しました。そして、数年前から、ついに人工知能（ＡＩ）の実用化が始まり、人間の能力を超える存在にならんとしつつあります。ここまでの激的な変化が、わずか人間一代の時間軸の中で起こってきたわけです。

もはや、それまでの仕事の進め方は完全に時代遅れとなり、昨年まであった業務ポストがなくなり、人間の役割が問い直されるまでに至りました。この影響は、すでに学びの場、学校や大学にも及んでいます。

これまで生徒に対してスマホートフォンの使用を制限していた中学や高等学校では、タブレットが導入され、ＡＩを使う生徒の姿に教師が戸惑う光景が見られるようになりました。教室で、ＡＩなどの先進科学技術を利用しながら、子どもたちに、何を、どのように学ばせるべきなのか。これは避けて通れない目の前のことで、教育者はいま、その解を求められています。

しかし、学校現場は日々の業務に忙殺されており、立ち止まって現状を見直し、高い視点に立って将来を見据えて考える、そんな時間的余裕などはとてもありません。ただただ、「これでいいわけはない」「今後に向けてどのような教育があるべきか」

降りて　私のキビを狙い打ち／農民の苦労には　忍耐が不可欠（一連略）

農民は衰弱し　憐れみを掻き立てる／その顔はやせ衰え　見る影もない／すべての困難は終わり、農民はついに収穫する　みずからの終焉を／農民の苦労には　忍耐が不可欠

(Mnyampala 1965a: 53-54)

ウジャマー村への移住政策は遅々として進まず、一九七〇年代に入ると武力を用いた強制移住が始まる。しかしムニャンパラはタンザニア政治が暴力性を帯びる前、一九六九年に亡くなった。『詩の教え』内の「政治」という詩には、「国民に無理強いするのは、政府のやることではない」という一節がある（Mnyampala 1965b: 5）。ムニャンパラがもう少し長く生き、社会主義政策の失敗を目の当たりにしていたなら、「政権の拡声器」か「庶民の良心」か、どちらの役割を守っただろうか。

ムニャンパラは、時の政権であれ、身近なコミュニティであれ、そこから期待された役割を忠実に演じきった詩人と言えるだろう。そのような詩人を前にしたとき、われわれはつい、詩人自身の思いはどこにあるのかと問いたくなる。しかしスワヒリ語詩においては重要なのは個人の思いではなく、詩がその時代や社会において良い影響を与え得るかどうかである。社会情勢が変われば詩の内容も変わる。よって本稿のように、詩人の主張が一貫していないことを指摘するのは野暮なのだろう。

社会主義政策は失敗に終わったが、ンゴンジェラは現在でも教育的娯楽として広く親しまれている。特に教育現場では、子どもたちが保護者等の前で教育的成果を発表するための形式として重宝されている。自由詩の詩人ケジラハビ（本連載第6回『理』71号参照）は、ムニャンパラの功績を以下のように称えた。「都会の人も田舎の人もあなたの前に腰を下ろす／そしてあなたは彼らを楽しませ、一人一人の聴衆を／ンゴンジェラの詩人へと変えた！」(Kezilahabi 1974: 40)。

（大阪大学　おのだ・ふうこ）

注1　ゴゴ語で「一緒に行くこと」を意味するという(Kyamba 2022: 135)。

参考文献

Kezilahabi, E. (1974) *Kichomi*, Heineman Educational Books.

Kyamba, Anna N. (2022) "Mchango wa Mathias Mnyampala katika Maendeleo ya Ushairi wa Kiswahili", *Kioo cha Lugha* 20(1): 130-149.

Kyamba, Anna Nicholaus (2016) "Muundo wa Mashairi katika *Diwani ya Mnyampala* (1965) na Nafasi Yake katika Kuibua Maudhui" *Kioo cha Lugha* Juz. 14: 94-109.

Mnyampala, Mathias (1965a) *Diwani ya Mnyampala*, Kenya Literature Bureau.

——— (1965b) *Waadhi wa Ushairi*, East African Literature Bureau.

——— (1970) *Ngonjera za UKUTA Kitabu cha Kwanza*, Oxford University Press.

Ndulute, C. L. (1985) "Politics in a Poetic Garb: The Literary Fortunes of Mathias Mnyampala", *Kiswahili* Vol. 52 (1-2): 143-162.

理 コトワリ

KOTOWARI
No.75
2025

五〇〇点刊行記念

関西学院大学出版会の総刊行数が五〇〇点となりました。草創期とこれまでの歩みを歴代理事長が綴ります。

1997–2025

関西学院大学出版会
KWANSEI GAKUIN UNIVERSITY PRESS

【4～7月の新刊】

『未来の教育を語ろう』
關谷 武司［編著］
A5判　一九四頁　二五三〇円

【近刊】　＊タイトルは仮題

『宅建業法に基づく重要事項説明Q&A 100』
弁護士法人 村上・新村法律事務所［監修］

『教会暦によるキリスト教入門』
前川 裕［著］

『ローマ・ギリシア世界・東方』
ファーガス・ミラー古代史論集
ファーガス・ミラー［著］
藤井 崇／増永理考［監訳］

KGりぶれっと60
『学生たちは挑戦する』
開発途上国におけるユースボランティアの20年
村田 俊一［編著］
関西学院大学国際連携機構［編］

【好評既刊】

『ポスト「社会」の時代』
社会の市場化と個人の企業化のゆくえ
田中 耕一［著］
A5判　一八六頁　二七五〇円

『カントと啓蒙の時代』
河村 克俊［著］
A5判　二二六頁　四九五〇円

『学生の自律性を育てる授業』
自己評価を活かした教授法の開発
岩田 貴帆［著］
A5判　二〇〇頁　四四〇〇円

『破壊の社会学』
社会の再生のために
荻野 昌弘／足立 重和／山 泰幸［編著］
A5判　五六八頁　九二四〇円

KGりぶれっと59
『基礎演習ハンドブック 第三版』
さぁ、大学での学びをはじめよう！
関西学院大学総合政策学部［編］
A5判　一四〇頁　一三二〇円

※価格はすべて税込表示です。

好評既刊

絵本で読み解く 保育内容 言葉

齋木 喜美子［編著］

絵本を各章の核として構成したテキスト。児童文化についての知識を深め、将来質の高い保育を立案・実践するための基礎を学ぶ。

B5判 214頁 2420円（税込）

スタッフ通信

弊会の刊行点数が五百点に到達した。九七年の設立から二八年かかったことになる。設立当初はまさかこんな日が来るとは思っていなかった。ちなみに東京大学出版会の五百点目は一九六二年（設立一一年目）、京都大学学術出版会は二〇〇九年（二〇年目）、名古屋大学出版会は二〇〇四年（二三年目）とのこと。特集に執筆いただいた草創期からの教員理事長をはじめ、歴代編集長・編集委員の方々、そしてこれまで支えていただいたすべての皆様に感謝申し上げるとともに、つぎの千点にむけてバトンを渡してゆければと思う。（田）

コトワリ No. 75　2025年7月発行
〈非売品・ご自由にお持ちください〉

知の創造空間から発信する
関西学院大学出版会
K.G. University Press
〒662-0891　兵庫県西宮市上ケ原一番町1-155
電話0798-53-7002　FAX0798-53-5870
http://www.kgup.jp/　mail kwansei-up@kgup.jp